ロジャー・ホリングスワース
ロベール・ボワイエ
ピーター・ホール
ピーター・カッツェンスタイン
ジェフリー・ハート
アラン・コーソン
フィリップ・シュミッター

長尾伸一・長岡延孝 編監訳

制度の政治経済学

木鐸社刊

1 ⓒ R. Hollingsworth/R.Boyer, "Coordination of Economic Actors and Social Systems of Production", in J. R. Hollingsworth/R. Boyer (eds.), *Contemporary Capitalism: the Embeddedness of Institutions,* Cambridge University Press, pp.1-47.

2 ⓒ P. Hall, "Patterns of Economic Policy: An Organizational Approach", in S. Bornstein et al. (eds.), *The State in Capitalist Europe,* George Allen & Unwin (Publishers) Ltd, 1984, pp.21-43.

3 ⓒ P. Katzenstein, "Small Nations in an Open International Economy", in Theda Skockpol et al. (eds.), *Bringing the State Back In,* Cambridge University Press, 1985, pp.227-251.

4 ⓒ J. Hart, "State-Societal Arrangements and International Competitiveness", in J. Hart, *Rival Capitalists,* Cornell University Press, 1992, pp. 1-35.

5 ⓒ A. Cawson, "Public Policies and Private Interests: the Role of Business Interests in Determining Europe's Future Television System".

6 ⓒ P. Schmitter, "The Emerging Euro-polity and its impact upon Euro-capitalism", in J. R. Hollingsworth/R. Boyer (eds.), *Contemporary Capitalism: the Embeddedness of Institutions,* Cambridge University Press, pp.395-430.

7 ⓒ P. Hall, "The Political Economies of Europe in an Era of Interdependence, paper presented for presentation to a Roundtable of the International Political Science Association", Kyoto, 1994.

目 次

第1章　経済主体の調整メカニズムと
　　　　社会的生産システムの重要性　　　　　　　　　　　(9)
　　　　　　　　　　　　　　　　　　　　ロジャー・ホリングスワース
　　　　　　　　　　　　　　　　　　　　　　　　ロベール・ボワイエ
　　（1）はじめに　………………………………………………………9
　　（2）経済的調整の様々な形態　……………………………………14
　　（3）社会的生産システム　…………………………………………26
　　（4）調整を果たす代替的なレヴェル　……………………………32
　　　　1．国内の諸地域と国民国家　…………………………………32
　　　　2．超国家的地域やグローバル・レヴェルでの調整　………39
　　（5）社会的生産システムの収斂あるいは多様化　………………42

第一部　政治経済の制度分析

第2章　ヨーロッパにおける経済政策の諸類型：
　　　　組織論的アプローチ　　　　　　　　　　　　　　　　(65)
　　　　　　　　　　　　　　　　　　　　　　　ピーター・A・ホール
　　（1）はじめに　………………………………………………………65
　　（2）国家の諸理論　…………………………………………………66
　　（3）経済政策の諸研究　……………………………………………69
　　（4）もう一つのアプローチ　………………………………………71
　　　　1．はじめに　……………………………………………………71
　　　　2．ドイツ連邦共和国　…………………………………………74
　　　　3．フランス　……………………………………………………83
　　　　4．イギリス　……………………………………………………93
　　（5）結論　……………………………………………………………105

第3章　国際経済に開かれた小国経済：
　　　　スイスとオーストリアの国家・社会関係の収斂　　　(123)

ピーター・カッツェンスタイン
- （1）はじめに …………………………………………123
- （2）アクターとしての国家 ……………………………125
  1．歴史から見たオーストリアとスイス ……………125
  2．スイスの国家 ………………………………………129
  3．オーストリアの国家 ………………………………131
- （3）政策ネットワークの一部としての国家 …………133
  1．社会的パートナーシップの実現 …………………133
  2．オーストリア ………………………………………135
  3．スイス ………………………………………………140
- （4）政策への帰結 ………………………………………146

第二部　統合経済の時代と政治経済学

第4章　国家・社会間関係と国際競争力　　　　　　（157）
ジェフリー・ハート
- （1）はじめに ……………………………………………157
  1．国家・社会関係 ……………………………………158
  2．国家・社会関係の体系的な考察 …………………159
  3．国際競争力の定義 …………………………………160
- （2）国際競争力の測定 …………………………………162
  1．経済全体のレヴェルでの競争力の測定 …………162
  2．個別産業の競争力の測定 …………………………166
  3．競争力における技術革新と波及 …………………174
- （3）国際競争力変化の他の説明因子 …………………181
  1．マクロ経済学的説明 ………………………………181
  2．文化的説明 …………………………………………184
  3．国家中心論による説明 ……………………………185
  4．コーポラティズムの説明 …………………………186
  5．社会的アクターの連合による説明 ………………188

第5章　公共政策と民間企業の利害：
　　　　未来のテレビ規格をめぐって　　　　　　　　　　　　(197)
　　　　　　　　　　　　　　　　　　　　　アラン・コーソン
　（1）はじめに …………………………………………………………197
　（2）HD-MAC戦略の策定 ………………………………………………198
　（3）戦略の崩壊 ………………………………………………………201
　　　1．規制の抜け穴と市場の失敗 …………………………………201
　　　2．技術の陳腐化 …………………………………………………203
　　　3．ヨーロッパの脱落 ……………………………………………204
　　　4．デジタルビデオ放送：包括的な連合なのか？ ……………206
　（4）結論 ………………………………………………………………209

第6章　ヨーロッパ連合の
　　　　政治体制が各国資本主義に与える影響　　　　　　　　(215)
　　　　　　　　　　　　　　　　　　　　フィリップ・C・シュミッター
　（1）はじめに …………………………………………………………215
　（2）ガヴァナンス様式 ………………………………………………216
　（3）現れつつある政治単位としてのヨーロッパの方向性 ………221
　（4）介入の条件 ………………………………………………………232
　　　1．政策遂行能力 …………………………………………………233
　　　2．政治化 …………………………………………………………234
　　　3．EU拡大 …………………………………………………………236
　　　4．域外安全保障 …………………………………………………238
　（5）ヨーロッパにおけるガヴァナンス形態の将来を考案する …240
　（6）結論 ………………………………………………………………244

第7章　相互依存の時代におけるヨーロッパの政治経済　　　(259)
　　　　　　　　　　　　　　　　　　　　　ピーター・A・ホール
　（1）いくつかの基礎：四つの理論的アプローチ …………………259
　　　1．一国政策類型に基づく分析 …………………………………260
　　　2．ネオ・コーポラティズム分析 ………………………………261

3．新制度主義分析 ……………………………………262
　　4．労働組織分析 ………………………………………263
　（2）1980年代と1990年代の政治経済 ……………………264
　　1．環境の変化 …………………………………………264
　　2．比較政治経済学の四つの現代的アプローチ ……268
　（3）結び ……………………………………………………274

訳者解説 ……………………………………………………285
　（1）政治経済学の起源 ……………………………………286
　（2）現代政治経済学の形成と本書の構成 ………………289
　　1．現代の政治経済学 …………………………………289
　　2．経済パフォーマンスと各国比較 …………………292
　　3．競争力と国家中心的アプローチ批判 ……………294
　（3）国別比較分析の限界と新しい比較枠組み …………295
　　1．産業別ガヴァナンスと技術政策 …………………296
　　2．統合ヨーロッパの調整様式 ………………………298
　（4）政治学と経済学の収斂？ ……………………………300

制度の政治経済学

第1章

経済主体の調整メカニズムと
社会的生産システムの重要性

J. ロジャー・ホリングスワース
ロベール・ボワイエ

(1) はじめに

　この論文では，次のような相互に関連するが，それぞれ別のいくつかのテーマを取り扱う。それは経済行為を調整する制度の多様なメカニズムを明らかにすること，またこれら多様なメカニズムのそれぞれが現実の中で選択される状況を理解すること，そして各調整メカニズムに内在する論理を解明することの三点である。

　1980年代に「自己調整的な市場メカニズムは効率的である」という通俗的な信念が，北米と同様にヨーロッパでも支配的になった。事実の上でも，ケインズ主義な経済政策の失敗が明らかになり，スウェーデンの社会民主主義モデルも困難に直面することになった。また東側のブロック経済も崩壊してしまった。多くのジャーナリスティックな論者たちはこうしたことを捉えて，「資本主義とは自由市場のシステムであり，それこそが最終的に勝利を収めた」と主張した。そのなかには，「市場が経済全体を支配すればするほど，国民経済の活動はより活発になるだろう」と付け加える者さえいたのだ。

　ところが逆説的なことに，同じ1980年代の理論の世界では，市場がアクター間の取引を調整する理想的なメカニズムではないことを論証する研究が急増したのである。理想的でないというのは，ただ単に市場メカニズムだけでは生産物の品質が保証されないとか，実際の生産では規模の経済が優勢であるとか，あるいは未来は不確実である，といったことだけではない。極めて分権化した貨幣経済内でも，しばしば同一の取引が無限回繰り返されているという意味でもそうなのである〔後述〕。

更に極めて複雑で急速に変化する技術を採用している産業では，調整メカニズムとしての市場は必ずしも最善の経済的パフォーマンスを引き出してはいないことも証明されてきた (Campbell, Hollingsworth, and Lindberg, 1991; Chandler, 1977; Hollingsworth, 1991a; Hollingsworth, Schmitter, and Streeck, 1994; Piore and Sabel, 1984; Sabel and Zeitlin, 1985, 1997; Williamson, 1975, 1985)。

要するに現代の経済活動の基本的な特徴の多くは，市場とは異なる調整メカニズムも重要であるということを示しているのである。現に20世紀資本主義の歴史は，国民国家が資本主義的に発展する多様な道の存在を実証している。しかも各国の発展軌道では，調整メカニズムとしての市場とその他の制度の役割に著しい違いが見られるのである (Crouch and Streeck, 1996)。

第二に我々が主張したいことは，市場とその他の調整メカニズムが「社会的生産システム (social systems of production)」を形成し，逆にそれによって形成されもする，ということである。ここでいう「社会的生産システム」とは，ある国や地域における次のような制度や構造が，ある種の社会構成体に統合される仕方を意味する。その制度とは，労使関係の制度，労働者・経営者の訓練制度，法人企業の内部構造，各産業での企業間の構造的関係，企業とそのサプライヤーや顧客との関係，金融市場，資本家と労働者が抱く公正や正義の概念，国家の構造とその政策，ある社会の規範，道徳律，ルール，法律，行動の指針，それぞれの社会に特有の慣習や伝統のことである。これらの制度や組織，社会的価値のすべては，それらが完成したシステムの中で互いに結びついている度合いが異なるとはいえ，多かれ少なかれ一つに凝集していく傾向がある。

これらの制度にはそれぞれ一定の自律性があり，それが結びついている他の制度と矛盾する目的を持っていることもある。とはいえ諸制度は，社会の中で一つの複雑な社会構成体を形づくる傾向を持っている。なぜなら制度は一つの文化の中に埋め込まれており，その中で諸制度の規則性が象徴によって基礎づけられ，組織へと構造化され，技術や資源によって制約を受け，政治的に擁護されているからである。ある制度的な構成は，通常，新たな挑戦に対してある程度の適応性を示すが，それは既存のスタイルの中で進化を続

けることでそうする。ところが制度は，新たな状況や前例のない混乱に対応できないことがあり，それを契機に歴史的な限界を露呈することもある (Friedland and Alford, 1991)。どうしてある特定の地域である特定の時代に，ある特定の制度の構成体が形成されるのか，という問題は複雑な理論的問題であって，まだ解決されてはいない。本稿では，それぞれの社会的生産システムにとって重要な役割を担っている，いくつかの調整メカニズムを図示することに留めようと思う。

なぜこれらの様々な制度が，我々が「社会的生産システム」と名づける，一つの複雑な社会構成体へと融合していくのだろうか。それには次のような二つの対照的な解釈がある。一つはかなり論争の的になっているもので，これらの諸制度というのはそれぞれの時代と地域に存在する資本主義の活動の前提条件によって機能的に決定されるのだ，という解釈である (Habermas, 1975; Parsons, 1951, 1967)。もう一つは，試行錯誤の過程を経て現実の制度の組み合わせが形成されることを強調している。複雑な進化のメカニズムの結果として，特定の性格を持つ企業，地域，国家が生き残っていくということだ (Maynard-Smith, 1982; Nelson and Winter, 1982)。

しかし問題はさらに複雑である。どの社会でも経済行為の目的や手段は，経済主体間の関係を調整する市場やその他のメカニズムによって制約を受けている。ここで言うその他の種類の調整メカニズムの中には，様々な種類のヒエラルキー，多様なネットワークやアソシエーションなどがあげられる（例えば労働組合，雇用者，熟練工団体〔Campbell, Hollingsworth, and Lindberg, 1991〕をみよ）。これらの多様な調整メカニズムによって各アクターに，自分の目標を追求する際に利用できる語彙と論理とが提供される。この語彙や論理によって経済主体は価値付けを行い，自らが守るべき規律とルールを形作るのだ (Friedland and Alford, 1991)。

つまり我々が主張したいのは，新古典派パラダイムの論理とは対照的に，経済の調整メカニズムが経済主体の欲求，選好，選択を厳格に制約している，ということである。新古典派パラダイムが個人を主権者と仮定しているのに対し，我々は諸制度が個々の意思決定に対して持っている支配力に応じて，個人の行為を左右していると考える (Campbell, Hollingsworth, and Lindberg, 1991; Etzioni, 1988; Streeck and Schmitter, 1985; Hollingsworth, Schmitter, and Streeck, 1994)。

　とはいえ，制度をどう捉えるのかについて共通の合意があるわけではない。例えば産業社会学者は，労働の制度を重視し，それが企業と経済的特化へ影響することを強調する。また国ごとのセクターの違いを調査して，国民経済のガヴァナンス様式を研究した者もいる（Hollingsworth, Schmitter, and Streeck, 1994）。あるいは経済理論家は賃労働関係，競争形態，通貨体制が長期的成長に与える影響を重視しようとする（Boyer, 1990）。また政治学者は，経済制度の構造体を所与の政治体制の秩序から独立して理解することはできないという。取引コストの経済学をネットワークの問題に発展させて，調整コストの概念を発展させている研究者もいる（Hage and Jing, 1996）。また国際体制の背後にある経済的要因に関心を寄せている論者もあるかと思えば，政治学畑の研究者は超国家的な経済的ゲームのルールの構築や，ヨーロッパでの制度の構築のプロセスに権力の問題を見て取る傾向がある。

　こうした多様な学問的背景の違いにもかかわらず，ある社会的生産様式を構成する相互に補足的な諸制度への彼らの学問的関心は驚くほど共通している。諸制度とそれが一つの社会的生産システムでどのように配置されているかを研究することによって，社会科学での各分野間の統合が進展することになるかもしれない，という共通の考えがそこにある。「社会的生産システム」はこのように諸分野を結合する概念である。我々はこの概念をある著書ですでに論じ（Hollingsworth, 1991a, 1991b; Hollingsworth, Schmitter, and Streeck, 1994），またその後それをいっそう発展させた研究を発表してきた（Hollingsworth, Whitley and Hage, forthcoming）。

　第三の我々の関心は，経済調整の特定の形態が社会のどのレヴェルで行われるのか，という問題である。社会には一国内の諸地域，国民国家，超国家的地域（EUのような地域），グローバル，という四つのレヴェルがあって，その各々で経済調整の支配的な形態が異なっている。これまで社会科学者は，このような社会規模の違いによって，経済主体の行動調整する制度がどう異なるかをあまり研究してこなかった。我々は本稿がこの問題に取り組むことで，社会科学の研究を前進させるはずだと信じている。

基本的に第二次世界大戦後の秩序は，かなり安定した国際体制の上に成り立っており，それは経済制度が国家間で大きく違うことを許した。そこでは各国民国家が制度を自律的に選択しているとともに，諸国家は相互依存関係にあった。しかし今やその両者が，国家のレヴェルを無力にする二つの変化によって挑戦を受けている。

　一方では国際化によって，国民経済内の取決 (arrangements) に厳しい制約が課されてきた。それは諸市場が相互依存関係を深めて競争がますます厳しくなるとともに，ゲームのルールが超国家的に成立したためである。世界貿易機関 (WTO)，ヨーロッパ連合 (EU)，北米自由貿易地域 (NAFTA) といった国民国家の自律性を脅かす組織を発展させているのは各国政府自身であるにもかかわらず，上の二つの変化が逆に各国政府に制約を課している。他方で，競争力の源泉は国民国家の下位のレヴェルである地域や，更にローカルなレヴェルに存在している。巨大企業やヒエラルキーよりも，むしろある条件下の地域の共同体やネットワークの内部で，競争力に貢献する信頼や暗黙知がよく育まれることがある。

　我々は経済主体を調整する制度的な取決のそれぞれが，これら二つの傾向によってどのように進化し得るのかを概観したい。はたして匿名の市場メカニズムが，国家によるこれまでの調整に置き換わるのだろうか。あるいは例えば，地方レヴェルでのコミュニティによる調整や，超国家的レヴェルでの多様な種類のアソシエーションといった代替的な装置が，形成されるのだろうか。大きな生産システムのそれぞれについて，経済主体を調整する制度的取決の理想的な組み合わせが存在するのだろうか。あるいは超国家的な政治体制と結びつくか，あるいはそれを補完する，新しい調整メカニズムが将来形成される，と考えるべきなのだろうか。

　これらの問題は極めて複雑で十分に研究されておらず，現時点で最終的な解答を出すことはできないが，我々は新しい原理の登場に関心を持っている。この点に関して，研究者の間には次のような様々な主張が見られる。国民国家が依然として重要なアクターであり，経済活動の調整の主たる舞台であり，社会的生産システムは国民的な規模で行われ続けるだろう，と考えるボワイエ，ホリングスワース，ストリークのような考え方もある。また，セイブル

やザイトリンのように，フレクシブル・スペシャライゼーションのような社会的生産システムの存在のためには地域経済が重要である，とみなす論者もいる。更に，シュミッターのように国際的なレヴェルで承認された政策が存在しないために，市場メカニズムが有利な状況になるとする主張もある。ともあれ，我々は大きな変化の時代に生きており，そこでは世界－国家－地域の各レヴェルに存在する様々な制度のある結合から，各制度が異なった重みやフィードバックを持って結びついた別の構成体へといった変容が生まれつつある。だがどれか一つのレヴェルの制度が勝利を得ることもないし，どのレヴェルの制度も完全に消え去ることもないだろう。

我々が提起したい第四の問題は，経済の調整形態と社会的生産システムが地域，国民国家，グローバル経済の各レヴェルで収斂するものなのかどうかである。収斂論は労働，原材料，資本を組織して財を製造し，分配する際に最適解が存在することを仮定している。後で示すように，そのような議論に我々は疑問を抱いている。

(2) 経済的調整の様々な形態

すべての資本主義経済は，相互依存的な交換関係や取引関係の組み合わせを持っている。それらは個別的であれ集団的であれ，財・サービスを開発，生産，分配するために個人や組織の間で行われる。取引は相互依存的なアクターの間で広範に行われる。原材料の生産者やサプライヤー，研究者，製造者，労働者，その他の多くがこのようなアクターと見なされる。そのようなアクターは資本の獲得，産出量の決定，賃金やその他の雇用条件の決定，製品の規格化，価格の設定，製品内容を消費者に伝達するといった課題を日々解いていかねばならない。一般的に言えば，経済的調整あるいはガヴァナンスとは，これらの問題が各種のアクターの間で処理される過程のことである。

近年多くの国々で，市場が経済活動を調整する上で最も効率的な制度的取決だという信念が広く受容されるようになり，集団的活動や国家介入といった形態の他の選択肢は，一般に利益よりも害のほうが多いと思われている。確かにこのような見方を支持するだけの証拠が多くあるように見える。様々な形態のケインズ主義的な妥協がもたらしたのはスタグフレーションであり，

財政と貿易収支の赤字，資本逃避ではなかったか。東欧の「社会主義」政権は崩壊したではないか。

このような状況の下でイデオロギーとしての市場主義が，以前のケインズ正統派と争って，経済政策論の舞台に劇的なカムバックを果たした。同様に様々な社会科学の研究でも新古典派パラダイムが勢いを増し，新たな領土を勝ち獲った。敵対的アクター間の相互関係や取引過程が，経済的合理性や市場均衡の概念を用いてますますモデル化されていった(Etzioni, 1988)。ミクロ分析を採用する新古典派パラダイムは，個人主義的，合理主義的，功利主義的であり，経済分析の多くを規定しているだけでなく，政治学（Ostrom, 1986），社会学(Hechter, 1987)，歴史(North, 1981, 1990)，法学（Posner, 1977）の基礎である公共選択論（Coleman, 1992）をも形成した。

我々は調整メカニズムとしての市場の有効性を否定するものではない。だが経済を調整する支配的方法としての市場メカニズムの成功は，新古典派パラダイムを信奉する論者が主張するような静学的な効率性の上に成立しているというより，むしろ動学的な効率性の上に成り立っている（Leibenstein, 1966, 1976)。実際市場の主な成果は，現代の均衡理論が定式化したような「見えざる手」ではなく，調整メカニズムとしての市場がもたらす技術革新への刺激にあるのだ。後者はアダム・スミスによって初めて提唱されたが，やがて見過ごされてしまったテーマである。

我々は市場という言葉を，通常よりも限定された意味で使う。古典的な市場が生まれるのは次のような状況においてである。まず取引する人々が互いに距離をおいて分権的に契約を行っている。そして普通参加者たちはインフォーマルな形で組織され，自律性を維持している。それぞれが自らの利益を精力的に追求し，結ばれる契約は比較的包括的なものである。各人はその契約の過程で自らの選好と価格を表示し，いったん契約が履行されるとそれは消滅し，それ以上の交渉は行われない。

更に言えば，それら参加者がどういう者であるかは，交換の条件とは何ら関係がない（Lindberg, Campbell, and Hollingsworth, 1991; Williamson, 1975, 1985)。基本的に経済主体の間に継続的な関係はなく，市場による調整の唯一の目的は一度限りの合理的な取引を成立させることだけで，将来に向

けての戦略は考慮に入っていない。しかしこうした狭義の市場にも多くの変種がある。例えばアフリカの美術工芸品市場，クリスティーズ（ロンドンの美術品競売場）の古美術品オークション，ウォール街の証券取引場やシカゴの先物市場など。これらの取引は様々な種類のネットワークの中に取りこまれたり，性格を変えうる。こうしてここで示した調整メカニズムとしての市場に，資本主義経済の中で起こる取引の一部しか含まれていないのは明白である。

新古典派パラダイムに拠って議論を展開する学者の多くは，市場が必ずしも経済的調整の最も効率の良い制度形態というわけではないことに気づいている。ウィリアムソン（1975，1985）によれば，経済主体は取引をしばしば企業やヒエラルキーの内部で行うことによって効率性を高め，取引費用を減らし，取引関係に内在する機会主義の最小化を目指している。その他にもアルフレッド・チャンドラー（1977，1990）は，経済主体が生産費の低減や規模の経済を達成するために，企業外，すなわち市場でできることを企業内，つまりヒエラルキー内で行うのだという。

チャンドラーによると現代の企業は，巨大な市場や資本集約的で比較的変化しない技術に機能的に適応して，企業の外での経済主体間の取引の過程を内部化しているのだ。チャンドラーによれば，この過程によって企業はリスクと不確実性を克服でき，管理上の調整を通して費用の低減と生産性の上昇を可能にしたのである。チャンドラーが労使関係にほとんど言及していないのに対し，ウィリアムソン（Williamson, 1985）やその他の研究者たち（Marglin, 1974, 1991）は，資本家が機会主義を抑制し，労働者との交渉を安く済ませるために現代の工場システムを採用したのだ，と主張する。人的資源の技能がより企業に特化した固有のものになるにつれて，企業は精巧な内部労働市場を作りあげ，訓練，労働規律，昇進，そしてレイオフを管理するようになった（Coase, 1960, 1981）。

また多数の学者が新古典派のパラダイムを用いながら，市場でも企業ヒエラルキー内での調整でもなく，また国家による調整でもない別種の調整形態を発見し，理論化している。これらの研究では，組織によって経済主体の行動を調整することに限界があることが明確に認識されている（Arrow, 1974;

Stinchcombe and Heimer, 1985)。例えばイクレ (Eccles, 1981) は準企業を分析し，ウィリアムソン (Williamson, 1985)，マクニール (MacNeil, 1978)，パウエル (Powell, 1990) は，市場や企業のどちらの中にもいない経済主体間の長期的な契約関係を議論している。ネットワークによる調整という概念を論じている研究もある(Alter and Hage, 1993; Campbell, Hollingsworth, and Lindberg, 1991; Chisholm, 1989; Scharpf, 1993)。これらすべての事例で，経済主体は正規の形で組織に統合されるのでも，市場内で自律的に行為するのでもない。むしろ主体は繰り返される交換を通じて互いに協力し，長期的な関係の中で協同する能力を高めながら，互いに緩やかに結びあっているのだ。

これら経済調整に関する多くの研究は，いまだ断片的であって統合されてはいない。しかしこのような調整の多様な形態を考慮することによって，それらを図1-1に示したような図に整理できるかもしれない。

図1-1　制度的取決の一般的枠組み

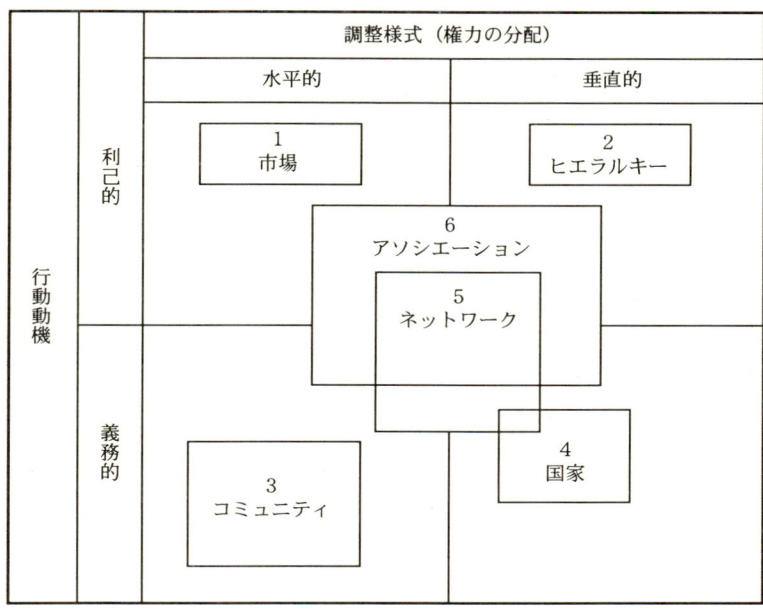

この図の縦軸では，義務と社会ルールの承認がどの程度人間の行為を規定するかに従って，経済学的な私的利益を追求する主体と，より社会学的な観点とが対比されている。

　横軸には調整様式の違いを連続的に示した。図の左側では多数の比較的平等な主体が相互行為をすることで，水平的調整が生み出される（例えばよく組織化された現物市場）。図の右側では力の不均衡がヒエラルキー的な調整形態をもたらし，それによって私的，公的の区別なく，プリンシパルとエージェントの間や，先導者と追従者との間の相互関係が構造化される。

　このように制度的な取決は，一方に行動の動機の種類，他方に力の分配をおく平面図によって示すことができる。市場（枠1）は私的利益と，水平的調整による取引の結合である。そこではアクターが需要と供給に鋭敏であるため，意図せざる均衡が事後的に実現される。逆説的なことだが，市場競争がより純粋かつ完全になればなるほど，経済取引を調整するために体系的なゲームのルールが必要となってくる。そのため取引相手にルールを守らせるために，集団的なアソシエーション（枠6）や国家介入の多様な形態（枠4）が必要となる（Schneiberg and Hollingsworth, 1990; Schmitter and Streeck, 1981; Garcia, 1986）。ネットワーク（枠5）では，私的利益と社会的責任の様々な混合が見られる。たとえいくつかのネットワーク（巨大企業とその下請業者の関係など）が部分的には力の不平等とイニシアティヴの上に築かれているとしても，その中のアクターはそれぞれ形式的には独立した平等な存在である。ネットワークはすべての種類のアクターから構成することができ，その範囲は企業のみから成り立っているものから，アソシエーションや国家を含めたものにまで様々である。

　図の横軸方向では，アクターが組織や企業に所属することで，互いに極めて密接につながっている。「ヒエラルキー」とは，この制度的取決の総称である（枠2）。横軸方向をみると，市場での取引と，取引の企業内への統合との間で選択があることが分かる。コース（1960，1981）やウィリアムソン（1975，1985）は取引費用を用いて，企業ヒエラルキーの発生を説明した。だが行動の動機を扱っている縦軸方向も同様に重要である。図1-1の上方向ではアク

ターの行動は個人主義的であり，下方向ではアクターは共通の利害に基づいてより集団的に行動している。

枠3の「コミュニティ」は信頼，互酬性，義務に基づいた制度的取決で，純粋に利己的な快苦の計算に基づかない。これは多くの経済学者にとっては慣れない概念だが（とはいえ，Arrow, 1974をみよ），人類学者，政治学者，社会学者の多くにとっては当たり前のことである（Streeck and Schmitter, 1985; Polanyi, 1944; Gambetta, 1988; Fukuyama, 1995; Sabel, 1992; Putnam, 1993）。新古典派のパラダイムでは，アクターは個人的利益を最大限に実現するような形態の取引を行っていると考えられている。このパラダイムでは，もしいくつかの構造的条件（規模に関する収穫逓増がないこと，取引の解消可能性があること，不確実性がないこと，完全に計画のない市場であること，アクター間に共謀のないこと）が揃えば，「見えざる手」が働いて市場がうまく機能するので，個人と同様，社会にも最適な状態が実現されるという。こうして市場が，効率性と調和と秩序を結びつけるのだ。

しかし我々の視点からみれば，交換が破滅的な競争や過剰な争いを招いてしまう可能性もある。実際個々の取引が行われる社会的文脈によっては，破滅的な競争が起きることがあるのだ。そのため我々は，取引が埋め込まれている社会的文脈に敏感でなければならない。また取引を行うアクター間に存在する社会的つながりの強さの度合いを理解しなければならない。強い社会的つながりは信頼関係を維持し，争いを抑止する。エツィオーニ（1988）がいうように，社会的つながりは分析のミクロ，マクロの両レヴェルに存在しているのだ。

ミクロ的なつながりは社会の内部での交換を促進させる。だがまた社会的つながりは，社会のレヴェルでは，集団レヴェル，すなわちコミュニティや地域の内に，また人種，宗教，エスニック・グループの成員内に存在している。他の条件が一定だとすれば，取引相手との社会的つながりが強いほど，経済的な競争は制約を受けそうである。そのため取引が生れるのは，新古典派パラダイムが示唆するような，社会的な絆の制約を受けない自律的アクターによってつくられる，非人格的で利害計算に基づくシステムではなく，社会的つながりの文脈の上でであり，そしてその強さの度合いによって信頼と

取引費用の大きさが変わるのである (Elam, 1992; Etzioni, 1988: 211; Granovetter, 1985; Streeck and Schmitter, 1985)。

つまり図1-1の調整メカニズムの選択は,それらが埋め込まれている社会的文脈によって制約を受けている。そしてその埋め込みの性質によって集団的なガヴァナンスの形態に差ができ,あるものはこの図の下方に位置することとなる。いくつかの義務的な調整形態はこの分類図の上部にあるものと同時に存在していることから,アクターがとる行動の形態は常に市場,ネットワーク,ヒエラルキーのそれぞれにアクターが携わる度合いに影響を受けている。

図1-2では,図1-1よりもさらに多様な調整形態を示した。それはグローバル・レヴェルの体制に様々な種類があることを教えてくれる。また国家の下位のレヴェルでは,コミュニティの他にも閥やクラブなどがある。更にこの図は,多様な形態のネットワークが経済活動を調整していることを示している。こうした調整形態には,アクターが集団的かつ相互に監視し合うようなものがある。その例としては,情報を共有するための広範な企業連合や,支配的企業による価格形成システム,日本の財閥や系列がある。また集団的な形態のネットワークもあって,しばしばプロモーショナル・ネットワークと呼ばれている (Campbell, Hollingsworth, and Lindberg, 1991, ch.1)。これはたいてい,多様な当事者間の長期的な契約関係を伴っている。プロモーショナル・ネットワークの例としては,合衆国政府が1950年代から60年代にかけて組織したものがあげられる。それは特定の技術や製品(半導体,集積回路,コンピュータなど)の開発を目的として,多数の民間企業と大学の研究者を共同研究させたのである (Hollingsworth, 1991a)。

大学の研究施設,連邦政府の省庁,多数の企業を含んだ多角的な関係がなければ,これらの技術や製品がアメリカで実際に実現した時期に生まれたとは思えない (Landau and Rosenberg, 1986; Nelson, 1982, 1991a)。その他のプロモーショナル・ネットワークの形態としては,ドイツの徒弟訓練制度がある。これは訓練の集団的な形態であり,そこには労働組合,企業団体,学校,州,学生が集団的に参加している (Streeck, 1989; Streeck et al., 1987)。あるいはまた,各種企業が参加する協同がデンマークのユトランド地

図1-2 調整,あるいはガヴァナンス形態

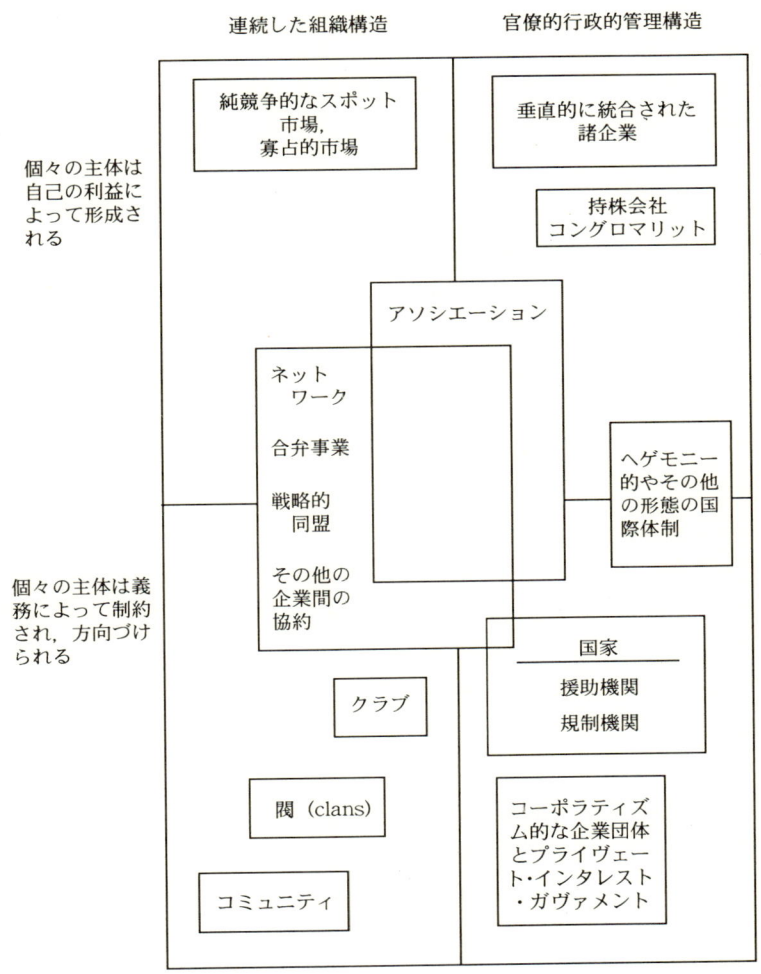

方であるとか,「第三のイタリア」と呼ばれるイタリア中部と東北部地域で組織されている (Brusco, 1986, 1986; Pyke, Becattini, and Sengenberger, 1990; Pyke and Sengenberger, 1992; Sabel, 1992)。

　リンドバーグ,キャンベル,ホリングスワース (1991) の類型論はネット

ワークの種類を考察する上で便利な糸口ではあるが，少々単純すぎる嫌いがある。そこでジェラルド・ヘイジ，キャサリン・オルターは，ヨーロッパ，アジア，北米における多様なネットワークを解明した様々な研究を利用して，ネットワークのより詳細な類型論を展開している。彼らはアクター同士の関係を，二者関係と多角的関係とに区別している。

　その他の多角的な調整形態としては，多様なタイプのアソシエーションがある。ネットワーク，閥，コミュニティとは異なって，アソシエーションは公的な組織である。市場やヒエラルキーや義務的なネットワークが，異なる種類のアクター間（例えば企業とサプライヤー，資本家と労働者，生産者と消費者）の経済活動を調整する傾向にあるのに対し，アソシエーションは同一か，類似する種類の活動に従事するアクター間の調整を行う。資本主義経済においては，経営者団体や労働組合が最も一般的な形態のアソシエーションである（Schneiberg and Hollingsworth, 1990; Schmitter and Streeck, 1981）。

　最後に国家がある。国家は他とはかなり異なった調整メカニズムである。国家は国家を除く多様な調整メカニズムに対して，認可や規制を与える存在である。国家は多様なメカニズムのルールを究極的に強制し，財産権を規定，施行し，更に財政金融政策を操作する。それと同時に国家は，経済主体として生産と交換の利害関係の内に直接登場していくこともある。

　大西洋の両側では，先進資本主義経済のパフォーマンスを高める国家の能力に対する信頼はいつも低い。新自由主義者は，政府によらない制度的取決が資本主義経済を運営していると信じている。国家の正しい経済的な役割は彼らにとって，契約が履行される前提（所有権の確立，行政権力を使った契約執行の強制，国土防衛など）を保障することに限られる。もちろん新自由主義の自然発生的な経済過程の仮定は誤っていて，国家による実質的な公的権力の行使が伴わなければ，先進工業社会は経済的繁栄を実現できなかったと主張できるかも知れない。新しい成長理論の指摘によると，技術革新や教育あるいは多様なインフラの波及効果を考えると，国家によるある種の供給サイドへの介入によって効率性と長期的な成長が促されると言うことができるのだ（Romer, 1986, 1990, 1994）。

我々の研究の結論によれば，国家と市民社会の間の利害関係を組織的に仲介するネオ・コーポラティズムは，国家主権の範囲を限定するとともに，公的権力を安定させる。ネオ・コーポラティズム的な国家と社会の媒介形態は，経済主体同士を協力させることで，彼らが長期的な視点からみた自分自身や他の参加者の義務を果たすことを可能にし，それによって過度に合理的な諸個人が自身の長期的な利害と衝突するような目標を追求することを防ぐ。そしてこれらの利益団体に影響を与えたり影響されたりしながら，ネオ・コーポラティズム的な制度の体制を効率的にし，様々な分野で自由主義的な体制を凌駕させるよう仕向けるのは国家なのである。

　これら多様な調整メカニズムのそれぞれが，それ自身の論理，ルール，政策遂行の手続き，政策遂行にかかる費用を軽減する規律やイデオロギーを持っている。それらを表1-1，表1-2にまとめておいた。表1-1，表1-2は，ほぼすべての資本主義社会に見出される多様な調整メカニズムの詳細な一覧を提供している。表1-1に記載されているのは，それぞれの調整メカニズムに固有の組織の構造，交換のルール，おのおののアクターを服従させるための方法である。調整メカニズムの諸タイプがそれぞれに長所を持っている反面（もちろんそうでなければ，経済諸主体はそれらに強く反対するだろう），それぞれは固有の欠陥も持っている。それらを表1-2にまとめておいた。そしてこれら多様な調整メカニズムを支持する者と反対する者の間の争いこそが，歴史の流れの中で調整メカニズムの変容をもたらすのだ（Campbell, Hollingsworth, and Lindberg, 1991）。ここではこれらの調整メカニズムが互いにどう関連し合っているかを充分に詳述することはできないが，いくつかの結論をここで総括しておこう。

　まず市場と国家という，古く使い古された二分法を取り上げてみよう。注目すべきは，それらが実際には競合できないということだ。なぜなら，市場が自発的な取引に依拠しているのに対し，国家は威圧と権力に依拠しているからである。市場は最低限の法を必要としているが，それは国家によって行われる。他方で国家による徴税は，市場経済が与えるインセンティヴによって生み出される富が十分に蓄積されることを想定している。私的で分割可能な財では市場はより効率的だが，主な公共財（教育，研究，技術革新，輸送，

表1-1 ガヴァナンス形態： 交換のルールと承認

ガヴァナンスメカニズム	組織構造	交換のルール	承認させるための個別手段	承認させるための集合的手段
市場	参加退出の自由 二者間交換，市場の場 （ニューヨーク証券取引所）	自発的なスポット交換	法の実施による制御 ひらかれた市場を維持する規制	私的所有権 自由市場の正統性
コミュニティ	長期間にわたる非公式の成員権	社会的連帯と高い信頼度に基づく自発的交換	義務を課す社会的模範，道徳律 他者の知識と長期の相互依存関係	高度に制度化された規範とルールが成員に「協力」義務を受託させる
ネットワーク	準公式の成員権 二者間交換，多角的交換	一定期間を通しての自発的交換	契約によるつながり 資源依存性	個人的関係 経済的関係以外で築かれた信頼
アソシエーション	公式の成員権 多角的交換	成員の限定 内部と外部の対立	私的利益 名望の効果	ある程度の強制 一部私的な管理
私的ヒエラルキー	官僚的になりがちな複雑な組織	成員の限定 不均斉の権力，官僚的ルールに基づく交換	個人への報酬 不均斉な権力，制裁の脅迫	高度に制度化されたルール 協力的文化へと社会化された成員，制裁の使用
国家	公的ヒエラルキー，法律上の，課せられた成員権	一方的な活動 間接的，グローバルな，政治的，経済的交換	退出（脱税，移民） 発言（投票，ロビーイング）	威圧 社会的ルール，あるいは規範

インフラストラクチャーなど）の供給では劣っている。問題はどちらか一つの調整メカニズムを選択することではなく，実現したい目的の性質や，資源，財の特徴にしたがって両者を結合することにあるのだ。

　市場と私的なヒエラルキーとしての企業の相対的な利点に関しても，同様の結論を導くことができる。もちろん市場にせよ，ヒエラルキーにせよ，それらが全く相手なしで存在する純粋な形態を想像することは困難である。アダム・スミスの『国富論』以来，市場の存在とその規模なしに企業内の分業を考えることができないことはよく知られている。両方の形態は，それぞれに固有の効率性（市場の静学的な効率性，企業の動学的な効率性）と非効率性を有している。非効率性はしばしば著しい不平等を生む。またネットワークもコミュニティも他の調整形態と組み合わされなければ，経済的調整の万

表 1-2　各調整メカニズムの持つ欠陥

	欠点の型	実施	公共財, 外部性	効率性	公正
調整メカニズム	市場	内部に実施を担う権威が必要 共謀や不完全競争を助長する	集合的財を供給できない, あるいは外部性を扱えない 技術変化, 革新への監視が不十分	純市場メカニズムでは, 幾つかの基本的社会関係が提供され得ない	所得, 富の不均衡を助長
	コミュニティ	多くは外部（家族, 宗教, エスニシティ）から与えられる信頼, 忠誠が必要	幾つかの集合的財(質, 訓練)を内部化し得るが, 他の財(福祉, 一般公共財)は無理 コミュニティに強く結びつけられた個人はイノヴェーション能力が低い	幾つかの財は十分に安いコストで分配されない	発展を遅らせる可能性
	ネットワーク	外部に実施を担う権威が必要 カルテル化や独占を助長する可能性がある	品質の向上や訓練には有効だが, 社会一般の福祉を提供するにはふさわしくない	効率性の向上や適応が緩慢, 但し技術が複雑で変化の激しい産業は除く	
	団体	実施者として大抵国家をあてにしている カルテルの実施メカニズムと類似	産業内に競争のルールを確立するために規格や品質を決定するには有用 個人成員が自分で供給できない, 多くの財を集合的に供給するのに有用	協力, X-効率性を助長するが, 分配効率を高めない	団体の狭小な構造が所得の不平等を招く
	私的ヒエラルキー	機会主義的な行動を増長する可能性。 内部市場の理念が在職中の労働者に有害となる可能性	統治費用がおそらく内部分業の利益を超過する 環境の変化への反応が鈍い	協力とX-効率性に不適	管理者の過剰な増加（フラストレーションと不平等）
	国家	国家の濫用を正すために官僚の外部からの制御が必要（裁判官, 国会, 市場） ロビー活動が公益の目標を捕える可能性がある	公共財を供給できるが, 適格な量を提供するのは困難 技術変化を推進できない	極めて官僚的になり得る, また安価に財を分配するのは容易でない	不平等を増長するかもしれない（権力, 特権）

能薬とはならない。ネットワークやコミュニティは特定の問題を解決することはできるが，別の同じくらい厳しい問題を生み出してしまうからである。制度的取決の進化や変容の原因を理解しようとするなら，いかなる調整メカニズムもそれ単独では完全でないことを知ることがまず必要なのである。

（3）社会的生産システム

標準的な新古典派経済学の理論は生産の役割に重きを置かず，ひいては企業の役割を軽視する傾向がある。取引費用論の主唱者（Coase, 1960, 1981; Williamson, 1975, 1985）でさえ，企業を調整メカニズムとして分析することに関心を持っていたにもかかわらず，社会的生産システムの多彩な構成要素にはほとんど注意を払っていない。実際ケインズ経済学の有効性が広く信じられていた間，新古典派経済学者は経済の供給サイドにはあまり関心を払わなかった。大多数のケインズ主義者の学説でさえ，理論的には専門家の集団が総需要の大きさを決定できるとするのに対し，経済の供給サイドのほうは新古典派経済学が許容する最小限度の二つの制度（市場と企業管理のヒエラルキー）に任せたままだった。

しかし近年ますます明白となってきたのは，資本主義経済のうち最も競争的で成功した工業生産のパターンは，新自由主義的な民主主義国家によって補完される，規制のない市場や企業内ヒエラルキーという，新古典派の処方箋から生みだされたものではないことである。反対にここ数年間の研究が実証してきたのは，かなり成功した生産パターンが成立して存続するためには，新古典派パラダイムの処方箋とは正反対の制度的取決が必要であるということなのだ（特に Streeck, 1991を参照せよ，その他にも Aoki, 1988; Boyer, 1991; Hollingsworth and Streeck, 1994; Katzenstein, 1989; Piore and Sabel, 1984; Zeitlin, 1992）。

以上の理由で，現代経済の機能やパフォーマンスを理解するには，生産に注意が向けられなければならない。しかし「生産」が意味するのは単に技術だけではない。まさにこのために，我々の主要な関心の一つが社会的生産システムに向けられているのである。同一産業での同一装置の使用の仕方は，国ごとに大きく異なっている。たとえ企業が同じ市場で競争していたとして

もそうなのだ (Hollingsworth, Schmitter, and Streeck, 1994; Maurice, Sorge, and Warner, 1980; Sorge, 1989; Sorge and Streeck, 1988)。生産技術やプロセス技術の変化は，それらが埋め込まれている社会的環境からの影響を受けている面もある。言い換えれば，企業は複雑な環境の中に埋め込まれていて，なによりもその環境が企業の動きを制約している。このように社会的生産システムは経済の運動やパフォーマンスを理解する上で重要なのである。そして国家や様々な調整メカニズム（表1-1，表1-2参照）がどのように特定の社会的生産システムと関わり合っているのかということが，我々の主な関心の一つなのだ。

過去60，70年の間の西ヨーロッパ，北アメリカ，日本の歴史の中には，いくつかの普遍性のある生産システムが見出せる。フォード主義的生産様式と呼ばれてきたシステムは，高度に特化した装置と半熟練工によって，規格化された財を大規模に生産していくシステムである。このフォード主義的生産様式とは対照的に，様々な類型のフレクシブルな生産システムが存在する。これらのシステムは消費者の多様な需要に応えて多品種生産を行っており，同一企業の中で，一人で次々に様々なジョブをこなす能力を持った熟練労働者によって支えられている (Boyer, 1991; Piore and Sabel, 1984; Hage, 1980; Pollert, 1991; Sabel and Zeitlin, 1985, 1997; Streeck, 1991; Zeitlin, 1992, 1994)。

もちろん規格化された生産システムもフレクシブルなシステムも理念型であるため，理念型が常に持つ長所と短所を考慮しなければならない。それらは特定の企業や特定の産業，あるいは個々の企業を，特定の時期について記述することを意図していない。むしろそれらは発見的な装置であり，多くの様々な変数や社会的カテゴリーの間に存在するかもしれない相互関係を見出すのに役立つだけなのだ。どちらの類型も純粋な形で存在したことはかつてなかった。たとえ規格化された大量生産が支配的な技術パラダイムだった時期でも，そこには必ずいくつかの企業，時には一産業全体が正反対の原理によって組織化されていた。この二つの組織化原理は，むしろ互いに補完しあっていた。大量生産が需要の安定した部分に応えたのに対し，一括受注や中規模の生産システムは同じ需要の変化する部分に対応していたのである。こ

のような異なる原理が共存する生産形態は，短期的な柔軟性と長期的なパフォーマンスを併せ持つのだ（Boyer and Durand, 1993）。

また，一国のうちに社会的生産システムの異なった構成要素が同時に存在するということも珍しいことではない（Herrigel, 1989, 1995; Pyke, Becattini, and Sengenberger, 1990）。規格化された生産システムも常に特注の機械を必要としたり，ある種のフレクシブルな生産形態を必要としていた。またフレクシブルな生産プロセスにも規格化された設備が必要だったのであり，その意味で規格化された生産プロセスを必要としていた。つまり特注生産は部品や装置の規格化生産に長い間依存してきたのである。ハースト，ザイトリンやその他の研究者たち（*Economy and Society,* 1989, XVIII の special issue; Hirst and Zeitlin, 1990; Pollert, 1991; Sabel, 1991; Zeitlin, 1997を参照）は，企業がしばしばハイブリッドな生産形態を持っているという重要な指摘をした。それは企業がある製品を長期，短期の両方で製造しており，時には規格化生産，フレクシブル生産双方を同時に行っていたということである。ただこのようなハイブリッドな企業はたいていの場合，社会的生産システムのある支配的な類型の中に埋め込まれている。

もちろんフレクシブルな生産システムは，フォード主義的生産システムよりも歴史的に先行している。セイブル，ザイトリン（1985）やその他の著者（Hounshell, 1984; Zeitlin, 1997）によると，19世紀にはフレクシブルな社会的生産システムが，合衆国だけでなく，ヨーロッパ大陸やイギリス，リヨンからシェフィールドまでの各地の工業地帯に存在していた。それゆえフレクシブル生産システムは，フォード主義的生産システムより以前の時代に属するとともに，フォード主義以後の存在でもあるのだが，ここで注意しなければならないのは，近年のフレクシブル社会的生産システムが更に多様な下位類型に分化してきているということだ。その一つを我々は，フレクシブル・スペシャライゼーションによる生産（FSP: flexible specialization production）と呼んでおり，もう一つを多品種大量生産（DQMP: diversified quality mass production）と呼んでいる（Aoki, 1988; Boyer and Coriat, 1986; Streeck, 1991）。

元来これらのモデルは地域の産業構造の分析から作られたものであり，そ

のためこれらを使った研究の主な関心はアクター間の調整にあって，技術やイノヴェーションにはあまり向けられていなかった。例えばフレクシブル生産システムが位置する工業地域は，近年の情報技術の発展が起きるはるか以前から存在している (Sabel and Zeitlin, 1985, 1997)。他方で，新しいマイクロエレクトロニクスを利用した生産技術が，フレクシブル生産の社会的システムを有する地域の数を世界的に増やしてきている（フレクシブル・スペシャライゼーションか多品種大量生産という形で）。このように既存の制度が新技術を発生と普及の時点で選択し，長期的にはそれとは逆に，ある革命的な技術革新が制度を転換させる要因となるのだ。しかし変化が必ず成功を生むとはいえない (Freeman, 1986)。

いずれにせよマイクロエレクトロニクス機器がもたらす高い柔軟性と，生産対象を転換する迅速さが，以前の大量生産者に特注方式の生産に加わる可能性を与え，特殊な品目を少量しか受注してこなかった生産者には大量受注へ転換する機会を与えている。こうして二つの異なる生産方式の再構築が進められているのだ。手工業的な生産者は，その高い品質水準や特注方式を犠牲にすることなく生産量を拡大できたし，多くの大量生産者は製品の質やデザインをグレードアップする能力を得て価格競争を回避し，大量生産品市場の収縮の危険性から逃れることができるようになった (Sorge and Streeck, 1988)。図1-3の多次元的な分類がこれらの定義を理解する出発点となるだろう。この図で注目すべきことは，多品種大量生産のシステムの形成には，規格化された大量生産とフレクシブル・スペシャライゼーションのシステムとのある種の結合が必要だったということである。フレクシブル・スペシャライゼーションは19世紀にも存在しており，例えばアメリカの繊維産業がその例である (Scranton, 1984)。だがそれは支配的な生産形態ではなく，規格化された大量生産に匹敵するものではなかった。少なくとも合衆国においてはそうだった。しかしそれがその他すべての場所でそうだったわけではない。特にドイツとイタリアではそうではなかった (Herrigel, 1995; Piore and Sabel, 1984; Sabel and Zeitlin, 1985, 1997)。工業化の唯一無二のパターンが存在するのではないのだ。むしろ各国に対照的な複数の社会的生産システムが併存することも可能であり，それは今日においても真実なのである。

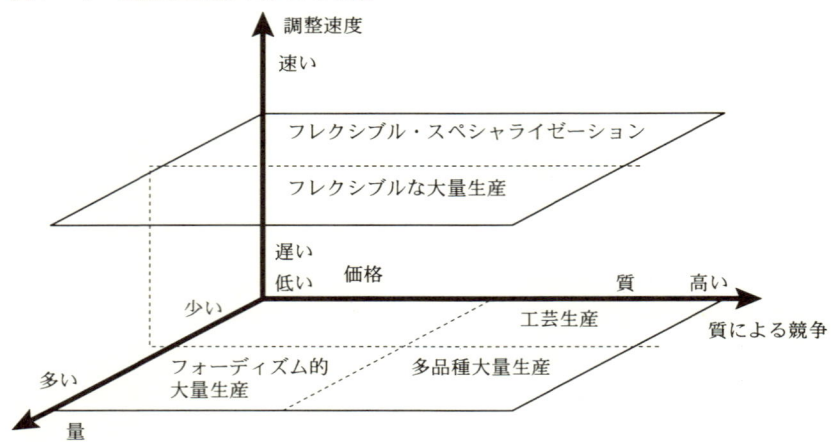

図1-3　生産の社会システムの分類

　フレクシブル・スペシャライゼーション生産（FSP）と多品種大量生産（DQMP）との間にはある種の類似性がある。これら二つの様式が競合していたり，衝突しているとみるよりも，補完的とみる方が正しい（Elam, 1992; Sorge, 1989; Sorge and Streeck, 1988）。規格化された大量生産システムと比べ，フレクシブル・スペシャライゼーション生産も多品種大量生産も，ともに様々な熟練を持つ労働力を必要としている。それらのシステムで働く従業員は「学び方を学んでいる」労働者で，他の従業員や経営者と緊密に協力して働くことができる。その上これらのシステムでは，企業がサプライヤーや顧客との間で長期の安定的な関係を発展させる必要がある。

　大量生産の社会的システムは大規模で安定した需要を持つ製品を市場に供給している際に，最もよいパフォーマンスをみせていた。このシステムでは，製品やプロセスに関する技術は比較的変化しないで，技術革新があまり起きなかった（Chandler, 1962, 1977, 1990）。しかし技術の複雑さと，技術変化の速さとを混同してはならない。例えば自動車産業は技術的にやや単純な部品を用いていたが，その調整問題は複雑だった（Tolliday and Zeitlin, 1992）。大量生産の社会的システムでは，市場，企業内ヒエラルキー，不平等で短期的なネットワークが支配的な調整形態である。その一方で，フレクシブル・スペシャライゼーションの社会システムや多品種大量生産がより効率的にな

るのは，不安定で気紛れな製品市場（イタリアの衣服産業など）で企業が市場の小さなニッチに合わせて操業する時，あるいはその市場の製品やプロセス技術の変化が急速である場合（マイクロエレクトロニクス，バイオテクノロジー）や，かなり複雑である場合（航空産業，高級車）である。このような条件の下で企業がうまく行動するには，大量規格型の社会的生産システムに最適化したものとは異なる調整形態が必要となるのだ。

調整メカニズムとしての市場とヒエラルキーは，大量規格型の社会的生産システム内で効率的に機能することができる。たとえ取引を行うアクターが，アソシエーションやプロモーショナル・ネットワーク（図1-1の枠5，枠6）のような集団的調整形態があまり発達していない，貧困な制度的環境内にいたとしてもそうなのだ（Hollingsworth, 1991a, 1991b）。しかしフレクシブル・スペシャライゼーションの社会システムや多品種大量生産は，取引の主体が集団的調整形態の発達した制度的環境の中に存在しないとうまく機能しない。概してこれらの社会的生産システムは，新自由主義の規制されていない市場の観念とは基本的に相容れない（Pyke and Sengenberger, 1992; Streeck, 1991）。ところが日本システムの移植が合衆国やイギリスで相対的に成功したので，このような典型的フォード主義にとって代わる方法が集団的調整形態の未発達な国では実行できないとする見方が批判されている（Boyer, 1991; Florida and Kenney, 1991; Kenney and Frorida, 1993; Oliver and Wilkinson, 1988）。

フレクシブル・スペシャライゼーションや多品種大量生産の社会的システムを長期にわたって成功させるには，企業内での労働者と経営者との間や，企業とサプライヤー，あるいは企業と顧客との間のような，経済主体間の高い信頼と協力が存在しなければならない（Boyer and Orléan, 1991; Hollingsworth, 1991a, 1991b）。いくつかの地域では，その地域の強い伝統が一種の公共財としての信頼と協力をもたらすため，そのような組織化が容易になる（例えばドイツの労働者と経営者との協力的パートナーシップや，イタリアの工業地域）。合衆国やイギリスへ日本システムがうまく移転された例のように，企業がそのような共同財なしで操業できる事実は，少なくとも短期的にはフレクシブル生産や多品種大量生産の一種の実例を提供しうるだろう。しかし

長期的に見れば，フレクシブルな社会的生産システムによって成功しようとする企業は，サプライヤーや競合する企業，従業員と協調的な行動をとらなければならない。しかもそれは，市場やヒエラルキーが効率的に機能する上で必要である以上に，かつ企業が自らのために必要な以上にそうしなければならないのだ (Streeck, 1991; Hollingsworth and Streeck, 1994)。

セイブル (1991, 1992) は集団的行動と信頼の関係について，洞察に満ちた議論を行っている。信頼とは資本主義経済における重要な潤滑剤であり，取引の効率性を向上させる要因である (Arrow, 1973; Etzioni, 1988; Fukuyama, 1995)。消費者の需要が多様化し，技術が複雑さを増し，経済が更に分権化している中では，アクター間の潜在的な不確実性は増しており，そのため信頼が減少しているだろう。しかしアクター間の信頼が高いレヴェルになければ，フレクシブルな生産システムを維持できないのである (Elam, 1992; Luhman, 1979)。

（4） 調整を果たす代替的なレヴェル

1．国内の諸地域と国民国家

ここでは我々の以前の著作 (Hollingsworth, Schmitter, and Streeck, 1994) と同様に，空間－領域および経済－部門という二つの軸に沿って経済的調整に焦点をあてる。以前の著作では，一国についても世界経済についても，主として産業部門内での経済的調整に関心を払ってきた。本稿では個々の空間－領域内での調整形態や，社会的生産システムの違いにも注目する。とりわけ空間に基礎をおく調整の形態が，社会的生産システムとどう関わっているのかを理解することを目的としている。経済の調整のされ方は地域によって異なっているが，それは信念，経験，伝統などを共有する，地方，地域，国家の政治共同体やあるいは超国家的な政治共同体に，社会制度が基礎を置いているからである。

ここでは「地域」という言葉を，国境で囲まれていない地域という意味で用いる。フレクシブル・スペシャライゼーションの社会システムが存在するのは，国内の特定地域の中にである。もちろん地域経済が発達すれば，必然的にフレクシブル・スペシャライゼーションの社会システムが形成される，

というわけではない。第二次大戦前，自動車産業がデトロイトやその周辺に集中したり，また繊維産業がサウス・カロライナ内の地域に集中したことは，標準化された製品の大量生産企業がしばしば空間的に集中することを示す実例であり，これは地理学者が広く取り上げている主題でもある。しかしここでの関心は，フレクシブル・スペシャライゼーションの社会システムの内部に統合されている小企業が高い集中度を見せているような地域経済にあり，それはセイブルとザイトリンが洞察力豊かに，詳しく取り上げていた主題である (Sabel and Zeitlin, 1985; Zeitlin, 1992)。

　歴史的に見れば，ある製品に対する需要が差別化され多様化した場合には，需要がより安定的で同質的な場合とは違った生産形態が成立する。一般的にいうと，需要が安定し技術変化が少ない場合ほど，企業は生産を垂直的に統合した巨大企業の形態で組織し，規格化された製品を生産して市場を拡大することによって規模の経済を享受する。歴史的にそのようなプロセスは，比較的低熟練の労働者が操作する，単一目的の機械に巨額の投資をすることを促進する傾向があった (Chandler, 1962, 1977, 1990; Sabel and Zeitlin, 1996)。

　ところが需要が差別化されると，市場が不安定になったり技術変化の速度が増すので，企業はフレクシブルな戦略，すなわちフレクシブルな機械，労働力，マーケティングを採用するようになった。更に特化した企業ほど，絶えず革新を生んでいかなければならない。しかしそういった企業は小企業であるため，個々の企業だけでは賄えない，多数の公共的なサービスを必要とする。それは熟練労働力を育成するための高度な訓練設備や，信用の継続的な供給，複雑なマーケティング能力などである。

　産業によってはこれらの必要に応えるために，生産者が他の企業や競争相手と，またある時は補完的関係にある産業に属する企業と共同して集合的財の供給をはかることもある。この集団的活動の内容は歴史的に変化してきているが，最も一般的なのは，協同の訓練制度や協同のマーケティング機関の設立である。例えばファッション・トレンドの予測，外国の技術規格のモニタリング，協同販売，協同の融資制度，地方固有の商標の確立などである。時代や個々の産業によって，この種の調整の協同的メカニズムは異なってい

るが，職人組合，雇用者団体，労働組合が存在しない場合には，こうした協同や協力の形態は機能しなかった。フレクシブルな社会的生産システムが存続するためには，協働と競争のバランスをとる集団的諸制度の中に企業が統合されていなければならない（Zeitlin, 1992, 1994）。

　フレクシブルな社会的生産システムがもっと発達している所では，企業とそれを取り巻く環境との境界がかなり曖昧になっている。そうなると企業は，一つの地域から別の地域へ移動しなくなる。かつてサルデーニャ〔地中海コルシカ島の南，イタリア領の大島とその付属小島からなる自治州〕やシチリア〔イタリア南方にある地中海最大の島。行政的にはイタリアの特別州〕の地方政府がプラト〔イタリア中部，トスカーナ州の都市〕から企業を誘致しようとして，無償の土地や，安価な労働力，低い税金を提供したが効果はなかった。なぜならプラトの企業は，様々な種類の集団的制度の内に埋め込まれており，そこから多くの質の高いインプットを得ていたからである。

　社会的生産システムの発達を促進する，このような社会的条件は様々である。時には，ある集団が自身を宗教的マイノリティと自覚したために，促進条件が形成されることがある。あるいはエスニシティの共有とか，職人意識に基づく連帯感，あるいは専門職業としての共通性や政党への所属などからも促進条件が生じる。歴史的には共通の社会的絆がなければ，フレクシブルな社会的生産システムの前提条件となる集団的諸制度が発達することは難しい。しかしセイブル（1992）が主張しているように，共通の社会的絆はこのようなシステムを生み出すための必要条件ではない（Zeitlin, 1992）。

　フレクシブルな社会的生産システムが機能する地域には，デンマークのユトランド地方，スウェーデン南部のスコーネ地方，イタリア東北部と中部が挙げられる。こうした地域では，それぞれ高度に特化した製品が生産されている。例えば，ボローニャでは工作機械と小型器具が生産されている。トスカーナやヴェネチアの町は繊維や履物を製造している。19世紀でも現代でも，フレクシブル・スペシャライゼーションの社会的生産システムはつねに小企業経営と，家族中心の熟練工による小さな会社と，地域的な連帯感を統合したものである。フレクシブル・スペシャライゼーションの生産システムは制度的には様々な形態で存在しているが，それらの多様性にもある限界がある

(Grabher, 1993; Pollert, 1991; Sabel, 1992)。規制を受けない市場は，フレクシブルな社会的生産システムの存続に十分なインセンティヴを提供しない。競争関係にある生産者間の協調や，雇用者と被雇用者間の衝突を最小限にすること，サプライヤーや顧客との長期の安定的な関係などがフレクシブル・スペシャライゼーションのシステム存続の前提条件である。

国民国家がフレクシブル・スペシャライゼーションの生産システムを生み出し，存続させる役割を果たすこともあるが，たいていはドイツ諸州(länder)やイタリアの地方政府のように，地域や地方の自治体がこの形態の社会システムの発達を促進してきた (Herrigel, 1989; Sabel and Zeitlin, 1997; Zeitlin, 1992)。例えば国家は労働者の訓練制度の発達を促したり，企業に対して市場や輸出に関する情報提供だけでなく，廉価な融資も提供してきた。しかし国家だけでは，フレクシブルな社会生産システムの成立に必要な制度を促進することはできなかった。もちろん航空産業の場合のように，軍需品の調達や特定の研究プログラムは，大企業やコングロマリットがフレクシブルな生産を行うプラントをつくり上げる助けとなってきた。また様々な政府の政策は，いくつかの産業で，中企業や革新的な企業の高い集積を促進させる効果を持ち得る。しかしある地域でフレクシブル社会的生産システムが成立するか否かの鍵となっているのは，企業が埋め込まれている社会経済的環境なのだ。

合衆国やイギリスは今日に至るまで，社会的生産システムが成功する上で最も重要となる，競争する経済主体間に信頼関係を生み出す力をもつ制度，すなわち共同体的なインフラストラクチャーを欠いている (Brusco, 1986; Kristensen, 1986; Sabel and Zeitlin, 1985; Storper, 1989; Zeitlin, 1994)。にもかかわらずこれは致命的ということではない。なぜなら政府が既存制度を利用し，フレクシブルな生産システムの実現を模倣し助成することができるからだ。例えばフランスでは，通信省が1980年代にミニテル〔フランス独自の情報サービス〕の開発を助成している。これは公的資金でインフラストラクチャーを整備したネットワークだが，その内容は無数の民間ソフト会社によって規定されたのだった。その結果，最終的には百パーセント民間によるフレクシブルな生産形態と同等の効果が得られたのだ(Phan, 1991)。しか

しフレクシブルな生産形態がフランスで広範に成り立っていくためには，企業はフランスの大部分の地域におけるものとはかなり異なった社会的環境に埋め込まれていなければならないのである。

またアメリカにも競争し合う企業同士がある種の協調を行って，フレクシブルな社会的生産システムを発展させた社会的環境がある。シリコンバレー(Saxenian, 1994)と同様に，中西部北部の酪農業(Yong, Lindberg, Hollingsworth, 1989)がそのような例としてあげられる。しかし20世紀アメリカではこれらは例外的である。

多品種大量型の社会的生産システムは，フレクシブル・スペシャライゼーションの社会的システムと類似点を持っている。双方ともにそれぞれ固有の環境に埋め込まれており，他の社会による模倣は容易ではない。フレクシブル・スペシャライゼーションを導入した企業は，例外もあるとはいえ，あまり大きくない地域に立地した小規模の職人工房である。反対に多品種大量生産を理解する鍵は，大企業でのフレキシビリティの増大にある。大企業は新技術を使って生産関数を弾力的にしたり，大規模生産システムの中で生産できる特注品の一括注文の単位を小さくすることができた。フレクシブル・スペシャライゼーションの社会システムが多品種少量生産を行い，範囲の経済に基づくのに対し，多品種大量生産は規模の経済と範囲の経済の両方を結合して，質的に差別化された大量生産の利点を利用することができた。言い換えれば，多品種大量生産をフレクシブル・スペシャライゼーション生産システムから区別する主要な変数の一つが，生産の規模なのである。

企業が埋め込まれている領域的空間もまた異なる。フレクシブル・スペシャライゼーション型の社会的生産システムとは対照的に，多品種大量の社会生産システムは一般的にいってより大きな地域内に埋め込まれており，その大きさが国民国家全体と重なるほどのものまである (Muller and Loveridge, 1995)。とはいえ小企業がフレクシブル生産に従事しているシステムであれ，大きな企業が多品種大量生産に従事しているシステムであれ，フレクシブルな社会的生産システムが存続しているところでは，それは社会内の経済団体や労働組合，労使関係のシステム，資本市場，工業地域の労働者・経営者双方の訓練システムに完全に統合されている。

他方で生産のフレクシブル・スペシャライゼーションのシステムと多品種大量生産との間の相違が，それら内部の原理的な特徴とどう関係しているのか，そしてそれらシステムのどの部分が，固有の制度的取決を持っている特定の地域や国民国家から生まれたのかを解明することは容易ではない。大量生産は本性上，国民国家のそれぞれの地域を越えた制度を前提にしている。それは全国的な輸送システムやその他のインフラストラクチャー，大量の資本，および予期できない大きな景気変動を回避するためのマクロ経済の安定化などである。これらの点から，大量生産には全国的な制度の支援が必要であることがわかる。反対に歴史的分析や国際比較で判明するのは，フレクシブル・スペシャライゼーションのシステムは国家より小規模の社会政治的構造の中に埋め込まれているが，多品種大量生産は全国的な社会政治的な構造の中に埋め込まれていることである。

　多品種大量型の社会的生産システムは，全国的な民主的コーポラティズムの特徴を持つ社会的・政治的構造の中に埋め込まれているのでなければ存在できないだろう。ネオ・コーポラティズムの制度的取決が比較的よく発達した，すなわち多品種大量型の社会的生産がよく発達した現代社会の例としては，1980年代のドイツとスウェーデンが挙げられる。両国では，パートナーシップの観念をイデオロギーとしている労働組合と経済団体のシステムが高度に発達した。パートナーシップの観念は階級間の激しい衝突を緩和し，競争し合う企業間の衝突と協力との微妙なバランスをもたらすのだ。他方で民主的コーポラティズムの研究者にとって，日本は一つの問題を含んだケースとなっている。たいていの民主的コーポラティズムの社会がそうであるように，日本もまた強い社会的パートナーシップのイデオロギーが，経済界の頂上団体と企業内での労働者，資本家間を支配している。しかし日本には，全国レヴェルで高度に組織化された労働組合がない。にもかかわらず日本は社会的パートナーシップを非常に重視しているのだ。そこで研究者は，日本を民主的コーポラティズムの社会の一つに加えざるをえない。このことから日本が多品種大量の社会的生産システムを持っていることが理解できる（Katzenstein, 1985; Pempel and Tsunekawa, 1979; Schmitter and Lehmbruch, 1979）。

ヨーロッパ諸国の強力な労働組合と経済団体によるシステムは，よく発達した社会民主主義的ネオ・コーポラティズムの性格を持つ福祉国家に補完された社会的生産システムを生み出した。これに対して，日本の全国組合の弱さが意味するのは，日本の支配的な社会的生産システムがどこか異なった種類のコーポラティズムの政治経済に埋め込まれているということだろう。社会民主主義的な国家で典型的なマクロ，あるいはメゾ・コーポラティズムと対比して，それはミクロ・コーポラティズムと名づけられた（Boyer, 1991）。

　では合衆国には多品種大量生産システムが存在しないことを，どうやって説明するのだろうか。実際，なぜ合衆国ではそれとは正反対の大量規格化生産が支配的で，多くの点でそれがいまなお存続しているのだろうか。一般的にいって，社会的生産システムが埋め込まれている空間領域が広ければ広いほど，労働組合や経済団体などの全国的な集団的調整形態に参加しなければならない集団や利害関係者の数は多くなる。民主主義的な小国とは対照的に，合衆国のように大きな国の場合，地域的な発展のばらつきや，人種的，宗教的多様性や，エスニシティの多様性があるだけでなく，産業部門の数の多さなど，極めて複雑な経済が存在している。ここでは多様な利害が無数に存在することによって，歴史的には制度化された経済的調整の集合的形態を高度に発達させることがかなり困難だったのだ。このように社会的規模の集団的調整形態が欠如しているか，弱い場合，市場や企業のヒエラルキーが集団的調整形態としてより優れており，結果的にフォーディズムの生産様式が生み出されやすくなる（Hollingsworth, 1991a, 1991b）。

　それにもかかわらず，ヘイジとオルターが論じているように，高度に制度化された集団的行動形態があまり発達していないような環境でも，企業間で多様なベンチャーが組織されることがある。合衆国では企業の間で無数のジョイントベンチャーや，クロスライセンスに関する合意，フランチャイズ，戦略的同盟の様々な形態が組まれている（Porter, 1990）。そして映画，バイオテクノロジー，出版，マイクロエレクトロニクス，あるいはソフトウェア産業などでも，経済調整の一形態として無数のネットワーキングが存在している（Powell, 1990）。

　一見するとこの種の協調は，フレクシブルな形態の社会的生産が繁栄して

いる工業地域と類型的に近似しているように見える。しかしネットワーキングのこの種の形態はたいてい，セイブルとザイトリンらが工業地域の分析で議論したものと同一の，豊かな制度的環境の内に埋め込まれているのではない。多くの社会では関連産業が地理的に集積することによって，ある程度の協力や信頼が発達していく。だが一般的にこれらの発達は緩慢であって，速やかな発展のためには，企業が高度に発達した集団的な組織の一員となるという環境が伴わなければならない。繰り返すが日本システムの英米への移植の成功が示唆するのは，これら諸国のより好ましくない制度的環境にあっても，いくつかの産業では擬似的に多品種大量生産が成立する可能性がある，ということだけなのだ（Florida and Kenney, 1991; Kenney and Florida, 1988; Oliver and Wilkinson, 1988）。

　合衆国の企業は様々な方法で，すなわち雇用する労働者を慎重に選んだり，日本企業の国外工場のように下請業者を育成したり，バイオテクノロジー産業の場合のように大学内で培った個人的つながりを活用したり，また映画産業や出版業のように，同じ相手と長期にわたって仕事をしたりすることによって，長期的な関係や信頼を築くことに成功している。しかしこれらは，合衆国のような巨大な国民経済の中では極めて少数の事例にすぎない。ホリングスワースが論じているように，全国的な訓練システムや労使関係のシステム，金融市場，国家の構造と政策，政治文化が根本的に変わらなければ，フレクシブルな社会的生産システムがアメリカ経済で支配的になるとは思われない。

2．超国家的地域やグローバル・レヴェルでの調整

　グローバル・レヴェルであれヨーロッパ連合のような多国間にわたる地域レヴェルであれ，国民国家のレヴェルを超えると，アソシエーションや組合などの調整の集団的形態はあまり発達していないか，全く存在しない。更に超国家レヴェルでは，調整アクターとしての国家権力の力は弱い。しかし国家の下位のレヴェルだろうが，国民国家だろうが，超国家レヴェルだろうが，空間－領域的配置にかかわらず，経済主体間の関係を調整するためには，なんらかの制度的取決が不可欠である。現実にどのレヴェルでも，経済主体は

同様な問題をいくつも抱えている。それは取引者間の効率を高めることであり，マクロ経済の不安定性を減らすことであり，分配上の衝突を最小化することや，衝突を減らし，争いを解決すること，あるいは国内的・国際的な規範やルールの遵守を監視することである。

　国際的レヴェルの経済的調整は様々な形態をとり得る（Risse-Kappen, 1995）。ちょうど国内経済における経済的調整が多様な制度的取決によって達成されるように（図1-1参照），超国家レヴェルでも同様のことが起きる。制御の少ないレヴェルでは，市場が互いに関係のない企業間の取引を調整する最も優れた形態である。逆に制御が大きいレヴェルでは，超国家的企業のようなヒエラルキーを利用した調整や，国際貿易団体や国際カルテルのような集団的調整形態が現れる。一般的にいって，制御の度合いに関係なく市場によって調整される産業には，証券，銀行，繊維，アパレル，靴，ホテルがある。他方，企業内ヒエラルキーによって調整される産業は資本集約的であり，化学，ボーキサイト，石油，航空機，自動車が挙げられる（Chandler, 1962, 1977, 1990; Hollingsworth and Lindberg, 1985; Porter, 1990）。産業の中には例えば麻薬取引，石油，コーヒー，ココア，ボーキサイトでの一時的なカルテルなど，集中化がかなり進んだものがある。もちろんグローバル・レヴェルの調整過程も国民国家の行動を伴っており，その調整形態も二国間協定のように制御の低いものから，超国家的政府や植民地帝国のような制御水準の高い構造まである。国際体制は国家間の中位の制御形態であり，互いに独立した企業の間で組織された国際的なカルテルや貿易団体とある種の類似性がある（Keohane, 1984; Krasner, 1983; Rosenau and Czempiel, 1992; Young, 1986, 1989）。

　国際体制はどのように生まれ，どのように数十年にもわたって維持されるのだろうか。ある研究者は，ヘゲモニー権力〔覇権国家など〕の存在が国際体制の成立と維持のどちらにも必要であることは，歴史的に明らかであるという（Kennedy, 1987）。ヘゲモニー権力が衰退し，その明らかな後継者がない場合には，国際システムは脅かされる。1920年代はそのようにして国際体制が崩壊した興味深い一例である（Kindleberger, 1978）。また別の研究者たちの議論では，国際体制はその成員に公共財と安価な取引費用を提供するの

で，体制のルールと規範に従うことがそれぞれの国益に適う。そのため体制参加を強制するヘゲモニーは必要ではないのだ（Eden and Hampson〔原著〕を参照，または Keohane, 1984; Snidal, 1985, 1991）。もちろん，この主張は純粋な調整だけが必要で，利害の衝突が存在しないということを仮定している。もし逆に状況が「囚人のディレンマ」と類似したものであれば，各国による合理的な戦略は協力を発達させないだろう。この場合，グローバル・レヴェルでは経済調整の大部分が市場やヒエラルキーによって行われるだろうから，国際的なアクター間の衝突は厳しいものとなるかもしれない。

　国際体制はグローバル・レヴェルで，経済主体が最も効率的な取引を行うことができるような規範とルールを制度化する。イーデンとハンプソンは現代世界のいくつか重要な国際体制を取り上げて，それらが直面している問題を提示している。ちょうど国内に取引費用を低減させるための制度的取決が存在しているように，グローバル・レヴェルにおいても，取引費用を減らすために存在する国際体制がある。例えば国際特許機関は国内の特許や著作権を国際的に登録し，この種の知的所有権を国際的なレヴェルで保護し，国際取引での取引費用の大きな削減に貢献している。また貿易の特恵的待遇を構成員に与える体制にも取引費用を削減する効果がある。GATT（関税・貿易に関する一般協定）や EU（ヨーロッパ連合）がそうである。また新生の NAFTA（北大西洋自由貿易地域）は，カナダ，メキシコ，合衆国間の貿易，関税障壁を次第に削減していくことを目的に設立された。

　他の種類の国際体制にはそれぞれ異なった目的がある。例えばある国家は，自国の経済を強化するために国際的なカルテルを組織している。これは石油や，ウラン，ボーキサイト，コーヒーの産出国では一般的なことである。更に各国の自立的なマクロ経済政策を国際的な影響から守り，制御するために設立された体制がある。そのために創設された制度的取決としては，IMF（国際通貨基金），世界銀行，国際決済銀行，G7（先進七カ国首脳会議）やヨーロッパ通貨制度が挙げられる。最後に，世界規模での分配上の衝突を最小限にするために，途上国を優遇する GATT や，世界銀行，IMF の体制が利用されている（Gilpin, 1987; Keohane, 1984; Krasner, 1983; Young, 1989）。

　こうした取引費用を逓減させ，マクロ経済の安定性を促進し，分配上の紛

争を最小化するための制度の有効性は，時代によっても違い，それぞれの制度的取決によっても同じではない。しかし国際的な諸体制が超国家レヴェルでの経済活動の調整で大きな効果をあげた場合，それは国家レヴェルでの調整メカニズムにも何らかの変化をもたらすだろう。

　ヨーロッパ共同市場が成立すれば，それが多様なヨーロッパ経済の規制緩和をある程度促し，国境の垣根を低くしたりあるいは廃止したりするので，より好ましい環境を求める資本や，資本ほどではないが同様に行動する労働者によって「体制のショッピング」が起きるだろう，と予想されている。ヨーロッパ連合全体で政治的な制度的取決がいくつか生まれる可能性がある。そうした制度的な取決の特徴は，より多元主義的で制度的に分立し，規制緩和，任意主義が伴うものである。要するに，合衆国の政治経済の特徴となっているような，新自由主義型の制度に類似した社会的，政治的，経済的な調整形式である。そのためヨーロッパの多様な社会がヨーロッパ連合に統合されていくにつれて，交渉による協調的な政治経済に必要不可欠の条件が脅かされるのではないか，という懸念が広がっている。ヨーロッパの協調的な政治経済は，ドイツの多品種大量生産やイタリアのフレクシブル・スペシャライゼーション生産などの社会的生産システムの形成を促進してきたのである。

　もちろんヨーロッパ連合のレヴェルで安定した体制が成立した時に，各地域の文化や伝統，権力構造などがどれほど衰退していくのかはまだ明らかでない。それらはフレクシブルな社会的生産システムの基盤となっているものである。しかしこのようなことが議論されること自体，一つの空間領域での調整の変化が別のレヴェルでの調整形態や社会的生産システムを変えることを示唆しているのだ。

（5）社会的生産システムの収斂あるいは多様化

　1960年代に広く信じられていた見方によれば，同じ生産技術と分業が社会に広がっていくにつれて，異なった社会がそれぞれの経済活動を調整する制度的取決の点でも経済パフォーマンスの点でも収斂していくはずだ，ということである。こうした予測はヨーロッパと日本についてなされ，それらの社会は合衆国モデルに収斂していくだろうと考えられた。更に東欧社会主義諸

国でさえ，このグローバルに進行する流れの一部と見られていた。そしてそうした国々はそのうちに混合経済の一種へと進化し，市場メカニズムと国家介入の両方を併せ持つようになる，と信じられていた。

しかし社会的生産システムへの収斂のみに限ってみても，収斂と発散の問題が社会科学からなくなることはない。例えば産業組織の研究は，同じ製品市場で競争する企業はその構造や行動も類似したものとなる傾向があり，でなければ市場から消えてしまうと主張している。言い換えれば，収斂論は財の生産と分配にあたって労働，原材料，資本を組織化する最適解が一つ存在する，と仮定しているのである。製造，加工，流通の各分野で生き残るためには，最も効率的な競争相手に勝つとは言わないまでも，少なくともそれらと有効に競争しなければならない。そのため革新的なアクターたちが産出量を増加させる新しい方法を発見するたびに，彼らの競争相手もそれに従うだろう。したがって生存競争は，最適な技術と戦略の採用を結果的にもたらすことになる (Chandler, 1962, 1977; Chandler and Daems, 1980)。

しかし産業センサスを調べるたびに，大部分の国で古いものから新しいものまで，あらゆる種類の企業や技術が長期にわたって併存していることが明らかになる。永続的に革新が起きている世界では，革新者と模倣者が同時に存在しており，先陣を切る企業と後塵を拝する企業が併存しているのだ (Nelson and Winter, 1982)。ネオ・シュンペーター主義の見方によると，この技術と組織の多様性は，柔軟性と適応性を発揮する上で積極的な役割を果たしている。逆に，単一の社会的生産システムしか存在しない国は，長期的な経済的不安定性という危険にさらされるかも知れない (Eliasson, 1989)。平均的な企業は最良のパフォーマンスを必ずしも示さないため，静学的には非効率が発生するが，その損失は動学的な効率性によって克服されるかもしれない。というのは，絶えず新しい環境に直面する企業が発展させなければならない代替的な技術や組織は，極めて多様だからである (Herrigel, 1989; Hyman and Streeck, 1988)。

社会学の分野で組織分析を行う研究者の間では，環境制約の下でどのように組織的な行動が形成されるのかという議論が行われ，発散−収斂論争が浮上している。学者の中には (DiMaggio and Powell, 1983; Hollingsworth and Hollingsworth, 1987; Pfeffer and Salaneik, 1978)，類似した環境にある組織が同様の圧力に対応するため行動を収斂させる，と主張している者もいる。これは産業組織論の議論の変種だともいえる。同じ環境で競争する組織は，同じ資源制約，同じ規制や規範の圧力下にあるため，互いに似たものになるというのだ。

取引費用の経済学もまた同様の問題に言及している。その主張では，組織環境の違いによって，ガヴァナンスの形態に差異が生まれるという (Schneiberg and Hollingsworth, 1990; Williamson, 1975, 1985)。そこで取引費用の経済学では，同じ産業の企業でも異なった種類の取引費用に直面するため，異なったガヴァナンスの形態を採用する可能性があることを認めてはいる。とはいえたいていの取引費用論者は，企業がよく似た，あるいは同一の取引費用に直面した場合，それを解決する唯一最良の組織形態が存在すると主張している。これらの考え方のすべてには，取引費用や生産費用の最適化という静学的な観点があり，適切な生産組織というのはただ一つだという暗黙の仮定がある。

これらに対して進化論的なモデルは多彩な解答を用意している。生物学者は観察を通じて，多様な種が同一の問題を解決する多様な方法を持っていることを知っている。他方で，エコ・システムの全体は，多様な種の動学的な補完性の上に安定性を築いている。こうしたモデルを精緻化し社会科学に応用すれば，同じ目標を達成する調整の制度にも多様性があることが明らかになる (Lesourne, 1991)。もちろん生物学的分析手法の転用はしばしば手厳しい批判を受けてきたが，規模に関する収益逓増の概念を使えば，技術の普及についても同様の結果が得られる (Arthur, 1988)。加えてこれらの理論では「歴史」が問題になってくる (David, 1988)。というのも一つの制度がいったん成立すると，それはたとえ新しい環境に，もっと適した制度で代替した方が社会的に望ましい場合であっても，生き残って行くからである (Boyer and Orléan, 1991)。

最後に最近の経済学者の中には，生産性，所得，技術といったレヴェルで諸国が収斂して行くことに注目している者も出てきている (Abramowitz, 1986; Baumol, 1986; Baumol, Blackman, and Wolff, 1989; Baumol and

Wolff, 1989; Maddison, 1982; Nelson, 1991b)。これらの研究の多くでは，収斂論は技術移転の概念に大きく依存している。先行する国家と追従する国家の間の技術と生産性のギャップが大きければ大きいほど，追従する国家のもつ生産性の潜在力は高まる。「言い換えれば，他の条件が一定の場合，追従者は先行者に追いつこうとする」(Williamson, 1991: 56)。この議論は蓄積モデルによって補完されている。資本に関する収穫逓減のため，労働生産性の初期値が高いところから出発する先行国家では，生産性の成長が緩やかである。他方で追従する国の場合，物理的資本より人的資本に多大な投資を行った方が生産性の成長率が高くなる傾向がある (Barro, 1989; Williamson, 1991)。

しかしこのような収斂論には無数の例外を見つけることができるので，あまり説得力がない。第一に，キャッチアップを行った国は少数であり，多数の反例がある。例えばアルゼンチン，イギリスでさえそうであり，ましてやアフリカ諸国の大半は言うに及ばない。第二にこの種の収斂はここ30年の現象であるにすぎず，長期的には起きていない(Amable, 1991)。第三に，これらの文献の多くは社会的次元を無視している。その点でアブラモヴィッツの研究は，経済学の分野では希有な例外である(1986，また Veblen, 1916)。彼は，ある国が後進国であるというだけではそのキャッチアップの能力が大きいことにはならない，と主張した。むしろこの潜在的能力は各種の社会的な能力に依存するのである (Abramowitz, 1986, Ohkawa and Rosovsky, 1973)。

社会的能力を収斂論に組み込む際の問題は，これまでのところ研究者たちにとってもそれが何を意味するのか曖昧で，まだそれをどうやって測定するのかわからないということである。たとえロゾフスキー，オオカワ，アブラモヴィッツらが金融市場や，産業構造，政治システムだけでなく，労働者や経営者の熟練の性質や，国の労使関係の制度を考慮に入れなければならないと気づいていたとしても，それをどう測定するかは明らかでない。アブラモヴィッツが「国の社会的諸能力」という概念で主張したかったことは，本稿で「ある国の社会的生産システム」という概念で表現した内容とかなり類似している。

各国の経済的パフォーマンスがどの程度収斂するかは，それらの国々が持っている社会的生産システムがどの程度類似しているかにかかっている。現代社会の社会的生産システムは無数の部門に分かれた諸制度をもつ複雑な構成体であり，極めて長期にわたる過程なしにそれらが国境を越えて普及するとは思えない。実際どんな国家的技術革新・システムでもその各部分が相互に補い合い，融合し合っていることを考えると(Nelson, 1993)，キャッチアップが簡単に実現するとはとても思えない。先進的な国家や先端産業が構造上の優位性を持っているために，たやすい模倣というのは無理である。先行国を模倣している追従国は，通常，予期しない問題に遭遇して，それを解決するために独自に適応したり，革新的なことすら試みる。それは結果として，その国の個性の上に築かれた別のモデルを成立させるかもしれない。フランスとドイツがイギリスの第一次産業革命を模倣したとき，両国は全く異なった新しいモデルを実現した（Gerschenkron, 1962)。同様に，第二次大戦後，日本の製造業の多くが合衆国の大量生産方法に追従しようとしたが，それらは当初の意図からはかなり外れて，多品種大量生産を生み出したのだ(Ohno, 1989)。

　調整メカニズムはそれぞれの社会的生産システムと結びついている。そればかりでなく，各々の調整メカニズムと社会的生産システムによって経済パフォーマンスも変わってくる。このように支配的な調整メカニズムや社会的生産システムの種類が国ごとに異なっている限り，国々の経済パフォーマンスの収斂には大きな制約がある。各社会的生産システムはそれぞれ独自のパフォーマンス基準に沿って，多かれ少なかれ明示的に効率を最大化している。その基準とは，静学的効率性，動学的効率性，利潤，市民の安全，社会的安定，経済的権力，政治的権力を組み合わせたものである。新古典派経済理論の主張とは対照的に，現実の世界経済には，すべての経済的に合理的なアクターが最大化を試みるような普遍的な基準は存在しないのである。経済史はそれぞれの社会で適用されている合理性原理の多様性の実例を数多く提供している（Boyer, 1990; Gustafsson, 1990; Hollingsworth and Streeck, 1994; North, 1981, 1990; Tolliday and Zeitlin, 1991: 1-13)。

　パフォーマンスの基準や目標は社会的に選択され，しかも時代と地域によ

って大きく異なっている。もちろん収益性は資本主義経済の全企業の目標だが，企業が埋め込まれている社会的生産システムにしたがって投資の収益性の基準は，短期的であったり長期的であったりする。しかも様々な製品のライフサイクルの各段階で許容される利潤率は，それぞれの社会的生産システムで同じではない。言い換えれば製品開発について，どのような条件下でどのくらいの期間収益性を無視できるかは，社会的生産システムがその他の経済パフォーマンスのどれを最大化しようとするかにかかっている。

　それぞれの社会的生産システムによって，企業が利益を追求する方法は同じではない。そればかりか，(a) 資源配分上の効率基準，あるいはX効率性 (b) 社会的な安定，分配の平等性 (c) 生産における質か量か (d) プロダクト・イノヴェーションかプロセス・イノヴェーションか（Hage, 1980）などの各基準をどの程度最大化しようとするかも，社会的生産システムによって相違している。

　あるいは異なった社会的生産システムが互いに対峙し合っている世界では，我々は競争の特定の基準の有効性を最もよく知ることができるかも知れない。国際舞台には，様々な社会的生産システム間の競争が，同じ産業部門の企業の間の競争という形で行われている。その場合，高賃金，安定した雇用，高度に制度化された集団的調整形態を備えた多品種大量生産（DQMP）が，市場やヒエラルキーによって調整された社会的生産システムよりも高いパフォーマンスを示しているのだ，とする異端的主張を支持できるかもしれない（Hollingsworth and Streeck, 1994）。DQMPシステムでは予期せぬ障害に対する調整に手間どるので，短期的には生産性と利益の損失をもたらすかもしれないが，長期的には既存の組織構造内で労働力が移動し，持続的に技能の向上が図られるために，プロセス・イノヴェーションや生産性向上への強い刺激を提供できそうである（Buechtemann, 1991）。これとは対照的に，市場とヒエラルキーが二大調整メカニズムとして働く社会的生産システムでは，労使関係のシステムが短期的な意思決定に基づいているため長期的にみれば，労働市場の分断化，生産性の減退，訓練の不足という結果を招くだろう（Streeck, 1991）。

　更に以前の著書『資本主義経済を管理する－経済諸部門のパフォーマンス

と制御』(Hollingsworth, Schmitter, and Streeck, 1994)で示したように，一国におけるすべての産業部門の競争力やパフォーマンスが同一であるわけはない。社会的生産システムの中には，いくつかの製品市場で相対的にうまく働くものがある。二，三の産業部門で成功していても，その他大部分の産業ではさほど成功していないという国は多い。互いに補完し合う産業部門を持っている国は成功しやすい。最も工業化された国々が，グローバル・レヴェルで成功している産業部門を持っていないということは，通常はない。更に世界的に成功した産業部門の企業は，しばしばある国の特定の地域や地区に集中していて，そこで類似した社会的生産システムの一部となっている (Hollingsworth, Schmitter, and Streeck, 1994; Porter, 1990; Sabel and Zeitlin, 1985)。

　世界市場で成功するには国内の非経済的な制度が重要な決定要因となることが，社会科学者によってますます認知されるようになってきたことに対応して，現実の経済的競争は異なるタイプの社会的生産システム間の競争となり，良好なパフォーマンスを求める競争圧力が広範囲の社会変化を要求するようになってきた。1950年代の合衆国は，世界で最も競争力のある国と広く認められており，その大量規格化生産も広範な賞賛を受けていた。だが現在，アメリカ経済は多くの産業部門で弱体化してきているため，教育，訓練のシステム，労使関係，金融制度，企業の内部構造などといった，アメリカの社会制度の多くを変えようとする圧力が高まっている。言い換えれば，世界市場での競争で成果が上がらない社会的生産システムを持つ国は，脱工業化するか，経済パフォーマンスを上げるために制度を再建するという圧力を受けている。したがって，ナショナルな社会的生産システム間の国際競争は，国内の社会的，政治的基本構造に深く干渉しつつあるのだ (Streeck, 1991; Hollingsworth and Streeck, 1994)。

　他方，ある国で支配的な社会的生産システムの競争力は，国際的なゲームのルールに部分的に依存している。強い国はある程度まで国際体制を築く力を持っていて，それによって自国の企業や産業部門を有利にしたり，競争相手国の生産システムを強い国のシステムへと変化させることを奨励したりする。資本主義経済における調整とパフォーマンスを理解するには，経済的調

整がどのように空間領域のすべて（一国内の地域レヴェル，国民国家レヴェル，超国家レヴェル）にわたって結びついているか，を鋭敏に把握しなければならないのである。

参考文献

Abramowitz, Moses, "Catching Up, Forging Ahead, and Fallling Behind." *Journal of Economic History* 46 (June): 385-406, 1986.

Alter, Catherine and Jerald Hage, *Organizations Working Together: Coordination in interorganizational Networks,* Jossey Bass, San Francisco, 1993.

Amable. B., "Changement Technique endogène en économie ouverte,, institutions et trajectoires nationales de croissance." Ph.D. thesis, E.H.E.S.S., Paris, 1991.

Aoki, Masahiko, *Information, Incentives and Bargainning in the Japanese Economy,* Cambridge University Press, Cambridge, 1988,.

Arrow, Kenneth J., "Social Responsibility and Economic Efficiency." *Public Policy* 21: 303-17, 1973.

Arrow, K. J. *The Limits of Organization*, Norton, New York, 1974.

Arthur, W. B., "Competing Technologies: An Overview," in R. Dosi et al., eds. *Technical Change and Economic Theory,* Pinter Publishers, London and New York, 1988, pp. 590-607.

Barro, Robert J., "A Cross-Country Study of Growth, Saving, and Government," National Bureau of Economic Research Working Paper No. 2855, 1989.

Baumol, William J., "Productivity Growth. Convergence, and Welfare: What the Long-Run Data Show," *American Economic Review*, 76(5): 1072-85, 1986.

Baumol, William J. Sue Anne Batey Blackman, and Edward N. Wolff, *Productivity and American Leadership: The Long View,* MIT Press, Cambridge and London, 1989.

Baumol, William J. and Edward N. Wolff, "Three Fundamental Productivity Concepts.: Principles and Measurement," in George R. Fetwel (ed.), *Joan Robinson and Modern Economic Theory,* Macmillan, London, 1989, pp. 638-59.

Becattini, Giacomo, "The Marshallian Industrial District as a Socio-Economic Nation," in Frank Pyke, Giacomo Becattini, and Werner Sengenberger (eds.), *Industrial Districts and Inter-firm Cooperation in Italy*. Geneva: International Institute for Labor Studies, 1990, pp, 37-51.

Benson, J., "The interorganizational Network as a Political Economy," *Administrative Science Quarterly,* 20: 229-49.

Boyer, Robert, "Economie et histoire: Vers de nouvelles alliances?" *Annales ESC,* November-December: 1397-1426, 1990.

Boyer, Robert, "New Directions in Management Practices and Work Organization: General Principles and National Trajectories," Revised draft of paper presented at the OECD Conference on Technological Change as a Social Process, Helsinki, December 11-13, 1991.

Boyer, Robert and Benjamin Coriat, "Technical Flexibility and Macro Stabilization," *Richerche Economiche* XI (October-December): 771-835, 1986.

Boyer, Robert and Jean-Pierre Durand, *L'après-Fordisme*. Syros, Paris, 1993.

Boyer, R. and A. Orléan, "Why Are Institutional Transitions So Difficult?" Mimeograph CREA, prepared for the Conference "L'Economie des Conventions," Paris, 1991.

Bradach, Jeffrey L. and Robert G. Eccles, "Price, Authority, and Trust: From Ideal Types of Plural Forms," *Annual Review of Sociology,* 15: 97-118.

Brusco, Sebasitiano, "The Emilian Model: Productive Decentralization and Social Integration," *Cambridge Journal of Economics*, 6: 167-184.

Brusco, S., "Small Firms and Industrial Districts: The Experience of Italy," in D. Keeble and E. Weaver, (eds.), *New Firm and Regional Development in Europe,* Croom Helm, London, 1986.

Buechtemann, C. F., "Does (De-)Regulation Matter? Employment Protection in West Germany," in E. Matzner and W. Streeck, (eds.), *Beyond Keynesianism, the Socio-Economic Production and Full Employment,* Edward Elgar Publishing, Hants, UK, 1991.

Campbell, John, L., J. Ragers Hollingsworth and Leon Lindberg, (eds.), *The Governance of the American Economy,* Cambridge University Press,

Cambridge and New York, 1991.

Chandler, Alfred D., *Strategy and Structure*, MIT Press, Cambridge, 1962.

Chandler, Alfred D., *The Visible Hand: The Managerial Revolution in American Business,* Harvard University Press, Cambridge, 1977.

Chandler, Alfred D., *Scale and Scope: The Dynamics of industrial Capitalism,* Harvard University Press, Cambridge, 1990.

Chandler, Alfred D. and Herman Daems (eds.), *Managerial Hierarchies: Comparative Perspectives on the Rise of the Modern Industrial Enterprise,* Harvard University Press, Cambridge, 1980.

Chisholm, Donald, *Cordination Without Hierarchy: Informal Structures in Multiorganizational Systems,* University of California Press, Berkeley, 1989.

Coase, Ronald H., "The Coase Theorem and the Empty Core. A Comment," *Journal of Law and Economics,* 24: 185-7, 1981.

Coase, R. H., "The Problem of Social Cost," *Journal of Law and Economics,* 3: 1-44, 1960.

Coleman, James S., *Foundatons of Social Theory,* Harvard University Press, Cambridge, 1992.

Coriat, Benjamin, *Penser,* C. Bourgeois, Paris, 1991.

Crouch, Colin and Wolfgang Streeck, *Varieties af Capitalism,* Pinter, London and Paris, 1996.

David, Paul A., "Path-Dependence: Putting the Past in the Future of Economics," *IMSSS Technical Report,* No. 533, Stanford University, 1988.

DiMaggio, Paul and Walter W. Powell, "The Iron Cage Revisited: Institutional Isomorphism and Collective Rationality in Organizational Fields," *American Sociological Review,* 48: 147-160, 1983.

Eccles Robert, "The Quasifirm in the Construction Industry," *Journal of Economic Behavior and Organisation*, 2 (December), 1981, 355-58.

Elam, Mark, "Markets, Morals, and Powers of Innovation," Unpublished paper presented before the School for Workers, University of Wisconsin, Madison. April 6, 1992.

Eliasson, G., "Modelling Long-Term Macro-Economic Growth as a Based, Path-Dependent, Experimentally Organised Economic Process: The Swedish Micro-to-Macro Model," Mimeograph paper prepared for the

International OECC Seminar on Science, Technology and Economic Growth, 1989.

Etzioni, Amitai, *The Moral Dimension: Towards a New Economics*, The Free Press, New York, 1988.

Florida, Richard and Martin Kenney, "Transplanted Organizations: The Transfer of Japanese Industrial Organization to the U.S.," *American Sociological Review*, 50: 1991, 385-98.

Freeman, Christopher (ed.), *Design, Innovation and Cycles in Economic Development*, St. Martin's Press, New York, 1986.

Friedland, Roger and Robert R. Alford, "'Bringing Society Back in: Symbols' Practices, and Institutional Contradict ions," In Walter W. Powell and Pul J. DiMaggio (eds.), *The New Institutionalism in Organizational Analysis*, University of Chicago Press, Chicago, 1991, pp. 232-63.

Fukuyama, Francis, *Trust. Social Virtues and the Creation of Prosperity*, Free Press, New York, 1995.

Gambetta, Diego, *Trust: Making and Breaking Coperative Relations*, Basil Blackwell, New York, 1988.

Garcia, A., "La Construction Sociale d'une marche parfait: le Marche au Cadran de Fontaine en sologne," *Actes de la Recherche en Sciences Sociales*, 65: 1986.

Gerschenkron, Alexander, *Economic Backwardness in Historical Perspective*, Harvard University Press, Cambridge, 1962.

Gilpin, Robert, *The Political Economy of International Relation*, Princeton University Press, Princeton, 1987.

Ginsburger, F., "Le Role du travail Precaire Dans Les Transformations de la Relation Salariale," Thesis, University of Paris VIII, 1982.

Grabher, G. (ed.), *The Embedded Firm: On the Socioeconomics Industrial Networks*, Routledge, London, 1993.

Granovetter, Mark, "Economic Action and Social Structure: The Problem of Embeddedness," *American Journal of Sociology*, 91: 481-510, 1985.

Gustafsson, Bo, (ed.), *Power and Economic Institutions: Reinterpretations in Economic History*, Edward Elgar, Aldershor, 1990.

Habermas, Jürgen, *Legitimation Crisis*, Beacon Press, Boston, 1975.

Hage, Jerald, *Theories of Organizations: Form, Process, and Transforma-

tion, John Wiley, New York, 1980.

Hage, Jerald and Zhongren, Jing, "Adaptive Costs: A New Paradigm for the Choice of Organizational Form," in J. Rogers Hollingsworth (ed.), *Social Actors and the Embeddedness of Institutions* (forthcoming).

Hechter, Michael, *Principles of Group Solidarity,* University of California Press, Berkeley and London, 1987.

Hechter, Michael, Karl-Dieter Opp, and Reinhart Wippler (eds.), *Social Institutions: Their Emergence, Maintenance, and Effects,* Aldine de Gruyter, New York, 1990.

Herrigel, Gary, "Industrial Order and the Politics of Industrial Change: Mechanical Engineering," in Peter Katzenstein (ed.), *Industry and Political Change in West Germany: Towards the Third Republic,* Cornell University Press, Ithaca, pp. 185-221, 1989.

Herrigel, Gary, *Industrial Constructions: The Sources of German Industrial Power,* Cambridge University Press, New York, 1995.

Hirst, Paul and Jonathan Zeitlin, "Flexible Specialization Versus Post-Fordism: Theory, Evidence, and Policy Implications," Working paper, Birkbeck Centre for Public Policy, 1990.

Hirst, Paul and Jonathan Zeitlin (eds.), *Reversing Industrial Decline? Industrial Structure and Policy in Britain and her Competitors,* Berg, Oxford, 1989.

Hollingsworth, J. Rogers, "The Logic of Coordinating American Manufacturing Sectors," in John L. Campbell, J. Rogers Hollingsworth and Leon Lindberg (eds.), *The Governance of the American Economy,* Cambridge University Press, Cambridge and New York 1991a, pp.35-73.

Hollingsworth, J. Rogers, "Die Logik der Koordination des verarbeitenden Gewerbs in Amerika," *Kolner Zeitschrift für Soziologie und Sozialpsychologie,* 43: 18-43, 1991b.

Hollingsworth, J. Rogers and Ellen Jane Hollingsworth, *Controversy about American Hospitals: Funding, Ownership, and Performance,* American Enterprise Institute, Washington, 1987.

Hollingsworth, J. Rogers and Leon Lindberg, "The Governance of the American Economy: The Role of Markets, Clans, Hierarchies and Associative Behavior," in Wolfgang Streeck and Philippe C. Schmitter (eds.),

Private Interest Government: Beyond Market and State, Sage Publications, London and Beverly Hills, 1985, pp. 221-54.

Hollingsworth, J. Rogers, Philippe Schmitter and Wolfgang Streeck (eds.), *Governing Capitalist Economies: Performance and Control of Economic Sectors,* Oxford University Press, New York, 1994.

Hollingsworth, J. Rogers and Wolfgang Streeck, "Countries and Sectors: Performance, Convergence and Competitiveness," In J. Rogers Hollingsworth, Philippe Schmitter and Wolfgang Streeck (eds.), *Governing Capitalist Economies: Performance and Control of Economic Sectors,* Oxford University Press, New York, 1994, pp. 270-300.

Hollingsworth, J. Rogers, Richard Whitley, and Jerald Hage (eds.), *Firms, Markets, and Production Systems in Comparative Perspective* (forthcoming).

Hounshell, David A., *From the American System to Mass Production, 1800 -1932,* John Hopkins University Press, Baltimore, 1984.

Hyman, Richard and Wolfgang Streeck, *New Technology and Industrial Relations,* Basil Blackwell, Oxford and New York, 1988.

Katzenstein, Peter J., *Small States in World Markets: Industrial Policy in Europe,* Cornell University Press, Ithaca, 1985.

Katzenstein, Peter J., *Industry and Policy in West Germany: Toward the Third Republic,* Cornell University Press, Ithaca, 1989.

Kennedy, Paul, "The Relative Decline of America," *The Atlantic*, 260: 29-36,1987.

Kenney, Martin and Richard Florida, "Beyond Mass Productton and the Labor Process in Japan," *Politics and Society,* 16: 121-58, 1988.

Kenney, Martin and Richard Florida, *Beyond Mass Production: The Japanese System and Its Transfer to the U.S.,* Oxford University Press, New York, 1993.

Keohane, Robert, *After Hegemony: Cooperation and Discord in the World Political Economy,* Princeton University Press, Princeton, 1984.

Kindleberger, Charles P., *Manias, Panics, and Crashes: A History of Financial Crises,* Basic Books, New York, 1978.

Krasner, Stephen D., *International Regimes,* Cornell University Press, Ithaca, 1983.

Kristensen, Peter Hull, *Industrial Models in the Melting Pot of History and Technological Projects and Organizational Changes,* Denmark: Institut for Samfun Dsokonomi, Roskilde, 1986.

Landau, Ralph and Nathan Rosenberg (eds.), *The Positive Sum Strategy: Harnessing Technology for Economic Growth,* National Academy Press, Washington D.C., 1986.

Lazarson, Mark H., "Organizational Growth of Small Firms': An Outcome of Markets and Hierarchies," *American Sociological Review,* 53: 330-42, 1988.

Leibenstein, Harvey, "Allocative Efficiency versus X-Efficiency," *American Economic Review,* 66: 392-415, 1966.

Leibenstein, Harvey, *Beyond Economic Man: A New Foundation in Macroeconomics,* Harvard University Press, Cambridge, 1976.

Lesourne, J., *Economie de L'ordre et du Desordre,* Economica, Paris, 1991.

Lindberg, Leon, John L. Campbell, and J. Rogers Hollingsworth, "Economic Governance and the Analysis of Structural Change in the American Economy," in John L. Campbell and J. Rogers Hollingsworth (eds.), *Governance of the American Economy.* Cambridge University Press, New York, 1991, pp. 3-34.

Luhmann, Niklas, *Trust and Power,* Wiley & Sons, Chichester, 1979.

MacNeil. L.R., "Contracts: Adjustments of Long-Term Economic Relations Under Classical, Neoclassical, and Relational Contract Law," *Northwestern University Law Review,* 72: 854-906, 1978.

Maddison, Angus, *Phases of Capitalist Development,* Oxford University Press, Oxford, 1982.

Marglin, S., "What Do Bosses Do? The Origins and Functions of Hierarchy in Capitalist Production," *Review of Radical Political Economics,* 1(6): 60-142, 1974.

Marglin, S., "Understanding Capitalism: Control versus Efficiency," in Bo Gustafsson (ed.), *Power and Economic Institutions: Reinterpretations in Economic History,* Edward Elgar Publishing, Aldershot, 1991, pp. 225-52.

Maurice, M. F. Sellier and J. J. Silverstre, *Politique d'education et Organisation Industrielle en France et en Allemagne,* Presses Universitaires de France, Paris, 1982.

Maurice, M. A. Sorge and M. Warner, "Social Differences in Organizing Manufacturing Units. A Comparison of France, West Germany, and Great Britain," *Organization Studies,* I: 59-86, 1980.

Maynard-Smith, J., *Evolution and the Theory of Games,* Cambridge University Press, Cambridge and New York, 1982.

Muller, Frank and Ray Loveridge, "The 'Second Industrial Divide'? The Role of the Large Firm in the Baden-Württemberg Model," *Industrial and corporate Change,* 4(3): 555-82, 1995.

Nelson, Richard R, (ed.), *Government and Technical Progress. A Cross Industry Analysis,* Pergamon Press, New York, 1982.

Nelson, Richard, *National Innovation Systems: A Comparative Analysis,* Oxford University Press, New York, 1993.

Nelson, Richard R., "The Role of firm Differences in an Evolutionary Theory of Technical Advance," *Science and Public Policy,* 18(6): 347-52, 1991a. "Research on Productivity Growth and Productivity Differences: Dead Ends and New Departures," *Journal of Economic Literature,* 19(3): 1029-64, 1991b.

Nelson, Richard R. and Sidney Winter, *An Evolutionary Theory of Economic Change,* Harvard University Press, Cambridge, 1982.

North, Douglass, *Structure and Change in Economic History,* Norton, New York, 1981. *Institutions, Institutional Change and Economic Performance,* Cambridge University Press, Cambridge and New York, 1990.

Ohkawa, Kazushi and Henry Rosovsky, *Japanese Economic Growth: Trend Acceleration in the Twentieth Century,* Stanford University Press, Stanford, 1973.

Ohno, T., *L'esprit Toyota,* Masson, Paris, 1989.

Oliver, Nick and Barry Wilkinson, *The Japanization of British Industry,* Basil Blackwell, Oxford, 1988.

Ostrom, Elinor, "An Agenda for the Study of Institutions" *Public Choise,* 4 &: 3-25, 1986.

Ostrom, E., *Governing the Commons: The Evolution of Institutions for Collective Action,* Cambridge University Press, New York, 1990.

Parsons, Talcott, *The Social Sytem,* Free Press, New York, 1951.

Parsons, T., *Societies: Comparative. and Evolutionary Perspectives,* Prentice

Hall, Englewood Cliffs, NJ., 1966.

Parsons, Talcott, *Sociological Theory and Modern Society,* Free Press, New York, 1967.

Pempel, T. J. and Koichi Tsunekawa, "Corporatism Without Labor? The Japanese Anomaly," in Philippe Schimitter and Gerhard Lehmbruch (eds.), *Trends toward Corporatist Intermediation,* Sage Publications, Beverly Hills, 1979, pp. 231-70.

Pfeffer, J, and G. R. Salaneik, *The External Control of Organizations: A Resource Dependence Perspective,* Harper and Row, New York, 1978.

Phan. D., "Structures de marche et diffusion de services a valeur ajoutee sur un neseau de telecommunication," *Roneotype, Ecole Nationale Superieure des P&T,* 1991.

Piore, Michael J. and Charles F. Sabel, *The Second Industrial Devide:* Possibilities for Prosperity, Basic Books, New York, 1984.

Polanyi Karl, *The Great Transformation:The Political and Economic Origin of Our Time,* Beacon Press, Boston, 1957, (originally published in 1944).

Pollert, Anne (ed.), *Farewell to Flexibility,* Blackwell, Oxford, 1991.

Porter, Michael, *Competition in Golobal Industries,* Harvard Business School, Boston, 1986.

Porter, M., *The Comparative Advantage of Nations,* Free Press, New York, 1990.

Posner, R. A., *Economic Analysis of Law,* Little, Brown, Boston, 1977.

Powell, W. W., "Neither Market nor Hierarchy: The Limits of Organization," in Barry Staw and L. L, Cummings (eds.), *Research in Organizational Behavior,* JAI Press, Vol. 12, Greenwich, CT, 1990, pp. 295-336.

Putnam, Robert D., *Making Democracy Work,* Princeton University Press, Princeton, 1993.

Pyke, F. G. Becattini, and W. Sengenberger (eds.), *Industrial Districts and Inter-firm Co-operation in Italy,* International Institute for Labour Studies, Geneva, 1992.

Risse-Kappen, Thomas (ed.), *Bringing Transnationalism Back in: Non State Actor, Domestic Stractures, and International Institutions,* Cambridge University Press, Cambridge and New York, 1995.

Romer, P., "Increasing Returns and Long-run Growth," *Journal of Political*

Economy, 94: 1002-1037, 1986.

Romer, P., "Endogenous Thechnical Changes," *Journal of Political Economy,* 98 (5): part 2, S.71-S.102, 1990.

Romer, P., "The Origins of Endogenous Growth," *Journal of Economic Perspectives,* 8 (1): 3-22, 1994.

Rosenau, James N. and Ernst Otto Czempiel (eds.), *Governance Without Government: Order and Change in World Politics,* Cambridge University Press, Cambridge and New York, 1992.

Sabel, Charles F., "Mebius-Strip Organaizations and Open Labor Markets: Some Consequences of the Reintegration of Conception and Execution in a Volatile Economy," in Pierre Bourdieu and James S. Coleman (eds.), *Social Theory for a Changing Society,* Westview Press, Boulder, 1991, pp. 23-63.

Sabel, Charles F., "Studied Trust: Building New Forms of co-operation in a Volatile Economy," in Frank Pyke and Warner Sendenberger (eds.), *Industrial Districts and Local Economic Regeneration,* International Institute for Labor Studies, Geneva, 1992, pp. 215-50.

Sabel, Charles F. and Jonathan Zeitlin, "Historical Alternatives to Mass Production: Politics, Markets, and Technology in Nineteenth Century Industrialization," *Past and Present,* 108(August): 133-76, 1985. "Stories, Strategies, Structures: Rethinking Historical Alternatives to Mass Production," in Charles F. Sabel and Jonathan Zeitlin (eds.), *World of Possibilities: Flexibility and Mass Production in Western Industrialization,* Cambridge University Press, New York, 1996.

Saxenian, Annalee, *Regional Advantage: Culture and Competition in Silicon Valley and Route 128,* Harvard University Press, Cambridge, 1994.

Scharpf, Fritz W., "Game in Hierarchies and Networks," in Fritz W. Scharpf (ed.), *Games in Hierarchies and Networks: Analytical and Empirical Approaches to the Study of Governance Institutions,* Westview Press, Boulder, 1993, pp. 7-23.

Schmitter, Philippe C. and G. Lehmbruch (eds.), *Trends towards Corporatist Intermediation,* Sage Publications, New York, 1979.

Schmitter, Philippe and Wolfgang Streeck, "The Organization of Business Interests: A Research Design to Study the Associative Action of Business in the Advanced Industrial Societies of Western Europe," Wissenschaftszentrum, ILM/LMP Discussion paper 81-3, Berlin, 1981.

Schneiberg, Marc and J. Rogers Hollingsworth, "Can Transaction Cost Economics Explain Trade Associations?" In Masahiko Aoki, Bo Gustafsson, and Oliver E. Williamson (eds.), *The Firms As A Nexus of Treaties,* Sage Publications, London and Beverly Hills, 1990, pp. 320-46.

Scranton, Philip, *Proprietary Capitalism: The Textile Manufacture at Philadelphia, 1800-1885,* Cambridge University Press, Cambridge and New York, 1984.

Snidal, Duncan, "The Limits of Hegemonic Stability Theory," *International Organization,* 39(4): 572-615, 1985.

Snidal, Duncan, "Relative Gains and the Pattern of International Cooperation," *American Political Science Review,* 35: 701-26, 1991.

Sorge, Arndt, "An Essay In Technical Change: Its Dimensions and Social and Strategic Context," *Organization Studies,* 10(1): 23-44, 1989.

Sorge, Arndt and Wolfgang Streeck, "Industrial Relations and Technical Change: The Case for an Extended Perspective," in Richard Hyman and Wolfgang Streeck (eds.), *New Technology and Industrial Relations,* Basil Blackwell, New York and Oxford, 1988, pp. 19-47.

Stinchcombe, Arthur L. and Carol A. Heimer (eds.), *Organization Theory and Project Management,* Norwegian University Press, Oslo, 1985.

Storper, Michael, "The Transition to Flexible Specialization in the U.S. Film Industry: The Division of Labour, External Economies and the Crossing of Industrial Divides," *Cambridge Journal of Economics,* 13(2): 273-305, 1989.

Storper, Michael "Regional 'Worlds' of Production: Learning and Innovation in the Technology Districts of France, Italy, and the U.S.A.," *Regional Studies,* 27: 4334-55, 1993.

Streeck, Wolfgang, "Industrial Relations and Industrial Change: The Restructuring of the World Automobile Industry in the 1970s and 1980s," *Economic and Industrial Democracy,* 8(4): 437-62, 1987a.

Streeck, Wolfgang, "The Uncertainties of Management in the Management of Uncertainty: Employers, Labour Relations and Industrial Adjustment in the 1950s," *Work, Employment, Society,* 1(3): 281-308, 1987b.

Streeck, Wolfgang, "Coments on Ronald Dore, 'Rigidities in the Labour Market': The Andrew Schonfield Lectures (III)," *Government and Opposition,* 25(4): 413-23, 1988.

Streeck, Wolfgang, "Skills and the Limits of Neo-Liberalism: The enterprise of the Future as a Place of Learning," *Work, Employment, Society,* 3(1): 89-104, 1989.

Streeck, Wolfgang, "On the Institutional Conditions of Diversified Quality Production," in Egon Matsner and Wolfgang Screeck (eds.), *Beyond Keynesianism: The Socio-Economics of Production and Full Employment,* Edward Elgar, Aldershot, Hants, England, 1991, pp. 21-61.

Streeck, Wolfgang et al., *The Role of Social Partners in Vocational Training and Further Training in the Federal Republic of Germany,* European Centre for the Development of Vocational Training, Berlin, 1987.

Streeck, Wolfgang and Philippe C. Schmitter, "Community, Market, State, and Associations? The Prospective Contribution of interest Governance to Social Order," in Wolfgang Streeck and Philippe C. Schmitter (eds.), *Private Interest Government: Beyond Market and State,* Sage Publications, Beverly Hills, 1985a, pp. 1-29.

Streeck, Wolfgang and Philippe C. Schmitter (eds.), *Private Interest Government: Beyond Market and State,* Sage Publications, Beverly Hills, 1985b.

Tolliday, Steven and Jonathan Zeitlin (eds.), *The Power to Manage: Employers and Industrial Relations in Comprative Historical Perspective,* Routledge, London and New York, 1991.

Tolliday, S. and Jonathan Zeitlin (eds.), *Between Fordism and Flexibility: The Automobile Industry and Its Workers,* Berg, Oxford and New York, 1992.

Veblen, Thorstein, *Imperial Germany and the Industrial Revolution,* University of Michigan Press, Ann Arbor, 1916. [1966]

Williamson, Jeffrey G., "Productivity and American Leadership: A Review Article," *Journal of Economic Literature,* 29: 51-68, 1991.

Williamson, Oliver, *Markets and Hieratchies: Analysis and Antitrust Implication,* Free Press New York, 1975.

Williamson, O., *The Economic Institutions of Capitalism,* Free Press, New

York, 1985.

Young, Brigitte, Leon N. Lindberg and J. Rogers Hollingsworth, "The Governance of the American Daily Industry; From Regional Dominance to Regional Cleavage," in William D. Coleman and Henry J. Jacek (eds.), *Regionalism, Business Interests and Public Policy,* Sage, London, 1989, pp, 127-52.

Young, Oran, R., "International Regimes: Toward a New Theory of Institutions," *World Politics,* 39(1): 104-22, 1986.

Young, Oran, R., "Politics of International Regime Formation: Managing Natural Resorces and Environment," *International Organization,* 43(3): 349-76, 1989.

Zeitlin, Jonathan, "Industrial Districts and Local Economic Regeneration: Overview and Comment," in F. Pyke and W. Sengenberger (eds.), *Industrial Districts and Local Economic Regeneration,* Internartional Institute for Labour Studies, Geneva, 1992, pp. 279-94.

Zeitlin, Jonathan, "Why Are There No Industrial Districts in the United Kingdom?" in Arnaldo Bagnasco and Charles Sabel (eds.), *Ce que petit peut faire: Les petites et moyennes enteprises en Europe,* Observatoire du Changement Social en Europe Occidentale, Poiters, 1994.

Zeitlin, Jonathan, "Between Flexibility and Mass Production: Strategic Ambiguity and Selective Adaptation in the Brirish Engineering Industry, 1840-1914," in Charles Sabel and Jonathan Zeitlin (eds.), *World of Possibilities: Flexibility and Mass Production in Western Industrialization,* Cambridge University Press, New York, 1996.

第一部　政治経済の制度分析

第2章

ヨーロッパにおける経済政策の諸類型：
組織論的アプローチ

ピーター・A・ホール

（1）はじめに

　西欧先進工業国では，1970年代に経済成長が中断されたため，経済と政体の関係に対する関心が再び呼び起こされることになった。歴史に例を見ないほどの繁栄を謳歌したそれまでの20年間に，経済と政体の関係は次の二つの要因によって不鮮明になっていたのである。第一の要因は，経済成長率が極めて高かったおかげで，国民生産物の分配をめぐる根本的な利害対立と結びついた政治的緊張が和らげられた，ということである(Lipset, 1964; Dahrendorf, 1964)。そのためにこの時期，利害対立と経済政策の関係を理解するのは困難だった。第二にいくつかの有力な理論では，経済成長は政治的な駆け引きとは無縁な，人口と技術の変化の結果として定式化されていた(Carré et al., 1972; Denison, 1969)。したがって経済システムが自己均衡的であることを考えれば，国家の役割は無視してよいものと考えられたのである。

　しかし近年の経済危機は上の二つの理解に疑問を投げかけると同時に，何年もの間曖昧にされてきた次の問題を再度提起することになった。すなわち，いかなる政治的要因が経済政策を決定するのか，そして資本主義経済における国家の役割とは何か，ということである。これらこそが本稿の取り組む主題である。これらはここでなしうるよりもはるかに詳細な検討に値する大問題であり，事実，このテーマに関する研究が再び現れてきている。本稿の目的の一つは，それらの研究をあらかじめ概観，分類，整理し，先に提示した問題にどういう貢献がなされたかを示すことにある。

　しかし同時に本稿は，既存の研究を越え，新しいアプローチの輪郭を展開

することも意図している。新しいアプローチでは社会集団間の権力が，資本，労働，国家といった具体的な組織に暗黙のうちに分配され，それが先進工業国の経済政策を決定するような影響力を持っている，と主張する。このアプローチは既存の理論をもとに組み立てられたものなので，まずそれらを再検討した後に，ドイツ，フランス，イギリスの簡単なケース・スタディに進むのが適当だろう。この事例は今後の研究の刺激になるだろう。

　これらの研究文献は総じて二つのグループに分けられるが，その中にも同じ問題に対する様々なアプローチが含まれている。

（2）国家の諸理論

　第一のグループは，ネオ・マルクス主義的分析としばしば結びついた国家理論である。この潮流は，資本主義経済における国家の役割を極めて意欲的に記述し，近年広範囲にわたって発展してきた。一般的に言って，これらの諸理論はどれも次の共通の目標に集中する。すなわち「資本主義における国家は必然的に資本のために機能しなければならない，という命題に理論的な保証を与えること」(Jessop, 1977)である。これは重要な論点である。というのも，特に保守の理論家がこうした議論に異議を唱え，近年の国家活動は資本に有利であるどころか，むしろ脅威になっている，と主張しているからだ (Bacon and Eltis, 1976)。

　これらの理論そのものについては他の論者によって詳細な検討がなされているので (Gold et al.,1975; Jessop, 1977)，ここでは議論の主な流れだけを記しておこう。三つの潮流が現れてきているが，いずれもが古典的な主張を越えようとしている。この古典的な主張とは，国家は「ブルジョワジーの共通問題を管理するための委員会である」（マルクス・エンゲルス），「資本家の理念的な集合体」（エンゲルス），「一階級によって他の階級を抑圧するための機関」（レーニン）といったものである。

　議論の第一の潮流はドムホフ (Domhoff,1967) やミリバンド (Miliband, 1969b) らの，「道具主義的理論」と呼ばれる理論である。それによれば，資本に有利な政策を追求する上で，資本家は国家をあてにすることができる。なぜなら多元主義システムにおける政治組織では，国家の内外で資本家に特

権的な地位が与えられていて、そこから資本家は政策形成に決定的な影響力を行使することができるからである。こうした理論は、政治的エリートと企業エリートとの相互作用、選挙での財政上の有利さ、メディアの商業主義的な偏向といった要因を強調している。

第二の潮流は「機能主義者」と名づけられ、彼らによれば、確かに資本家は政治的領域での有利な立場を利用して政策に影響力を行使できるが、それは「重要な問題ではない」(Poulantzas, 1969)。むしろ資本主義システムそれ自身の要件によって、国家が遂行しなければならない諸機能のために、国家の諸政策が資本の利害と合致するよう要請される。先の道具主義的議論が強調するのが、多元主義的政治システムの作用が課す制約であるのに対して、機能主義的理論は資本主義経済システムの機能に付随する制約、特に蓄積の要件や資本の再生産と関連した制約を強調している。プーランザス(Poulantzas, 1972; 1975; 1978)はこうした立場の傑出した論者の一人だったが、濃淡の差はあっても、アルトファーター（Altvater, 1973)やヤッフェ(Yaffe, 1973)も同様の立場にある。オコンナー(O'Connor, 1973)、オッフェ(Offe, 1972; 1974)、ヒルシュ（Hirsch, 1978)に代表される資本主義の政治的要件を強調する見解にも、こうした主張が認められる。

第三は「統合派」と呼ばれるグループである。彼らは多元主義的政治と資本主義経済の直接的な関連という点から、国家管理者の行動を説明しようとする。その主張によれば、資本主義的生産様式で全階級が繁栄できるかどうかというのは、結局のところ、民間部門の収益性に、したがって個々の資本家の繁栄と協調にかかっている。国家を管理する者が自由民主主義的な選挙制度の下で権力の座に留まろうとすれば、こうした繁栄を確保し、生産手段の私的所有者の利益を充足させなければならない。また社会主義的生産体制への転換というのは、そもそもありえないとされる。およそそうした試みに対して、資本は経済的に困難な状況を作り出して抵抗し、その結果、国家の管理者は政治的に耐え難い事態に直面せざるをえないからである。そこで逆に、資本主義的民主制において政治的に生き残ろうとするならば、利潤によって繁栄を追求していかなければならない。ブロック (Block, 1977)、リンドブロム (Lindblom, 1977)、プシェヴォスキー、ウォラースタインたち

(Przeworski and Wallerstein, 1980) が，こうした立場の有力な論者である。

　以上の理論には，いくつか未解決の問題が残されている。とりわけ国家装置を占有しているアクターの利益が極めて個別化されているのに，それらがどのように統合され，特定の階級のために行動するようになるのかという点について，道具主義者も機能主義者も納得のいく説明を提示できていない。道具主義者には，社会的背景ゆえに階級意識が統一されると示唆する傾向があるし，また左翼の政治家であっても，資本の代表者が抱く個人的な誘因に好意的に反応するものだ，と想定している。だがこの推論は信じがたい。

　他方，機能主義者の方は，個別の利益がどのように階級利益に統合されるのかといった問題をやや軽視し，国家装置の中で一定の地位を占めていることだけで，資本主義経済体制の要件に対する理解と関心が生じるのだ，と示唆している。社会的システムないし経済的システムが再生産されるには，そのシステム内の個人が何らかの機能を果たすことが条件となることには，何ら疑問の余地はない。だが機能主義理論としても，なぜ個人がそうした機能を果たすべく行動をとるのかについて，妥当な説明が必要である。しかもその説明は，究極的には各アクターの意識の内容からなされるべきである。たとえ全体としてみた場合，各アクターの行動が客観的な機能を形成しているとしてもである。

　統合派の理論が先の二つの理論潮流より優れていると思われるのは，まさにこの理由からである。統合派の理論では，階級に基礎をおいた経済体制を再生産する上で中核的な機能がどのように遂行されるのかを説明することができる。というのも，それが権力を持つ国家管理者の具体的な利害に焦点を当てているからである。それだけに統合派の理論分析は，非常に説得力を持っている。

　しかしながら逆に，この理論の説得力自体が問題となってくる。統合派の理論によれば，西欧資本主義の国家には，経済体制を再生産するような，したがって資本の利益に奉仕する行動が期待できるとされる。だがイギリス，フランス，ドイツといった国の戦後の経験を比較してみれば，これらの国が採用した政策の範囲であるとか，資本主義的再生産に対するこうした政策の

効果の点で，相当な差異のあったことが分かる。

　国家の基礎理論ではこうした差異を説明することができない。事実，この時期に採用された政策には反生産的なものもあるので，上述の論者の基本的なテーゼにはいくつかの疑問が出てくる。総じて国家論は，なぜ国家が資本のために機能する傾向があるのか，という点に関して，説得力のある説明を提供してきた。しかしそこから更に進み，国ごとの政策の違いを体系的に説明しようとすると，国家論はあまりにも壮大なので十分な説明ができないのである。

(3) 経済政策の諸研究

　政策の違いを説明する上で注目すべき第二の文献群は，マクロ経済政策や産業政策に関する最近の詳細な比較研究である。ここでも三つの潮流に分けられ，どれもがわずかに異なったアプローチを採っている。いずれの研究もヨーロッパ経済に関する我々の理解に大きな貢献をしてきた。

　第一の潮流は，ヨーロッパ数カ国の経済政策に関する経済学者による比較研究である。このグループの代表的な研究は，キルシェン (Kirschen, 1964; 1975) やハンセン (Hansen, 1969) の先駆的研究に始まって，クラウゼとザーラント (Krause and Salant, 1977)，リーバーマン (Lieberman, 1977)，OECD (OECD,1977) 等の最近の調査研究にまでわたる。これらの研究は，戦後ヨーロッパで実施された経済政策の有益な説明を与えている。同時に，政策形成プロセスの国ごとの相違について，有益な洞察を加えているものもある。

　だがこれらの研究は，各国間での経済政策の相違の根底にある政治的要因を体系的に比較する能力という点では限界がある。それは本来的に，経済政策をその時々の経済環境への対応として，また政策形成を一連の技術的な問題の解決によって決定されるプロセスとして捉える傾向が強いからである。こうした分析では，政治的な変数が影響を与える余地は極めて少ない (Kirschen, 1964, p. 154; Keohane, 1978)。だがむしろ経済政策の形成が他の政策領域からの影響を受けないとみなされないかぎり (Heidenheimer et al., 1975)，政治的な変数が国ごとの政策パターンに決定的ともいえる影響を与

える，と考えていいだろう。

　この点で重要な進展を示しているのが第二の潮流である。コワート（Cowart, 1978），ヒッブス（Hibbs, 1978; 1980），タフト（Tufte, 1979），フライ（Frey,1980）といった政治経済学者がこれに数えられる。彼らは様々な政党がマクロ経済政策とその結果に与える影響を測定し，またこうした政策に対する選挙競争のインパクトを評価するためのモデルを開発してきた。彼らの分析結果が多かれ少なかれ示唆するのは，一国の経済政策は，選挙の方法，有権者の選好の違い，政権を掌握する政党の相違によって影響を受ける，ということである。

　これらは確かに重要な知見ではある。だがモデルの定式化や媒介変数の測定に関連した問題を別にしても，これらの経済政策の説明能力は限定されている。それはこれらの研究が選挙領域に集中しているからであり，しかも，この種のモデル化に際しては，国家は単一かつ相対的に合理的なアクターである，という前提に立つことを余儀なくされるからである。こうしたモデルは，選挙によらない利益媒介様式（Schmitter and Lehmbruch, 1979）を必然的に無視することになってしまうが，それが政策形成にかなり重要な意味を持つこともある。またこれらの立場に対しては，アリソン（Allison, 1971）が外交政策の分野で合理的アクター・モデルに投げかけたのと同様の批判も可能である。

　こうした二つの分析の潮流が抱える問題は，制度主義者と呼べる第三の流れによって一部解決されてきた。ショーンフィールド（Shonfield, 1965），マクレナン等（MacLennan et al, 1968），ヴァーノン（Vernon, 1974），ヘイワードとワトソン（Hayward and Watson, 1975），ウォーネックとスレイマン（Warnecke and Suleiman, 1975）たちが，国家の比較分析を系統的に行い，影響力を与えてきた。彼らはヨーロッパ諸国間の経済政策の形成に関して，それらの国々には制度的な相違があることに注意を向け，そのために政策形成のパターンが国ごとに異なってくることを明らかにしようとした。それぞれに異なった個別の政策を記述して，国ごとに特有の政策パターンを明らかにしただけでなく，この分析は更に進んで，ヨーロッパ諸国間の経済政策の相違を理解する上でも重要な貢献をしてきたのである。

しかし結局のところ、これらの研究にも限界があった。それは国家間の相違を生じさせる原因をつきとめられなかったのだ。いくつかの例に見られるように (Hayward and Watson, 1975, ch.1; Shonfield, 1965)、これらの論者は政策や政策形成の相違の原因を、国家エリートのその国の文化に固有の態度や傾向に求めるような形で説明しようとした。だがこうした態度が国ごとにどの程度特殊なのか、依然として曖昧であって、証明もされていない。各国固有の態度が存在するにしても、それを生んだ原因については、依然として説明されていないのだ (Hall, 1981b)。

概して言えば、国家論の説明が余りにも大上段なのに対して、経済政策に関する上述の諸研究は、結局ほとんど説明を行っていないと思われる。一方には国家の活動を、政体や経済の内部にある幅広い構造的決定要因にうまく結びつける一連の理論がある。だがこうした理論は一般的なレヴェルでの説明なので、各国に特有の政策パターンを解明することはできない。他方で、特定の政策を対象とした理論があるが、それは各国の政策パターンの文化的な説明の背後にあるはずの、構造的な要因を必ずしも十分には把握していない。こうしたギャップを埋める何らかの方法はあるのだろうか。

(4) もう一つのアプローチ

1. はじめに

ここで要請されているのは、経済政策を政治的に決定する要因についての新しい見方である。それはこれらの政策を各国の社会経済的組織に内在する構造的な制約に関連づけるものでなければならない。そうした見方に立てば、経済政策によって影響を受ける主要な社会集団間の権力分配に言及することによって、ヨーロッパ諸国の経済政策に見られるパターンの大きな相違を説明することができるだろう。というのも一国の社会経済的な組織はこうした権力の分配を条件づけると同時に、それを反映するものでもあるからだ。本節ではこの見方を構成している議論の大まかな輪郭を明らかにし、次節以下でイギリス、フランス、ドイツの政策パターンを具体的に説明することで、それがどの程度有効かを検討することにする。

この理論は次のような観察を議論の起点においている。すなわち一国の経

済政策に最も大きな影響を与えるのは、第一に、政府が何をするように強いられているか、第二に、政府が経済領域で何をなしうるのか、ということである。概ね自由民主主義国では、第一の課題は何が望ましいか、第二の課題は何が可能かを規定する。この二元性は、政策の実行は政策形成の裏返しであるという事実を反映している。政府に政策遂行の手段がないためにある特定の政策が採用できない、ということもしばしばあるのだ。

こうした観察から、当然次のような仮説が導かれるだろう。それはある政策への圧力とその実行可能性が、最も基本的には、一国の社会経済的な構造の三つの基礎的側面（労働・資本・国家の組織）から影響を受ける、ということである。第一の労働の組織は、労働市場における労働者階級の組織のあり方に関わる。第二は主として金融資本と産業資本の組織的な関係にかかわる。第三は選挙の組織化と同様に、国家装置の内部の組織にもかかわる。

それでは、なぜ組織がそれほどまでに重要なのか。これには次の四つの理由があげられる。第一に、一般的に政策は様々な集団からの圧力への対応の中で形成される。これらの集団は政策の結果に関心を持っており、自らの利害に沿って圧力をかける。しかし、特定の利害がうまく結びつくかどうか、更に政策形成者にどの程度圧力をかけることができるかは、利害が表出される際の構造の組織に依存している。

第二に、次の点も重要である。アクターの利益そのものは、その中でアクターが活動する経済構造や政治構造の組織化のあり方によって、決定的に影響を受けるのだ。経済政策に関係するこの種の利害は、それぞれの市場の組織化のあり方と無関係に存在しているわけではない。

第三に、経済政策の形成は常に集合的な活動である。言い換えると、経済政策は個人の活動の産物ではなく、組織が多くの個人の活動を特定の方法で集約し、その結果として生まれるものである。したがってこうした組織の構造は、生み出される政策の性質に対して大きなインパクトを持つ。戦略的に考える力、政策の質を決める国家の能力を究極的に規定するのは、個人の知性ではなく、むしろ「組織的知性」に他ならない。

最後に、国家は経済政策を実施するにあたって、公共部門と民間部門の組織的な資源に依存する。国家の政策に有権者と生産者集団の双方から黙従を

確保できるかどうかは，両部門での組織の相違が大きく制約する。

こうしたアプローチは，明らかに最近のある分析潮流から着想を得ている。それは特定の政策を中心に形成される経済的利益の広範な連合という観点から，経済政策の違いを説明しようとする学派である。例えばメイヤー（Maier, 1978）は，インフレ政策の背後にある諸連合をこうした観点から検討している。グルヴィチも同じようなアプローチを使って，19世紀末の関税政策や大恐慌への経済的対応を説明している（Gourevitch, 1977; 1980）。またエスピン・アナセンとフリードランドによれば，経済的連合の変容が，西欧における現代の経済危機の底流をなしている（Esping-Andersen and Friedland, 1981）。これらに先行する研究としては，労働者階級の権力拡大が公共政策に与えたインパクトを強調する分析がある（Martin, 1975; Gough, 1979）。

本稿のアプローチもこれらの研究の主張を受け入れ，経済政策は多くの場合，特定の経済的利益を持った集団の要求への対応である，と考えている。しかし上記の分析とは若干異なり，本稿はこれらの利益が明らかにされ，表出され，集約される過程自体も，やはり問題にすべきである，と考えている。[2] このアプローチの仮定では，経済領域でも政治領域でもともに組織のあり方が決定的に重要であり，それがいかなる利害が最もうまく表出され，その利益が国家からどのような対応を引き出すのか，ということを規定するのだ。組織は特定の集団の選好を伝達するにとどまらない。組織はいろいろな選好を組み合わせ，結果的にそれらを変えてしまう。とすれば経済政策は，組織がそうした闘争を屈折した形で伝達するために，競合する経済的利害の間の現実の闘争を忠実に反映しないこともある。[3]

したがって例えば，国家は「階級対立の制度化」や「階級勢力の凝集」の体現だとする観念（Poulantzas, 1978a）は，次のような事実を考慮に入れて修正されねばならない。すなわち国家は歪んだ鏡として機能し，階級対立の著しく不完全な像を再生産すると同時に，そうした対立の解決に国家自身のイメージを焼き付けていく，ということである。もちろん長期的にみれば，組織自体はその基底にある対立によって形成される。しかしそれが急速な過程であることはまれであり，しばらくの間は，集団間関係を組織化する制度がいわば一種の社会的記憶として機能し，現在の対立に過去の制度的遺産を

刻印することになる。

　本稿でのアプローチについて一般的に論じるのはこのぐらいにして，次にドイツ，フランス，イギリスの戦後期における具体的な事実の検討に移ろう。そのねらいはこのアプローチが各国の資本，労働，国家の組織のあり方を解明することによって，これらの国が採用した戦後の経済政策の主な相違を説明することができるかどうか，を検証することにある。

2．ドイツ連邦共和国

① **ドイツにおける国家・資本・労働の組織**

　西ドイツの経済政策の最も大きな特徴は，経済省とドイツ連邦銀行（Deutsche Bundesbank）との間で，財政政策と金融政策に対する管理が厳格に分離されていることである。戦後ドイツの体制において中央銀行としてのドイツ連邦銀行は，通貨政策の揺るぎない権限を持っている。ドイツ連邦銀行の独立性はドイツ連邦基本法によって保障されている。基本法はドイツ連邦銀行に通貨価値を保護するための権能を付与し，それを「自立的機関として通貨・信用政策に対する責任を担う，行政の特別な部門」としている（Wadbrook, 1972, p.89）。

　中央銀行の理事の過半数は州中央銀行の頭取の中から選ばれ，また連邦政府が選出した理事の任期は最低 8 年であるため，ドイツ連邦銀行は経済省からあまり圧力を受けない。ドイツ連邦銀行の役員は「連邦の最高権力者と対等であり，連邦政府の命令に服さない」（Wadbrook, 1972, p.89）。その結果，財政政策の管理・運営は政府が掌握するのに対して，経済の活動水準に影響を与える有効な手段である金融政策の手段の方は，通常の議会の影響を受けないで，それからは独立した機関が握っている。

　ドイツにおける資本の組織にも，重要な点で独特の特徴がある。その最も重要な特徴は金融資本と産業資本の制度的関係にある。ドイツにおけるこの関係の特徴は，まず金融資本が集中していること，更に大銀行によって代表される金融資本が，現実の経済での産業資本の活動を細部にわたって統制できるということである。ドイツには三千を越える金融機関があるが，金融界は三大「商業銀行」（ドイツ銀行 Deutsche Bank，ドレスナー銀行 Dresdner

Bank，コメルツ銀行 Commerzbank）によって支配され，これらの銀行は緊密に共同して，残りの銀行部門や産業界に大きな影響力を行使している（Medley, 1981; Shonfield, 1965, ch.11）。一連の法規定と商慣行とが相俟ってこれが可能になっている。

　アメリカの銀行とは異なり，ドイツの銀行は他企業の株式を保有することができる。更にドイツの株主の約85％は自己の株式を銀行に預け入れていることが多く，明確な反対がない限り，銀行はその株の持つ議決権を思い通りに行使できるという特権を持っている。加えて，これらの銀行は自己の株の議決権を他の銀行に付与することもでき，実際，それは慣習になっている。ドイツの法律ではある企業で25％の議決権株を持てば，株主総会に提出されるいかなる動議も阻止できるので，通常銀行は企業の重要な決定に影響力を行使できる立場にある。最近の計算では，ドイツの大企業425社のうち，銀行は70％の議決権を持っていて，それは証券取引所に上場された全株式の四分の三に相当する。しかも上位400社のうち318社では，平均２名の銀行家が監査役会に参加している（Medley, 1981, p.48）。

　この結果として，次の重大な現象が起きる。その第一は，こうした制度的特徴のためにドイツの銀行が，主要企業の長期的なパフォーマンスに直接的かつ広範な関心を持っていることである。第二に，銀行とくに三大銀行は，こうした企業の活動に直接的な影響力を行使できる地位にある。そうすることで銀行は，産業の問題について相当の技術的，専門的知識を培ってきたし，自行が株を保有する企業に詳細な指示を出すこともできる。同様に，特定産業の計画に関して，こうした銀行は互いに共同するようになってきた（Shonfield, 1965, ch.11）。

　こうした傾向は，イギリスやアメリカの状況とはっきりと異なっている。これらの国では商業銀行による企業の株式保有が禁じられているために，銀行部門では馴れ合いよりも競争のほうが一般的で，債務者・債権者の関係もより隔たっている。それは両者の関係が，企業戦略に関する評価に基づくというよりは，むしろ企業の貸借対照表の信用価値に関する，機械的な考慮に基づいているからである。

　ドイツにおける労働組織の特徴は二つある。それは労働市場が集中的に組

織されていることと，団体交渉の制度が非常に精密に調整されていることである。第二次世界大戦後，ドイツの労働者階級は16の大労組に再編され，それぞれが各産業セクターをカバーし，数百万人にも及ぶ組合員を擁していた。これらの大労組のほぼすべてが，中央の連合組織であるドイツ労働組合総同盟（Deutschegewerkschaftsbund, DGB）に加盟するようになった。有力な研究者が理解するところでは，これら二つの組織的な革新（労働組合の産業別組織化，統一的な組合運動）が，戦後ドイツにみられた，労使協調のための基本的な枠組みを設定した（Markovits and Allen, 1980）。

この枠組みに基づき，法令および司法に準じる手続によって，高度に調整された団体交渉制度が築かれることになった。この団体交渉制度には次のような特徴がみられる。まず2年ないし3年間有効である，法的拘束力を持った労働協約が結ばれ，その間，ストライキは禁止される。また山猫ストを違法とみなす規制もある。そして多くの係争を裁定する上で，仲裁手続はもとより，連邦労働裁判所が利用される（Muller-Jetsch and Sperlling, 1978）。こうしたドイツの労働市場の特徴はイギリスやフランスとはかなり違う。

ドイツの政治的・経済的組織に見られる上記の特徴と，ドイツの経済政策に特有なパターンとの間には，何らかの関係があるのだろうか。この問題に答えるには，イギリスやフランスの政策とは大きく異なるドイツの政策パターンを明らかにしなければならない。その後で，そうした相違を生む原因を探ることにしよう。そのために経済政策を三つの主要な構成要素である，マクロ経済政策，産業政策，所得政策に分けて，それぞれ順に検討するのが有益だろう。

②マクロ経済政策 マクロ経済の領域から考察を始めよう。ドイツの政策には戦後期を通じて二つの特徴が見られた。第一は，外国為替市場でドイツ・マルクの，過小評価が常に維持されたことである。第二は，デフレ的なマクロ経済政策を支持する傾向があったことである。これはかなり一貫していたために，ケインズ主義的な反循環政策が採られず，またこの傾向が揺るがなかったため，1966, 67年には，ドイツ特有の景気後退を人工的に作り出すことになった（Kreile, 1978; Wadbrook, 1972）。

第一のマルクが長期にわたって過小評価されたことは，経済の一般的な環

境によるのではない。逆にそれは論争を引き起こした政策であって、社会の各層に様々な利益と損失を与え、経済全体を危うくさせる危険性もあった。分配の観点からみればこの政策の効果は、輸出部門に膨大な補助金を与えることになり、国内資本に保護措置を講じたことにあり、その財源は輸入価格の高騰という形で、労働者と消費者に高いコストを課すことによって調達されたのである。

この政策のおかげで戦後期を通じて、経済の輸出セクターが劇的と言えるほど強化された。輸出部門の対GDPは、8％（1955年）から25％（1980年）に上昇した。1975年に輸出は投資財の販売額の47％、化学製品では36％、工作機械では56％、自動車では52％を占めた（Kreile, 1978, p.201）。これが雇用増加につながったのは明らかだが、同時にそれは国際収支のアンバランスを生み、輸入インフレの影響を受けやすくした（Wadbrook, 1972, p.251）。一般的に言ってドイツ人はインフレの危険性には過度に敏感であると思われているので（Krause and Salant, 1977, p.591）、こうした政策の採用には更に説明が必要だろう。

早くも1955年頃には、マルクの過小評価が明らかになっていた。そのため有名な経済研究所はインフレの影響を懸念し、マルクの平価の変更を提案し始めた（Kaufmann, 1969）。1966年には、「社会的市場経済の父」として知られ、相当な実力者だった経済相ルードヴィッヒ・エアハルトでさえも、マルクの切り上げを強く主張し始めた。1950年代、労組や主要政党のキリスト教民主同盟（CDU）や社会民主党（SPD）の経済担当者の大半も、事実上ないし法律上の平価切り上げを提唱し始めた（Kaufmann, 1969, pp.199-200）。

しかし1961年になるまで何ら措置が採られず、中途半端な5％の平価切り上げが採られた後でも、マルクは自然な平価よりも低い水準が続いた。次の二つの力が合わさって、こうした事態を生んだと考えてよいだろう。第一は連邦銀行の権力である。連銀は平価切り上げを発案できないものの、それに対して拒否権を有効に行使することはできた。第二は、この国の金融資本と産業資本の統一された関係であり、そのために両者が一体となってマルク切り上げに反対した。

平価の過小評価は、輸出部門と国内部門の両方の利潤を背後から援護する

ので、どの国の産業もそれを支持する傾向がある。イギリスの金融資本が過大評価された為替レートを支持したのに対して、ドイツの銀行界は産業と一緒になって平価切り上げに反対した。これは為替相場の変動に対して中央銀行が抱く自然な嫌悪感に一因しているかもしれない。しかし同時に、ドイツの金融界は産業部門の株式を保有しているので、産業部門のパフォーマンスにイギリスの銀行よりもはるかに強い関心を持っていたのは明らかである。

ドイツでは資本の両部門とも双方の利害が一致していると考えていて、ともに協力して潜在的な政治勢力を形成している。したがってドイツ工業連盟 (BDI) の会長は、「公然たるものだろうと、内密に行われたものだろうと、マルクの切り上げは経済全体に破局をもたらす」(Kaufmann, 1969, p.205) と述べた。金融界の利害を代表するドイツ連邦銀行の総裁もマルクの切り上げに対し、「為替相場は神聖なものである」(Kaufmann, 1969, p.191) と言明した。ドイツ産業連盟の会長もドイツ連邦銀行の総裁も、ともにコンラート・アデナウアー首相に圧力をかけたため、首相は経済大臣の平価切り上げ案を拒否した (Kreile, 1978, p.214)。

1950, 60年代を通じて、連邦銀行の影響力と産業資本および金融資本の連合からくる圧力とのこうした組み合わせが、マルクの過小評価を維持する上で効果があった。インフレ圧力が高まったので1961年、アデナウアーは平価切り上げに同意したが、それは期待されていた切り上げ率の半分程度だった。1969年12月に再度マルクの切り上げが行われたが、それもその前の選挙戦で二大政党間の中心的な争点になって初めて、行われたにすぎない。選挙という手段によってのみ、消費者と労働者の利害は、資本と中央銀行の利害に勝つことができたのだった。

こうした状況は25年間も続き、その間に戦後ドイツの経済政策のパターンがほぼ定置された。このパターンは、新たな経済環境に直面して連邦銀行自体が態度を変えたために、1973年、マルクが変動相場制に移行するとともに変化した。変動相場制に移行しなかったら、金融政策を統制する権限を連邦銀行は実質的に失うことになったからである (Kreile, 1978, p.216)。

マクロ経済政策における第二の注目すべき特徴は、1967年までそれが比較的抑制的であり続けた点である。財政面で連邦政府の予算運営は黒字傾向に

あった。1955年から65年の時期を対象としたある比較研究は，反循環対策として財政政策を利用しそこなったと，ドイツ当局を批判している（Hansen, 1969, pp. 233, 254）。このことは「社会的市場経済」は自動的に安定に向かうのだ，と信じた経済的指導者の反ケインズ主義的教義によって，部分的には説明できよう（Zinn, 1978）。

しかしここでも連邦銀行が重要な役割を演じた。この時期，連邦銀行は財政面のいかなる拡大にも，緊縮的な金融政策で対抗したのである。連邦銀行の幹部には，景気後退を「通貨に対する信用はもとより，労働規律を回復させる上でも必要不可欠な粛正」（Kreile, 1978, p.209）と見る傾向があった。また連邦銀行が金融措置によって，拡張的財政政策の効果を相殺できることも，中央政府の行動に対して暗黙の抑制要因として作用した，と言えるかもしれない。

こうした二人舞踏〔連邦政府によるケインズ主義的景気対策と連邦銀行による緊縮的な金融政策〕は，1965, 66年にあからさまな形で現れた。この年ドイツは，戦後初めて景気後退を経験したが，連邦銀行がその原因となった。65年選挙を前にして公共支出の拡大が行われ，それがインフレを伴う賃金上昇を引き起こすのではないか，と懸念された。連邦銀行の幹部は64年秋に緊縮的金融政策を導入し，以後1年半にわたってそれを強化した。

ドイツ連邦銀行の総裁は次のように述べている。「民間の投資支出が既に停滞しつつあったにもかかわらず，遅くても1966年5月には，連邦銀行は公定歩合を4％から5％へと引き上げねばならない，と感じていた。それはその時点でも，政府支出が大きすぎたからである。……公的予算に責任を負う機関がようやくそのことを理解し得たのは，資本市場およびのちには短期金融市場も破産するにいたってからである」（Kloten et al., 1978, p.31）。

その結果，国内総生産は年率15％で減少し，失業者が14万人から60万人へと膨れあがった（Lieberman, 1977, p.207）。ヨーロッパ諸国でこの時期に景気後退を経験したのは，ドイツだけだった。1967年の経済安定成長促進法の実施によってドイツの財政政策は半循環政策の様相を帯びてきたが，連邦銀行はそれ以後も，拡大政策に対する抑制機関として機能しつづけた。とりわけ注目されるのは，1973, 74年のときで，連邦銀行は石油価格の高騰をうけ

て，金融引き締め政策を採ったのである。

③産業政策　　産業政策の領域でのドイツの特徴は，国家の介入が比較的限定されているということである。ドイツは産業再編の細かな点については，金融部門，とくに三大銀行に委ねてきた。例えば地域開発援助は，銀行が「積極的に関与し，誰が援助を受けるかの選択を助ける」というシステムを通じて分配される（Shonfield, 1969, p.263）。援助を得ようとする者は，まずいずれかの銀行の応諾を受けなければならない。経済省の認可を得ると，援助は銀行による助成ローンという形をとって執行され，銀行はサービスの手数料として補助金の一部を受け取る。

同様に1962，63年の鉄鋼産業合理化案，71，74年の再合理化案のような部門別合理化計画の多くの調整も，三大銀行がほぼ完全に代行した。いずれの場合でも要請があれば政府は産業再編を促進したが，その際銀行が指揮監督の役割を演じるようにした（Shonfield, 1965, p.255; Medley, 1981, p.53）。1970年代初めには，よく似た手続きが造船業にも導入された。その際政府は，一連の補助金をドイツの造船所に供与したが，再編をどう進めるのかは，造船所と関連銀行に委ねた（Medley, 1981, pp.58ff; Peacock et al., 1980, ch.6）。これはフランスやイギリスの両政府が，同部門の合理化に際して利用した手法と際立った対象をなす。

ドイツにおける金融資本と産業資本の特異な関係があって初めて，こうしたアプローチ自体が可能となったのである。資本の独特な組織形態の結果として，銀行はこのアプローチの成功に利害と専門的知識を持っており，影響力を行使した。ショーンフィールドの言葉を借りれば，「大手銀行は関係する産業の長期的傾向を大観し，各企業に圧力をかけて発展の大まかな路線に沿うようにさせることを，常に自己の仕事と考えてきた」（Shonfield, 1965, p.261）。

銀行はこの点でとりわけ有能だった。というのも銀行は産業部門全体にわたる計画立案能力を持って，必要なら構造調整を強いることもできたからだった。こうした能力は各企業だけでなく，商工会議所にもないのだ。更に，もし政府が産業開発の促進機関となった場合，地域の利益や雇用の確保を求める圧力に直面することになるが，そうした政治的圧力からも銀行は自由な

のである。

④ 所得政策　　最後に所得政策の領域では，「暗黙の三者協議制」とでも呼べるパターンがドイツの政策形成の特徴だといえよう。このパターンの特徴は，労働組合が賃金交渉に際してしばしば自ら自己規制するということである。しかも政府と中央レヴェルでの明示的な交渉を通じてその代償を得られる同意がない場合でも，労組は通常賃金抑制を行うのだ。

このパターンもイギリスやフランスとは異なっている。これについては次の諸要因が引き合いに出される。第一に強調されるのがインフレに対する異常なほどの恐れであり，それはドイツ連邦共和国がワイマール共和国から受け継いだ遺産である。もう一つは，1967年以降，「協調行動」(Konzertierte Aktion) の方式が確立した点である。

だがこのどちらも完全に説得力があるというわけではない。インフレはどの国の労働者も恐れるものだし，後者の「協調行動」についても，それ以前の時期から既にドイツの賃金協約に特有の「暗黙の三者協議制」が確立されている。事実，現在の首相を含めて，多くの著名な論者が示唆するように，協調行動は社会に広く根付いているものが表面に現れたものにすぎない (Vogel, 1973, p.186)。

その根源はドイツの労働組織に求められるべきだろう。ドイツの労働者が個人レヴェルで賃金抑制の受け入れを合理的だと判断するのは，労働組織の構造によるところが大きい。イギリスやフランスの労働組織の形態ではこうしたことは起こらない。この点を明らかにするためには，合意に基づく賃金調整に関わる要因を簡単に分析しておく必要がある。(4)

一般的に言って，賃金の抑制は一つの公共善〔公共財〕(public good) とみなせるが，それはインフレが公共悪 (public bad) であるのと同じことである。賃金の抑制が「善」だという意味は，それが達成されれば，その後のインフレが押さえられ，結果的に実質所得が増大するからである。しかも「公共」というのは，賃金抑制から得られる便益がその当事者だけでなく，すべての者に及ぶという意味においてである (Olsen, 1971)。しかしながら賃金の抑制はとりわけ難点の多い公共財でもある。というのも，何らかの便益を引き出そうとするならば，ほぼ全員が賃金抑制を行わなければならないからで

ある。そうでなければ，賃金抑制を受け入れた者は，何ら賃金上昇を得られないばかりか，その後のインフレの中で，実質所得の大幅な損失を被ることになる。

このことを考えると，賃金抑制を確保する最も効果的な方法は，賃金抑制を難点の多い公共財から少なくとも半ば私的な財に，すなわち犠牲を払った者が便益を享受できるような類の財に転換することである。これが効果的な所得政策である。賃金抑制措置をすべての者に強いることによって初めて，それに伴うインフレの抑制が賃金抑制行為から生じる，という保証を所得政策が与えることができる。その形態にもよるが所得政策は，賃金抑制を受け入れた者の犠牲で他の者が不当な利益を得るものではないのだ，という点も保証される。

また所得政策を通じて，組合指導者といった主要アクターに対して，賃金抑制への同意と引き換えに，一連の付加的な財がもたらされることもある。こうした財は，組合組織の権力の強化といった組織的財から，組合指導者が高く評価する財政政策や社会政策にまで及ぶだろう（Pizzorno, 1978）。上述のいくつかの補足的な要素は，交渉の重要な構成要素となるかもしれない。しかも調査データが示しているように，賃金抑制がすべての者に及ぶだろうとする保証は，一般組合員間での賃金抑制への支持を動員するにあたって，最も重要な要素の一つとなっている。

以上のような分析視角からすれば，ドイツの労働組織はいくつかの点で賃金抑制を達成しやすい。労働組合の組織が中央集権化されているという特徴と，個別の賃金交渉の結果を強制することを許す法手続きのために，いったん賃金の抑制が合意されるとそれは広範囲に拡大するので，一般の組合員に利得をもたらすことが多い。一般組合員の立場からしても，賃金抑制に伴うリスクは結果的に小さく，見返りは大きくなる可能性が高い。このような組織形態では，インフレの抑制があまり調整されていない手続の下で競合して交渉を行っている，はるかに多数の組合の同意を条件としているようなシステムよりも，成功の可能性が高いだろう。そのため労働組合の下部メンバーであればあるほど，賃金抑制は魅力的になっている。

加えて，ドイツの労働組合のリーダーシップは比較的中央集権的であり，

そのため法的効力のある賃金協定を締結する時は比較的小数者の同意を得ればよく，その後の遵守の監視も比較的容易である。同様に，別のリーダー擁立の可能性も制約されており，協定に対して挑戦しようとする者は新しいリーダーを見つけ出すという困難な過程を経なければならないので，不満は組織化された形で表出されにくい。1969年から71年までの出来事が示しているように，挑戦が全く排除されるわけではないが，阻止されるのである (Muller-Jentsch and Sperling, 1978)。

このような文脈で納得のいく協約賃金がいったん確認されると，一連の組織的要因によって政策へと容易に移されることができる。その際，中央での入念かつ精力的な協議はほとんど必要とされない。賃金規準への合意を確保するための政治的操作よりも，むしろ協約賃金の確立に主眼が置かれるのである。事実，これがドイツのパターンだった。本稿ではそれを「暗黙の三者協議制」と名づけているが，「下からの所得政策」(Kindleberger, 1965, p. 248) と呼んでもよいだろう。

インフレが初めて問題になった1960年代初頭には，連邦銀行がイニシアティヴをとって賃金規準を示した。しかしその保守的な傾向が疑問視されるようになると，経済諮問委員会が設置され，こうした機能の遂行を部分的に担うことになった (Roberts, 1979)。経済諮問委員会は今も存続し，そうした機能を果たしている。この領域における政策運営が，ドイツにとって全く問題がなかったというわけではない。時折引き起こされる景気後退や，労組と社会民主党との関係をも含めて，他の政策手段が賃金抑制への支持を引き出すためにしばしば利用された。しかしながら総体としてみた場合，ドイツにおける所得政策のパターンの特徴は，特にイギリスやフランスの場合とは著しく異なり，労働の組織と関連した要因によるものと思われる。

2．フランス

① フランスにおける国家・資本・労働の組織

次にフランスへ目を転じて，その資本の組織から検討を始めよう。フランスにおける産業資本と金融資本の関係は次の通りである。金融資本と結びついた銀行は，産業部門の多くの企業の業務に関する詳細な知識を持って，企業の

戦略にも強い影響力を持っている。しかしこうした状況をもたらした組織上の要因は，ドイツの場合と若干異なる。

　ドイツでは銀行が議決権を委任できる株式を実際に保有していることが，重要な意味を持っていた。それに対してフランスにおける産業・銀行間関係の要めは，産業部門の企業が資金調達を長期借り入れに著しく依存している点にある。ヨーロッパ全体でみれば，フランスの負債・資本比率は伝統的に高位に位置し，逆に証券取引所が最も活用されていない部類に属する。例えば1977年で，産業の負債は資産の約140％なのに対し，証券取引所（Bourse）に上場された株式の市場価値は，GDPの12％にすぎない。他方，イギリスやアメリカにおけるこの比率は40％を越えていた（Commission de l'industrie, 1980, p.6）。

　この結果，フランスの銀行は負債率に比例した形で，企業の業務に相当な影響力を行使できる立場にある。しかも負債の大半は中長期のものであるため，銀行は取引企業の生産とマーケティング戦略について，積極的な関心を持っているのが普通である（Morin, 1974; Zysman, 1980, p.266）。

　フランスの資本の組織がドイツのそれと異なるもう一つの特徴は，銀行セクターで国家が圧倒的な影響力を振うということだ。フランスの国家が銀行業務に介入してきた歴史は，ナポレオンIII世下での銀行制度の再編，そして人民戦線によるフランス銀行の統制にまで遡ることができる。しかしその直接の起源は，第二次世界大戦後の一連の国有金融機関の創設にある。すなわち，預金銀行（預金供託金庫 Caisse des Depôts，パリ国立銀行，ソシエテ・ジェネラル，クレディ・リヨネ），産業金融（クレディ・ナショナル），農業金融（農業信用金庫 Crédit Agricole），住宅金融（土地担保貸付銀行 Crédit Foncier），観光金融（ホテル信用金庫 Crédit Hôtelier）などである。これらの機関が集め融資する総額は，フランスの銀行が扱う預金総額の三分の二に上る（Morin, 1974, p.175）。

　近年こうした機関に，次のような一連の国家機関が加わった。例えば年間約20億フランを企業に融資する経済社会開発基金（FDES），10億フランの融資を行う産業開発公社，輸出振興のために年間100億フランまで運用できるフランス貿易銀行がそうである（Ministère de l'industrie, 1979）。

こうした資金を利用して，国家は民間の銀行と合弁事業を始めたり，手形の再割引を行うなどして，民間銀行の活動にも相当な影響力を持つことができる。中央銀行のフランス銀行は，民間の銀行貸出を量的に規制できるが，それによっても国家が行使できる影響力は増大する。その結果，金融資本が企業の業務に関して詳細な権限を行使するだけでなく，国家もまた金融資本自体に対して実質的なコントロールを行使できるのである（Zysman, 1980; Caron, 1979）。

　同時に戦後フランスにおける国家も，独特の組織を有している。次のような三点の特徴がとりわけ目立つ。第一にドイツと比較してみると，経済財務省の官僚，中でも国庫局（Trésor）の官僚は国の金融政策を管理する国家信用評議会（Conseil National du Crédit）への参加を通じて，フランス銀行の政策に相当な影響力を行使できる（Adam, 1980）。フランスの中央銀行は，ドイツの中央銀行と比較するとはるかに自立性が低く，イギリスの中央銀行と比べてもそうである。

　第二に，国庫局の官僚が財政政策と金融政策を同時に担っていて，産業政策の監督にも密接に関わっている。その結果，マクロ経済政策の形成において，産業への関心が考慮に入れられることが多い。財政問題と産業問題に対する責任が，省庁間で峻別されているイギリスと比べてそうである。

　第三に戦争直後，支配エリートによって作成された周到な戦略の一部として，社会経済的な進歩を促進する機関へと国家を改造するため，一連の機関がフランスの国家制度に組み込まれた。その狙いは，これらの機関こそが国の経済と産業の大局的な戦略を立てるべきである，という考えを官僚に植え付けることだった。これらの機関のうち最も著名なのが，国立行政学院（École nationale d'administration, ENA）と計画庁（Commissariat général du plan）だった。

　前者は高級官僚の主要なリクルート源となり，エリート意識とフランス経済のパフォーマンスに対する責任感をその担い手に吹き込んだ（Stevens, 1980; Suleiman, 1980）。後者の方は，フランス産業の発展を意図した総合的戦略を調整，策定することによって，そうした責任を果たそうとした（Gruson, 1968; Monnet, 1976）。総じて上述のようなフランス国家の特徴は，産業活動

に影響力を及ぼすことができる能力と，そうした行動をとろうとする意志を，官僚に与えることになった。こうした能力と意志はイギリスやドイツの官僚にはなかった。

　フランスにおける労働組織も，三国の中でユニークな特徴を持っている。イギリスやドイツと違って，フランスには単一の労働組合連合体は存在しない。その代わり，かなりの規模の組合が四つ存在する。それは労働総同盟（CGT），フランス民主同盟（CFDT），労働者の力派（FO），管理職総同盟（CGC）であり，互いに競合し，同じ工場でそれぞれ独立して組織されていることが少なくない。組合の組織内部については，組合指導者と一般組合員との制度的なつながりが，他の国と比較して依然として十分には発達していない（Schain, 1980）。団体交渉自体，概して法律によって制度化されていない。事実1968年まで労働組合は，法的な地位を職場で保障されていなかった（Ross, 1981）。

　全国的な労働者の組織率も約20％と，工業国の中で低いほうである。ちなみにドイツの組織率は30％を越え，イギリスにいたっては50％に上る。以上の要因のために，組合運動内部の派閥主義が強く，総じて労働者階級は労働市場で比較的弱い立場に置かれた。こうした弱さは政治的レヴェルでは，労組の大半が左翼政党と結びついていたことによって，いっそう強められた。左翼政党は最近まで，30年近くも政権から離れていた。その間政権は一連の右翼連合が担ってきたが，その背景には労働者の投票基盤の衰退があった（Birnbaum, 1978, p.101）。

②マクロ経済政策　それではこうした組織的要因と戦後フランスの経済政策のパターンとの間には，どのような関係があるのだろうか。第四共和制と第五共和制下のマクロ経済政策には，一定の規則性を見出すことができる。その政策はなによりも投資を刺激する独特の戦略に帰着するが，それは通常，需要の刺激を通じて行われた。財政政策がこの戦略において主たる役割を演じた。政府財政がわずかな黒字を記録した1958年と1965年を例外として，1950年から70年までの間，平均して対GDP比で1～2％の財政赤字によって，需要がほぼ一貫して刺激されつづけた（Hansen, 1969, p.193; Salin and Lane, 1977, p.550）。

しかしこの景気刺激策の背後で推進力になったのは，金融政策だった。1963年から65年，68年から70年，72年から3年と一時的に信用が引き締められたが，貨幣供給量は急増し，1960年から68年の間では，年率約14％にも達した（OECD, 1974; Salin and Lane, 1977, p.578）。一般的に，ドイツやイギリスに比べてフランスでは，貨幣量は相当急速に増加することを許されていた。

　需要要因がこの高い貨幣増加率の第一の原因であると考えてはならない。フランス国家が需要創出において重要な役割を果たしていたのだ。国家は銀行制度に対する統制を利用して，大量の資金が利用可能になるよう，利子補給を行ったのである。1965から80年，企業貸付全体の44％もが，利子補給を受けていたと推定される（The Economist, 14 March 1981, p.162）。需要の急速な拡大，および産業への比較的安価かつ大量の信用供与は，戦後フランスのマクロ経済政策が基礎を置いていた重要な柱だった。

　当然だがこの経済政策はインフレを誘発する傾向がある。1950年から75年までのフランスの生活費の上昇率は，イギリスより6％，ドイツと比べれば42％も高かった（IMF, 1977）。その結果インフレの昂進はフランスの輸出の拡大をしばしば脅かし，国際収支の危機を周期的に引き起こすことになった。政府はそのたびに，あまりインフレを引き起こさない政策をとるか，あるいはフランを切り下げる政策をとるのか，という選択を迫られた。前者なら，成長率が低下することにつながるはずである。

　イギリス政府も周期的に同じような選択を迫られた。イギリス政府は，1947年から72年の固定相場制の時期，ポンド切り下げには断固として抵抗した。それに対しフランス政府は，フランをしばしば切り下げた。フランスは25年間に5回もフランの為替レートを切り下げた。すなわち1948年に約40％，49年に22％，57年に20％，58年に17.5％，更に69年には11％と次々に切り下げを行った（Lieberman, 1977）。フランスにおけるマクロ経済政策の第三の柱は，この通貨切り下げだったのだ。

　だからと言ってデフレ政策が全く採用されなかった，というわけではない。1952年，58年，63年から64年，74年という引き締め期については，既に言及した。しかしこれらの緊縮期のいずれもがそれに先行する時期に比べて厳しくなったとは言えず，重要な側面では緊縮政策は緩められたのである。例え

ば1963年から翌年にかけての信用引き締めの真っ只中にあっても，国家信用評議会は計画庁の委員が起草した書簡を全銀行に送付し，次のように述べた。

「経済成長のための基本的条件が尊重されるべきだとするならば，フランスの信用政策は選択的でなければならない。とりわけ中期信用に関する限り，国外市場へ輸出を行うダイナミックな企業や，国際競争で大きな打撃を受けたセクターに対しては，特別の取り扱いが必要である。また生産の再編を行う事業への融資に対しても，特別の扱いが必要とされる場合がある」（MacLennan et al., 1968, p.165からの引用）。

この書簡には，本勧告は実施さるべきである，との指示が添えられていた。

ド・ゴール大統領は，恐らくジャック・リュエフの影響を受けたためだろうが，1963年から65年にかけて，フラン切り下げではなくデフレ政策を採用した。だがその直後には，著しく拡大的な政策を採るのであるが。ド・ゴールの後継者のポンピドゥー大統領は，大統領に就任するや直ちに，平価切り下げに転換した。

これはマクロ的経済管理よりも，産業投資の追求を優先した国家政策である。広範囲の経済政策的目標の間で選択を迫られた場合，他国の政策形成者であれば極めて慎重に検討することが多いのに，フランス当局は一貫して産業の成長を選択してきた。フランスで最も保守的な経済政策立案者に属するジスカール・デスタンでさえも，こうした優先順位の感覚を反映して，1969年，次のように述べている。

「私は1976年まで大蔵大臣に在任すると思われますが，私の目標は任期中に，フランスの産業をドイツやイギリスとほぼ同レヴェルにまで持っていくことです。しかもできればインフレをもたらすことなく，この目標を達成したいと思います。しかしながら，いずれかの選択を迫られた場合，私は産業の発展を優先させ，インフレに対する戦いは二次的なものとみなします」（Suleiman, 1978, p.262からの引用）。

こうした政策が一貫して優先的に追求されてきた理由は，フランスにおける国家と資本の組織の特徴に求めることができる。経済成長が強調されるのは，国立行政学院が幅広く社会に影響を与えてきたということと，計画庁の官僚が大蔵省に根強い圧力を行使してきたことを反映している。これらの官

僚が認めているように彼らの主たる目標は，他のいかなる目標よりも経済成長の必要性を優先しなくてはならないという考えに，フランスの企業だけでなく，国家の経済政策の担当者をも改心させることにあったのだ（Monnet, 1976; Crozier, 1965）。

　この点において，彼らはおおむね成功を収めた。計画庁の機関はこのように順調に発展し，企業経営者と国家の間に緊密な関係を打ち建て，深めることができた。こうした関係は戦前にはなかった(Shonfield, 1969)。事実1965から70年に，急速な経済成長が好ましいかどうか若干問題になったが，全国使用者連盟（Confédération nationale du patronat）の指導者は，多少なりとも第六次計画の内容を規定することができた。そして計画庁は，国家の経済政策で産業資本の発言権を強めたり，拡大的経済政策を求める産業資本の要求を伝えたりする，効果的な導管と広く受け取られたのだ(Hayward, 1972)。

　戦後大蔵省が再編され，産業問題に関する究極的な責任が同省に委ねられることになったため，計画庁の職務はかなりやり易くなった。戦間期の大蔵省は，銀行の影響をかなり受けた財政均衡主義の砦として知られていた(Cohen, 1977, pp.37-38)。経済問題を管轄する別の省庁を活用して，経済政策を転換させようとする一連の動きがあったのだが，イギリス大蔵省と同じように，フランスの大蔵省もそれに抵抗していた。しかし戦後になると，大蔵省は国立行政学院の卒業生や計画庁の影響を受け，産業に関する新たな責任を付与されたこともあって，経済の合理化や急速な経済成長の課題に携わり，関与するようになった。産業が発展するかどうかは，フランスでは大蔵省の責任となったのに対して，イギリスでは大蔵省の責任とは決してならなかった。

　更に戦後，金融部門の再編成に伴ってフランスの大蔵省は，財政政策はもとより通貨政策に対しても幅広い管理権を得ることになった。ドイツの経済大臣は，高度に自立した中央銀行に直面せざるを得なかったために，そうした管理権を手にすることはできなかった。フランス大蔵省は，周期的な平価切り下げという安易な通貨政策を中心に成長政策を考えることが可能だった。また免除措置を選択的に利用して，重要な産業部門のために緊縮政策を中断させることともできた。資本の再編成は，国家に対する金融資本の独立性と

影響力を削ぐことによって，そうした傾向を堅固にしたし，それと同時に，経済計画も産業資本の影響力を強化することになった。それ以後，財政政策より産業政策が優先されたのも，驚くべきことではない。

③産業政策　産業の分野で，戦後フランスの政策がイギリスやドイツの政策と区別される点は，国家が民間セクターの問題に深く介入しようとし，また実際そうできたことである。次の三つの特徴が特に際立っている。第一は，各産業部門の戦略を立てるときに，国家が広範な役割を果たしたことである。第二は，その戦略に応じるよう，国家が個別企業に大きな圧力を加えてきたことである。そして第三は，成長セクターの比較的収益をあげている企業に対しても，国家が資金の提供を行おうとしたことである。政治的な要求を行う斜陽産業に対する支援は，大抵の国が行っていることなのだが，フランスはそれにとどまらなかったのだ。

フランスの産業政策の歴史は，既に資料に基づいて詳細に明らかにされている (Shonfield, 1965; Vernon, 1974; Warnecke and Suleiman, 1975; Zysman, 1977; Stofaës, 1978)。戦争直後の復興期，計画庁と国庫局は共同して，急速な発展を期待して選んだ六つの産業部門に貴重な資金を融資するとともに，この六部門間の生産の分業を確立するための詳細な計画を起草した。急速な経済拡大をみた戦後20年間，多国籍企業に対抗してフランス国旗を担う「ナショナル・チャンピオン」の創出戦略に国家は固執し，この目的のために多様な政策手段を利用して，合併を促進したり，成長部門と考えられたハイテク産業に資源を移転したりした。鉄鋼はもとより，エアバス，プラン・カルキュル〔コンピュータ開発〕，コンコルド，原子力といった計画は，この試みの産物だった。ドイツやイギリスとは対照的に，フランス国家は基幹産業部門を合理化するという任務をしばしば担い，その遂行のために多種多様なテクニックを使ったのである。

こうした任務を担うという意志も能力も，既に略述したフランスの資本と国家の組織的側面に由来している。国立行政学院や計画庁の社会化の観念は，経済成長に焦点を合わせたマクロ経済政策を規定していたのと同じように，国家の政策担当者に対して積極的な産業政策に着手するよう促した。この国家官僚が「戦略的国家」のパイロットに任命されたのである。したがってフ

ランス産業が失敗することになれば,それは彼らの失敗にほかならない,ということになった。

　更に一層重要な意味を持っているのだが,戦後の資本の再編成によって,国家官僚は様々な政策手段を手にし,産業に広範な影響力を行使できるようになった。国庫庁の官僚には,フランスの銀行制度における総資金の三分の二を占める資金に対するコントロールが付与され,こうした資金の操作は,国内のあらゆる産業に適応される,いわば梃子の支点となった。50万フランを越える中期貸付のすべてと,250万フランを越える長期貸付のすべてが,計画庁と国庫局の官僚の許可を経なくてはならない,といった時期もあった(MacLennan et al., 1968)。フランス企業が外部金融と長期貸付へ大きく依存していたため,これは大きなレバーだった。そして,インフレ的マクロ経済政策と広範な価格統制制度とが結合されていたために,国家が供与できる信用を利用できることや,国家統制を免除されることの重要性はいっそう高まった。

　こうしてフランスの国家官僚は,イギリスやドイツの兵器庫にはない一連の武器を巧みに使えたのだった。むしろフランスの官僚にとっての主要な問題は,これらで何を行うかを決めることだった。しかも戦後を通じて,国家官僚は何をなすべきかを知っている,と信じていたのである (Stoléru, 1969; Stofaës, 1978)。計画庁や経済社会開発基金 (FDES) や信用割当を担当するその他の機関は,何から着手すべきかという産業上の専門的知識を国庫庁の官僚に与えた。この種のレバーのハンドルは概して重たい。そのため,戦争直後に資本と国家の再編を行ったエリートが,若くてフレッシュなテクノクラートにとって代わられた後でも,彼らが残した組織上の遺産のおかげで,フランスの国家官僚は産業の問題について,イギリスやドイツの官僚が手にしたことがないような役割を果たすことができたのである。

④ 所得政策　　所得政策でもフランスの経験はユニークだった。フランスをイギリスやドイツのケースと区別するのは,暗黙的であれ明示的であれ,何らかの三者協議制を発展させられなかったことである。その代わりにフランス国家が依存したのは,主として価格統制と周期的な平価の切り下げだった。前者は労働者の賃上げ要求を拒否するという雇用者の決意を強

めることになったし，後者は，散発的に起こる賃上げが輸出価格に与える悪影響を相殺しようとした。

　時折官僚集団，特に計画庁の官僚たちは，フランス民主労働同盟(CFDT)などのいくつかの組合指導者からの支持を得て，労働組合，雇用者，国家の三者協議制による交渉を開設しようとした。その狙いは，全国レヴェルや部門レヴェルの賃金政策に関して何らかの合意を得ることにあった。しかしながらこうした試みは必ずしも成功しなかった。国家がこうした交渉に合意したのは，1963年の鉄鋼ストライキや1968年の五月革命が引き金となった，一種の国家的危機に迫られた場合にすぎない。いずれの場合にも，当事者には合意を望ましいとみなすグループもあれば，それを阻止するために行動するグループもあった。

　かくして1963年10月，「所得政策会議」は断念されることになった。その原因は，政府が1963年7月に反ストライキ法案を可決させ，9月にはデフレ政策を採ったことや，更に，労働総同盟（CGT）と労働者の力派（FO）の方も，社会政策，最低賃金，公共部門の和解を含む契約協定と引き換えに，賃金抑制を受け入れるのを拒否したことによる。同様に1969年の5月危機の直後，秩序回復のために政府は，三者協議制に基づく「グルネル協定」締結に訴えたのだが，フランの切り下げのために，この協定で労働者が得た賃金上昇は直ちに削減されてしまった。また，同時期，公共部門での交渉を規制することを意図した「発展の契約」(contrats de progrès)は，組合の抵抗が激しくなるまでの，そしてそれを創設したシャバン・デルマス政府が解任されるまでの辛うじて1年間，機能したに過ぎない(Hayward and Watson, 1975)。

　事実，戦後ほぼずっと，国家の努力は労働運動を弱体化させることに向けられ，全国交渉への参加を呼び掛けて，組合運動を強化し取り込んでいくといったことはあまりしなかった。長期的かつ一貫して，組合代表は計画庁における極めて厄介な交渉から排除されてきた(Hayward, 1967)。労働組合が職場で法的承認を得ようとした試みは，1969年に至るまですべて挫折した。労使関係立法は，工場レヴェルにおいて労働組合よりはむしろ，それに代わる労働者委員会を強化することに常に寄与してきた，と言ってもよい(Schain,

1980)。

　国家がこうした戦略を採ったことや，なんらかの三者協議制を発展させることができなかったのは，フランスにおける労働市場の組織の特徴と関係がある。第一に，労働組合が弱体だったために，過度の賃上げを獲得したり，一定期間，経済を混乱に陥れる組合の能力は限られていた。それゆえ，三者協議制に基づく交渉に訴えて実質的な賃金上昇を抑える必要はなかったのである。

　第二に，一般組合員の行動に対する組合指導者の権威は十分でなく，そのため，三者協議制に基づく交渉が更に難しくなって，かつ魅力もあまりなかった。ある研究者の指摘によれば，「雇用者と国家は，ストライキにほとんど権威を持たない組合組織からは，社会的秩序という便益をほとんど期待できない」(Schain, 1980, p.23)。更に，いくつかの組合が競合していることも，三者協議の交渉を難しくした。こうした状況では労働組合の中には，交渉に関与した組合を裏切り者として非難することによって，一般組合員の中の戦闘的労働者間でいわば得点を稼ぐ誘惑にかられたものもあった。

　組合の指導者にとっても，いったん協定を締結すると動きがとれなくなり，その間に競合する組合が一般組合員の間で自分たちを出し抜いてしまうのを恐れたので，交渉に入る魅力は余りなかった。同じく個々の労働者にとっても，こうした要因や団体交渉が規制されていないことは，全国交渉が普遍的に成り立つ保証がないこと，それゆえ賃上げ抑制行為には高いリスクが伴うことを意味した。

　このように国家，組合指導部，一般組合員，いずれのレヴェルをとってみても，組織的要因のために三者協議制に基づく所得政策の達成が妨げられた。逆に同じく組織上の要因のため，失業者を増加させ賃金上昇を抑えるよう雇用者に圧力をかける戦略は，成功の可能性が高くなった。そして事実，こうした戦略が広く採用された。

3．イギリス

① **イギリスにおける国家・資本・労働の組織**

次にイギリスに目を転じてみよう。ここでもまた，政策に対する組織的要因のインパクトを見ることができる。

イギリス国家の組織においては，二つの要因が特に重要である。第一に，ドイツと同様に，財政政策は大蔵省，金融政策はイングランド銀行というように，それぞれ責任を担う機関が厳密に分離されている。ドイツ連邦銀行の独立性は基本法で確立されているが，それほどではないにしてもイングランド銀行も相当に独立しており，政策に対する実質的な影響力を持っている。このことは，金融政策を主に担うのはイングランド銀行であり，ホワイトホール〔ロンドンの官庁街〕における金融市場の代弁者でもある，ということに起因している。イングランド銀行は戦後国有化されたため，その決定は正式的には大蔵省の承認を得なければならない。しかし内部事情に通じた観察者によれば，「イングランド銀行と大蔵省の関係を改革するためにも，このことは決して立法化されなかった」(Artis, 1965, p.31; Select Committee, 1969-79)。

イングランド銀行は，国内および国際金融問題に関する専門的知識を事実上独占してきた。そのため，他の政治的機関がこうした争点に関するイングランド銀行の判断に疑問を挟むことは，とりわけ危機の真っ只中においては，困難だった。更にイングランド銀行の総裁は，首相に直接謁見できるというユニークな権利を持っている。総裁は毎週この権利を行使し，イングランド銀行の見解を公表する。したがって，ポンドや公債への信頼に問題が起こると，イングランド銀行は「金融市場の安定」が何に依存しているかを規定したり，また，それを時の政府に直接説明することもできる。以上の点を考えると，歴代首相が証言しているように，イングランド銀行の権威に対する形式的な制約は，意味を持たなくなってきている (Keegan and Pennant-Rae, 1979, p.99)。

第二に，ドイツやフランスの経済省庁が産業の発展の責任を負っていたのとは違って，イギリス大蔵省の主な責任は，戦後ほぼ一貫して公共支出の管理にあった。1962年まで大蔵省の内部組織は，もっぱらこうした機能の遂行に向けられていたと言ってよい。イギリス全体の資源に対する政府活動の影

響を検討するため，1962年，大蔵省内に国民経済局（National Economy Group）が設置された。しかし国民経済局の関心は，各産業部門の組織やパフォーマンスよりも，総消費と総投資の管理に向けられていた（Shonfield, 1965, p.104）。1975年まで，大蔵省はその政策措置が産業に与える，細かな影響まで評価するような能力は持っていなかった。事実，戦後の時期の大半を通じて，イギリス政府は閣内に産業相をも欠いていた。

この点を改善するために1962年，最初の方策が講じられ，商務省（Board of Trade）により重い地域開発の責任が付与された。60年代末になって技術省が，産業の専門家をスタッフに加えるまでイギリス政府は産業政策を調整するための能力を持つことがなかった。経済問題省という短命に終わった実験があったにもかかわらず，この間にも大蔵省は，ホワイトホールでの経済政策に対して，一種の官僚的なヘゲモニーを行使しつづけたのである（Shanks, 1977; Budd, 1978）。

資本の組織に関して言えば，イギリスの状況で注目されるのは，金融資本の経営者と産業資本の経営者との間で，利害と活動が比較的厳密に分離されており，しかもそうした分離が根強く存在しているということである。しばしば言われるように，イギリスでは金融資本の方が産業資本よりも強力であり，資本の活動をコントロールしようとする（Thompson, 1977, p.196）。しかしながら現実には，金融資本の相対的な強さは政治的レヴェルにおいて，すなわちホワイトホールとの関係においてみられる。ホワイトホールにおいて金融資本の代表は産業資本家よりもアクセスの点で優位に立ち，政府との交渉に際してもより有効な制裁を行使できる。しかし経済的レヴェルでは，イギリスの貸付の大半を占める，大手のクリアリング・バンク〔ロンドンの手形交換所に加盟するイギリスの商業銀行〕は，ドイツやフランスとは対照的に，産業問題をこと細かくコントロールするようなことはない。

こうした状況は二種類の要因にその原因を求めることができる。第一に，資本投資に際して，一般的にイギリスの企業は内部から調達された資金，つまり内部資金に依存する。1950年から72年までの間，イギリスでは総資本形成の76％が内部金融によるものだったのに対して，ドイツでは62％，フランスでは49％だった。更に外部に資金源を求める場合でも，伝統的にイギリス

企業は負債よりも株式に求めてきた。イギリス企業の借り入れ資本の株式資本に対する平均比率は，1972年で0.55にすぎないのに，ドイツは0.74，フランス0.92だった (Thompson, 1977, p.169; Lever and Edwards, 1980)。その結果イギリスの産業資本は，ドイツやフランスの産業資本ほどは金融を銀行に依存していない。

　第二に，イギリスでは銀行が企業に資本を供給する場合でも，主として短期的な貸付けを中心に融資してきた。事実，大企業でも利用できる資金の相当部分が，いまなお正規の当座貸越の制度を通じて供給されている。例えば，1972年で，イギリスにおける非金融業による借入の73%が，短期借入だった。これに対して，フランスでの短期借入の割合は，49%，ドイツでは30%だった (Thompson, 1977, p.263; *The Economist,* 9 October 1976)。

　このことは重要な意味を持っている。というのも，銀行が短期信用を供与する場合，通常，企業のパフォーマンスや市場戦略の詳細を，長期信用の場合ほどには綿密に審査しないからである。むしろ，負債に対する流動資産比率といった貸借対照表の数値に関連した，より機械的な債務返済能力の測定方法に基づいて，銀行は融資を拡大する。その結果，ドイツやフランスの銀行と比べると，イギリスの銀行は産業活動に関して限られた知識しか持っておらず，産業部門の収益性に利害関心をさほど持っていないように思われる。このように，イギリスの金融資本の利害は，産業の利害とは切り離されて規定される傾向がある。

　イギリスにおける労働の組織も，フランスやドイツのそれとは若干異なる。フランスとは異なり，イギリスには中央組織である労働組合会議（TUC）が存在する。ほぼすべての組織労働者がこの組合に加盟しており，それゆえ，労働組合会議は彼らの間で相当な道徳的権威を持っている。だが労働組合会議はゆるやかな連合体であるので，官僚的な資源は非常に限られており，組合員に適用できる制裁も少ない。しかもドイツの場合とは異なって，112の個別労組が労働組合会議に加盟しており，その多くは依然として職能別に組織されている。これら加盟労組の多くにおいて，しばしば専制的になる組合指導者と影響力を持った職場委員たちのネットワークとの間で，組合の政策をめぐる闘争が続いている (Clegg, 1979; Taylor, 1978)。

しかしながら広い社会的観点からみれば，これは社会運動として強力だと言える。経済的レヴェルでは，労働者の50％以上が組合に組織化されており，炭鉱，鉄道，運輸といった主要部門では95％以上にも達する。厳しいインフレが起きても，これらの労組の大半は成員のために実質的な賃上げを求めて交渉し，かつそれを確保することができた（Sachs, 1979）。同じく政治的レヴェルにおいても，労働組合運動は労働党内で強い影響力を持っている。労働党は，過去36年間に少なくとも18年間は政権の座にあった。また保守党政権下でも，政府の政策を妨害できる能力が組合にあることが，近年，いくつかの場合で示された（Crouch, 1978; Dorfman, 1979）。

②マクロ経済政策 それでは上に述べたような要因は，どのようにしてイギリスの経済政策のパターンと関連しているのか。大半の研究者から見ると，戦後イギリスのマクロ経済政策の主な特徴は，著しいデフレーションの後にリフレーションが続く，「ストップ・ゴー」サイクルの繰り返しにあった（Hansen, 1969; Caves et al., 1968; Brittan, 1971）。

1950年から翌年にかけて，朝鮮戦争のための再軍備を契機に景気は上向いたが，52年には公定歩合の大幅な引き上げ，分割払い購入（賃貸借売買）の統制，資本投資の削減がそれに続いた。また53年から翌年にかけて，所得税減税と投資減税が行われたものの，すぐまた55,56年に，賃貸借売買が再度，統制され，公共投資の縮小と売上税の引き上げが行われた。58年と59年の政府予算は，直接税と間接税の減税を利用して，再び景気拡大を目論んだ。しかし60年には，公定歩合の一連の引き上げ，緊縮的予算，賃貸借売買の統制がそれに続き，更に61年には増税と公共支出の削減が行われた。62,63年に，大蔵大臣はもう一度景気の拡大に着手したが，これもまた，新労働党政権が64年から70年までいっそうデフレ的な政策を採ったために，中断されてしまった。

1970年代においても同じパターンが追求された。70年と71年のデフレ政策の後，公共支出の急拡大（72年〜74年），デフレーション（75年〜77年），景気刺激政策（78年〜80年），そしてデフレーション（81年）と続いたのだ。

こうした措置がイギリス経済に対する景気循環の影響を緩和することにその導入の時期を合わせていたならば，上述の「ストップ・ゴー」パターンを

ケインズ主義的な経済管理原則の適用によるものと見ることもできただろう。しかしこの時期を対象とした詳細な分析が示唆するように，こうした経済政策は投資や生産に対する景気変動の影響を緩和するのではなく，むしろ大きくするようなタイミングで実施されたのである（Caves et al., 1968; Hansen, 1969, p.443）。

　したがってこの説明は別のところに，すなわちイギリス政体の組織化のあり方に求められねばならない。ストップ・ゴー・サイクルのゴーの局面で景気刺激策が採られたのは，経済政策の担当者が経済成長を促進させることに関心を持っていたからである。しかしこの種の刺激策は，常に輸入超過および国際収支の赤字をもたらし，外貨準備高の減少を早めることになった。こうした状況に直面してイギリスの政策担当者は，輸出と比べた輸入への支出を減らすために，為替レートが下がるに任せるか，あるいはデフレ策を採るのかという選択を迫られた。同じ状況下でフランスは平価の切り下げを採った。だが戦後ほぼ30年間にわたって，イギリスの政策担当者は平価の切り下げを拒否してきた。ただし48年と67年は例外で，このときには平価切り下げを選ばないわけにはいかなかった。イギリスの政策担当者は一貫してポンドの相場を擁護したため，50年代末，既にポンドは相当過大評価されていた（Brittan, 1971, p.299）。

　しかもこのことと並んで，政策担当者は長期資本の流出をファイナンスするために短期資金の借入策を維持し続けた。そのため35億ポンドの国外ポンド残高を抱えることになり，それが外貨準備高に対する投機的圧力を更に強めた（Pollard, 1969, ch.8）。このことは，ポンドの相場が圧力にさらされる時はいつでも，当局はデフレ策へと動くことを意味した。上記のいずれの場合においても，デフレ策が採られたのは外貨準備の流出への対応であって，国内経済の発展への対応ではなかったと思われる（Caves et al., 1968, p.78）。イギリスの政策における「ストップ・ゴー」循環の出現は，ポンドの為替相場の防衛と巨額の国際金融債務の維持に直接関連していたのである（Blank, 1978）。

　以上のことは，次の二つの側面でイギリス産業に不利に働いた。第一に，こうした政策によってデフレーションがますます頻繁になり，しかも悪化し

ていった。そしてそれが資本投資を抑制し、好転するはずの生産性は上昇しなかった。第二に、こうした政策は製造業の経営者に極めて高い輸出価格を押し付け、逆に競合する輸入品に補助金を与えるということになった。1953年から63年にかけて、イギリスの輸出価格は世界の平均輸出価格と比べて14.5％も上昇した。ポラード (Pollard, 1969, p.44) やその他の論者が指摘しているように、製造業の部門間分配よりもこの価格隔差こそが、輸出産業に不利な条件を与えた決定的要因だったのである。加えてデフレーションは、国内投資を抑制し続けることになった。またデフレが物価上昇を抑えたかも知れないとする考えは、デフレ期でも他の時期と同様に物価が急上昇したという事実からして、誤りであることが分かる (Pollard, 1969, p.483)。

イギリスが戦後期の大半を通じて追求した経済政策というのは、金融資本の利益に沿った政策であって、産業資本には不利益なものだった。1970年代までイギリス金融界のリーダーは、高いポンド平価、対外収支バランス、資本の自由な移動を維持することが、金融資本の収益性と、ひいては国際的金融センターとしてのロンドンの存続にとって不可欠であると考えた。いくつかの転換点においてシティーおよびイングランド銀行の代弁者は、平価の切り上げよりもデフレ策を採るよう、政府に圧力をかけたし (Brittan, 1971)、その際つねに彼らの主張が有力だった。

シティーとイングランド銀行の代弁者がこうした立場をとり、またそれを擁護することに成功したのは、この国の資本と国家の組織にその原因の大半を求めなければならない。イギリスでは金融資本と産業資本の関係があまり緊密でないために、上記のような問題が起きたときには、双方で利害の定義が異なることになる。グラントとマーシュがインタビューした産業界のあるリーダーのコメントは、以上の文脈において示唆に富んでいる (Grant and Marsh, 1977, p.69)。彼によれば、

　「企業家の利害は共通しているという、誤った仮定があります。私にとってどう見ても明らかなのは、製造部門の企業とシティーの利害は一致しないことが少なくないということです」。

この点はドイツと対照的であって、ドイツでは銀行が産業企業の収益性に直接的な利害関係を持ち、また産業のニーズによく通じている。それゆえ、

金融資本も産業資本も協調して低い為替相場を支持するようになる。

　それと同時に，イギリス国家の組織を見ても，産業資本よりも金融資本の主張の方がマクロ経済政策の問題に影響を及ぼしやすいようになっていた。既に見たように，金融界の利害の代弁者を自任するイングランド銀行が，為替相場に関する主たる責任を担っていた。フランスの国庫局と異なり，イギリス大蔵省はこの領域の専門知識がほとんどなく，イングランド銀行に惰性的に依存していた (Keegan and Pennant-Rae, 1979)。危機ともなれば，専門家の権威は特に上昇した。外貨準備への圧力によって危機的状況が生まれたが，それを利用してイングランド銀行はデフレ策を採るように政府に圧力をかけた (Blackaby, 1979, p.312)。

　同様に大蔵省内部でも，製造業の利益に特別の責任を担い，かつ高度な知識を持っていて，デフレーションに異議を唱えられる可能性のある官僚が少なかった。それどころか大蔵官僚の大半は公共支出の管理にもっぱら関心があったので，一時的なデフレ策の導入を容易に受け入れた。デフレ期には公共支出が削減できるかも知れないからである。

　ブランクが指摘しているように，ホワイトホールの組織のあり方によっても，ポンドの切り上げよりデフレの方が好ましいとする合意の形成が助長された (Blank, 1978)。更に官僚制が閉鎖的だったために，産業界という外部からの影響をほとんど受けなかった (Kipping, 1972, p.90)。こうした政策決定に最終的な責任を負うのが政治家だったとしても，彼らの行使する権力は多くの点で強力ではなかった。最もラディカルな政治家でさえも，国家が危機的状況にあって財政危機が問題になっている時に，長年にわたって受け入れられてきた英知と当該分野における最上級の権威の見解に，逆らうことはできなかったのである (Brittan, 1971, p.197)。

③産業政策　産業政策の領域でのイギリスの事例は次の三つの特質を示している。第一に，主要な産業部門の合理化を目標とした積極的な政策の発展は，戦後になってもかなり遅れた。労働党は1947年の産業組織開発法を利用して計画化を産業に押し付けようとしたが，うまくいかなかった (Shonfield, 1965, pp.98ff)。その後政府は50年代を通じて，民間部門の合理化を進めようとしたが，それらも散発的でしかなかった。59年の紡績産業法

によって造船業や繊維産業で採られた措置も、主として1930年代に始められた事業の拡大でしかなかった（Grove, 1967; Blackaby, 1979, p.403）。

イギリスの経済成長が相対的に低いということへの関心が高まったために、62年に国民経済開発協議会（NEDC）が設立され、63年には産業・貿易・地域開発大臣が任命された。こうしてやっとイギリス国家は、産業の大規模な再建を意図した産業政策に着手したのだった（Brittan, 1971）。

第二に、1962年以降でも産業における政府活動の関心は、経済的に衰退した地域において雇用を維持することに向けられており、産業の再編成に対してではなかった（McCrone, 1969, p.119）。地域への考慮はイギリス産業政策の背後にある指導原則であり続けた。最近になっても、配分資金の大部分が経済の斜陽部門にある企業に融資されている（Peacock et al., 1980, p.59）。これはフランスやドイツの政府の行動とは好対照である。これらの国では政府の関心は産業の高成長部門にあって、そこに資金の大部分が集中された。

最後に、イギリスが本格的に「介入主義的」な産業政策に取り組んでも、その介入の程度は極めて限定されていた。フランスのように、国家によって基幹部門の産業再編成を強行していくことは試みられなかった。イギリスにおいては主要な計画化の試みでさえ、60年代のNEDCから連想されるように、相互の説得に基礎をおいた三者協議制の実践の域を出なかった。ハーゲンとホワイトが指摘しているように、イギリス政府が生産者集団に接近するのは、「権威を行使する前に特殊利益を持った集団の助言を求めようとする公益の代表としてではなく、むしろ政府自身一つの集団として、他の二つの集団に接近してこれらの集団が何を進んでしようとするのかを尋ねるためである」（Hagen and White, 1966, Blank, 1978, p.113からの引用）。NEDCを契機として設置された経済発展委員会や部門別作業委員会も、これと同じ基盤の上に立って活動を展開した。それゆえ、これらの委員会が政府に対する産業の影響力を増大させ、その逆ではなかったと思われるのは、驚くべきことではない。

こうした政策パターンは、イギリスにおける資本と国家の組織が示すいくつかの側面に関連づけることができる。中でも最も重要なのは、かりに部門別の産業再編を意図した積極的政策を立案できても、それを実行する手段が

国家にはなかったことである。金融資本は国家から相対的に独立してきた。たしかにイングランド銀行は信用総量に影響を与えて，その影響力を経済全体に拡大させようとし，また貸付に際して，銀行が輸出産業を優先させていることを折りに触れて示してきた。しかしながらフランス国家が持つような，経済における資金の流れに対する詳細な統制権はイギリス国家にはない。またフランスに比べると，融資の際，産業自身は債権に，したがって銀行部門に依存することが少なかった。もっともこの点は変わりつつあるかもしれないが (*Bank of England Quarterly Bulletin*, June, 1979, p.185)。

このようにかりに国家が銀行を国有化したとしても，産業に対する国家の梃子は依然として限定されたままだった。戦後期の大半，投資を刺激する際に政府が頼みの綱としてきた税控除は，合理化計画を強制するような形で，個別企業に焦点を合わせることはできない。しかも歴代政権が産業に与えてきた補助金は，外部金融という産業の資金源に対するはるかに包括的な管理手段を代替することはできなかったのだ。

それと同時に，国家における責任の分割や専門家の配置も，対立する経済的要求に直面しても維持されうるような，産業再生戦略の発展を促すものではなかった。経済政策の方向づけや公的資金の配分に対する権限は大蔵省に委ねられたままだったが，75年まで大蔵省は，自国産業のニーズについての責任も知識もほとんど持っていなかったのである。経済問題省やNEDCがこうした戦略を発展させる任務を負ったが，それでも経済政策の優先順位に対する管理が大蔵省の手から離れることは決してなく (Budd, 1978; Brittan, 1971)，大蔵省の決定の多くは結局，計画立案者を失望させることになった (Leruez, 1975)。産業部門ごとの計画を担う機構がホワイトホールで確立されていなかったので，国家が産業部門上の問題に注意を向けるのは，危機的な状況の時だけだった。産業政策の分野でのイニシアティヴは依然として政治レヴェルにあったので，当然のごとく，関心の焦点は失業の減少という短期的課題であって，産業の成長部門への投資の配分という長期的な課題ではなかった。

④所得政策　　所得政策の領域においても，イギリスのパターンには三つの際立った特徴がある。第一に，戦後の重要な局面のたびに政府は，

所得政策を維持すべく多大な努力を行った。具体的には1948年，61〜62年，65〜66年，66〜67年，72〜73年，75〜78年と，自発的ないし法に基づく賃金規準を設定した。第二に，いずれの場合でも，賃金規準を課す前に，その必要性だとか広範な経済戦略の概略について，労働組合会議（TUC）と産業連盟（CBI）と合意に至るために，真剣な試みが政府の側から行われた。しかし第三に，1年ないし2年間は賃金規準が遵守されるが，その後は，一般組合員が所得政策に抵抗するため，組合指導部は所得政策への支持を撤回せざるをえなくなり，政府も自由な団体交渉に戻らねばならなくなった。このようにイギリスのパターンというのは，上から交渉された所得政策と自由な団体交渉との間を，往来するものだった（Dorfman, 1979）。

こうしたパターンの起源も，イギリス労働市場の特徴にまで遡ることができる。一方で，イギリス政府は労働組合の勢力が強いので，彼らと所得政策について合意に至るようにしなければならないと考えていた。労働組合運動が持つこの力は，基幹産業部門を中心とする高い組織率と，労働党の党大会に強い影響力を持っていることに現れている。政治的レヴェルでこのことの持つ意味は，労働組合は産業を広範な混乱に陥れることを通じて，有権者や時には党の支持者を政府に反対すべく動員できる，ということである。労働党政府がこの教訓を学んだのは，1968年に労使関係立法が敗北を喫した時だった。そして保守党政府がそのことを確認したのは，74年2月，ストライキ中の炭坑労働者と対立したために選挙で同党が敗退した時だった（Jenkins, 1970; Hurd, 1979）。

経済のレヴェルで見ても，イギリスの労働者はインフレの時も国家による景気後退の時も，実質賃金を維持させることができた，ということが重要である(Turner and Wilkinson, 1972)。これらの政治的，経済的要因のために政府としては，労働組合の賃上げ要求を抑制しようとして経済にデフレを生じさせようとしてもあまり有効ではないので，その代替策として所得政策をめぐる交渉に目を向けざるをえなかったのである。

だが労働組合が強力であるために，イギリスでは所得政策をめぐる交渉が必要になったのだが，同時にこうした交渉が可能になったのは，単一の労働組合連合体が存在することにもよる。この二点で，イギリスとフランスとは

対照的である。フランスでは労働組合が弱体なので交渉があまり必要ではなくなり，また組合が多数存在するので，組合は国家との合意を締結しようとはしない。

　こうした要因によって，なぜイギリスの官僚が「三者協議制」に執着するのかがある程度説明できる。グラントとマーシュの定義によると，「三者協議制」とは「経営者と労働組合をそれぞれ代表する頂上団体が，あらゆる生産者集団の中で特に重要であり，経済政策の主要問題について，これらの頂上団体は交渉すべきであり，しかもこれらの団体間の合意が政府の経済政策をうまく実施する上での基盤となるだろうという信念」(Grant and Marsh, 1977, p.389) のことである。またイギリスでは，相当な量の交渉が行われないと，自発的な所得政策への支持を確保することは本来的に困難である。

　ドイツでは少数の主要組合指導者の承認を得るだけで，関係労組すべてに対して，賃金抑制は広範囲に及び，少なくともインフレの逓減という形で代償が実現されつつあるということを，十分確信させることができる。こうしたドイツの場合と異なり，TUCは非常に多くの加盟労組に対して，ある政策について何らの保証も得られていないうちに，その政策への支持を説得しなくてはならない。このことは合意を取り付けるに当たって，大変な努力が必要になるということである。

　同様に，賃金抑制という政府の要求に重みを添えるためにCBIが最初の段階から加わったとしても，イギリス国家が半自発的な賃金抑制戦略を実現しようとするなら，何らかの定期的な基盤の下で交渉を行えるような制度的枠組みが不可欠である。そういった交渉がない限り，組合に積極的なインセンティヴを広く分配したとしても，賃金抑制を確保するには効果的ではない。国家としては，NEDCやTUC・労働党連絡委員会といった類の制度的枠組みによって，国家が分配するそれぞれの財に相当する報酬を要求したり，こうした財と引き換えに最大限の見返りを求めたり，また合意が守られているかどうかを監視したりすることが可能になった。いったん「むち」を振り回すことから「飴」を与えることに切り替えてしまえば，交渉は単なる賄賂以上の見返りを生み出すのである。

　しかしながらTUCが政府と賃金交渉に入ることができたとしても，交渉

を長く維持させることには本来，限界がある。TUC は加盟労組の緩やかな連合体であって，除名の他には加盟労組に適用できる制裁をほとんど持っていないので，加盟労組や組合員に対して賃上げ要求を抑制するよう説得するには，組織的資源と制度的権威とを膨大に費やさねばならない。そしてこうした資源が枯渇してしまうと，一般組合員の反撃が始まり，彼らは代わりの指導部を求め，現指導部と政策に挑戦するようになるのだ。

ドイツと比べてイギリスでは分権化された組合が数多く存在するので，別の指導部を擁立することが比較的容易である。そのため三者協議的な配置はおよそ解体する運命にあり，再度それが試みられるまでの間，自由な団体交渉の時期がしばしば戦闘的な指導部の下で続くことになる。このように所得政策と自由な団体交渉との繰り返しが，戦後期のイギリスの経験を特徴づけてきた。

(5) 結論

本稿では予備的な分析しかできなかったが，結論的に言えば，ドイツ，フランス，イギリスの経済政策は戦後期の大半を通じて異なったパターンを辿ってきたと思われる。そしてそうしたパターンは，各国の資本，労働，国家といった組織が持っている特徴に関連づけることができる。もっと包括的な分析を行うとすれば，上述の国々について，本稿では取り上げなかった政策のいくつかの側面をも取り扱う必要があるだろう。とりわけこれまで述べた一般的なパターンの文脈で，各国の個々の政策は戦後，いくつかの節目で方向転換してきたし，こうした内部の動態もまた説明されねばならない。

しかし注目すべきだと思われるのは，各国の政策において時折起こる変化ではなく，ある国の政策を他の国の政策から区別するような一般的パターンが持続しているということである。激動する世界の根底にある連続性こそ最も説明に値しよう。そしてこうしたパターンと特殊な組織形態の両者が並行して存続しているということは，両者が関連していることを強く示唆している。

政治的結果に対するこうした組織的要因の影響は，個別の集団が持つ権力とはある程度無関係である。例えばフランスでは労働組合連合の著しい多様

性が，三者協議制に基づく所得政策の達成を妨げる方向に作用しているし，イギリスでは産業資本と金融資本との分離が，産業の合理化をいっそう困難にしている。しかしながら以下の三つの側面で，こうした組織的要因が社会集団間の権力配分と関連していることは明らかである。

　第一に，主要な制度の組織が流動化しつつあるような決定的に重要な歴史的局面では，資本と労働の相対的な権力関係が組織的関係に重要な影響を与えることがある。その時には新たな組織的関係が出現して制度化されていく。例えば戦争直後といった重要な時期に，イギリス資本の政治的権力が重要な役割を果たし，計画化機構の設立を阻止したのだった (Shonfield, 1965)。第二に，社会経済的組織の一定のパターンが一度確立してしまうと，それは主要な社会集団間の特殊な権力均衡を具体的に示すものとなり，政治的領域における動員能力や，連合形成・権力行使の能力に持続的な影響を及ぼしていく。最後に，ドイツでの平価切り上げの事例に見られたように，集団間の関係を規定する社会経済的組織のあり方は，こうした集団が政策について持っていると思っている利害自体を定義することができるし，それゆえ，政治の場に圧力を加えるためにそれらの集団が行動する前でも，集団の要求を構造化することもできる。

　こうした点において，社会経済的組織の上述のような側面は，経済政策の決定における媒介要因と考えることもできよう。というのも，社会経済的組織はどちらかというと一時的な性格の強い利益集団の圧力と，構造主義理論や統合理論が明らかにしたような，資本主義国家の政策形成に対する構造的制約との間にほぼ位置しているからである。

　国家の相対的自律性も，こうした組織的要因の影響を受けているかもしれない。より正確に言えば，社会経済的組織のあり方の相違は，特定の行動方針を採ろうとする国家の傾向や社会集団からの圧力に対する国家の受容性，および社会集団に圧力をかけうる国家自体の能力に影響を与えるかもしれない。組織のあり方の相違の結果として，例えばドイツの金融資本の方がフランスのそれよりも国家に影響を与え易いと思われる。労働組合運動と交渉しうる国家の能力については，ドイツやイギリスの方がフランスのそれよりも大きい。

この問題に関してより完璧な検討を加えるには、各国の政治体制がどのように機能しているのかを更に詳細に分析する必要があるが、本稿はいかなる国家も決して完全に自立しているわけではないことを十分に指摘してきた。というのも国家はある社会経済的構造に直面しており、その組織のされ方が国家の行動の可能性を規定するからである。しかし他方で、国家は社会的圧力に対して全く受動的に行動しているわけでも決してない。なぜなら国家自身の組織が、行動のための特別な能力や一定の行動を採ろうとする傾向を国家に付与するからである。

　経済政策の形成を完全に分析するには、その過程において理念やイデオロギーが果たす役割を十分考慮にいれる必要がある。多くの組織的分析と同様に、こうした分析も次のような前提を起点に置いている。すなわち、特定集団の選好や行動の基礎をなす中心的な要因の一つは、自分たちの利益にかなう行為をどのようなものと集団が認識しているのか、ということである。既に指摘されているように、ある特定の市場の組織が異なると、集団の利益も変わりうる。そのあり方がある集団の繁栄を他の集団の繁栄と結びつけたり、ある種の行為を多少なりとも難しくしたり、個人の行為から一定の集合的結果が生まれる可能性に影響を与えたりするからである。

　本稿が依拠しているもう一つの暗黙の前提は、利益配置のこうした側面は通常参加者によって認識されている、ということである。本稿が対象とした期間を通じて、重要な集団が我々の期待するような選択を表出しかつ追求していることから、概して、こうした前提は支持されていると思われる。しかし利益と行為の関係は、常に理念によって媒介されるものである。それゆえイデオロギーは、どちらか一方の利益解釈をとるようしむけたり、別の目標のために直接的な利益計算を止めるよう促したりすることによって、こうした集団の行為に対してイデオロギー自身の影響を及ぼすことができる。

　ここで使われている「イデオロギー」という言葉は、活動の参加者が社会的・経済的活動の媒介変数を解釈するために利用する、理念のネットワークを指している。この意味においてイデオロギーは、保守主義、自由主義、社会主義に代表されるような、いかなる国家活動が可能であり望ましいかを明確にする様々な政治的見解のみならず、マネタリズムやケインズ主義と結び

ついているような，特定の政策の追求からどのような経済的結果が生じるかを明らかにする経済理論をも含んでいる。ある集団の選好や行為はその具体的な社会的地位はもとより，その集団のイデオロギー的立場にも依存していることは明らかである。経済政策が問題になるところでは，このことは特にあてはまるだろう。というのも，経済集計量の間の関係は，往々にして不透明で解釈の余地が大きいからである。こうしてイデオロギーの果たす媒介的役割は，他の政策領域と同様に経済政策においても，行動に関する組織的説明が妥当性を持ちうる度合いを制約する。

しかし同時に，イデオロギーの力は組織のあり方にも連関している。理念は組織によって作り出されるわけではないかもしれないが，組織によって広められることは疑いえない。理念と利害の一致は，特定の理念を抱くにいたった理由を必ずしも説明するものではないが，なぜある種の理念が様々な社会集団に訴えたのかは十分に説明できる。こうしてフランス国家内の国立行政学院と計画庁の存在が，積極的な産業政策の利点を国家の運営者に説得するにあたって重要な役割を果たした。同様に，高為替相場と高利子率を指向するマネタリズム的な経済理論がシティーでは人気を得たが，そのような人気は産業界では決して得られなかったのである。こうした例にも見られるように，特定のイデオロギーが主要な集団を捉えただけでなく，逆に集団の方がこうしたイデオロギーを捉えて意見の異なる集団に対する武器として利用していった。産業革命時の技術発展の場合と同じように，最も深い社会的な結果をもたらすのは，理念の創出というよりもその普及の方である。そして組織的な要因は，国家の内部だけでなくそれを取り巻く集団の内部においても，こうした過程に大いに関係するのである。

よく言われるように，資本主義社会における国家の役割は，次のような二つの機能の遂行を確保することにある。すなわち，有利な資本蓄積のための諸条件を維持することである蓄積機能と，社会的調和の維持と体制への支持として理解される正統化機能である（O'Connor, 1973; Gough, 1979）。一般的に見ると，このことは正しいかもしれない。しかしこうした機能がいかに遂行されるかに関しては，もっと突っ込んだ理解が必要とされよう。

例えば正統化機能の遂行というのは，移転支出やその他のサービスに財源

を支出して，根強い経済的不平等から生じる政治的不満を和らげようとすることだけではない。同時にそのことには，支配的な経済的条件を正統化したり，その条件に対する責任の所在についての人々の理解を，資本や国家から，労働の組織や外国の権力，更に不変的と思われる国外での出来事へそらせるために，イデオロギーというテクニックを利用することも含まれている。これと同様に，蓄積機能を遂行するということの中には，需要の創出，利潤の確保，賃上げの正統化などを通じて適切な投資水準を維持するだけでなく，企業の国際競争力と資源の有効利用を確保するために，産業を周期的に再編ないし合理化するということも含まれている。

すべての国家がこうした機能を遂行しようとしても，本稿で概観してきた戦後の政策形成のパターンからも分かるように，そのために利用される戦略は同じではないだろうし，社会経済的組織によって成功の度合いも違うだろう。こうした理解の妥当性を検証し，また上記の三カ国すべてが特に深刻な蓄積問題に直面した時期において，各国毎に特有のパターンが維持されたかどうかを見るためにも，1974年以後の時期における政策形成を簡単に概観しておくのが有益である。

以下の三種類の問題が噴出したために，経済政策担当者にとって1970年代は難しい時期となった。1960年代末，労働者階級の戦闘性が高まり，70年代初頭にはヨーロッパ全体に拡がることとなった。その結果，本稿が対象とした三カ国のいずれにおいても，労働分配率が上昇し，国際的な要因と絡まってインフレが長引くことになり，「イデオロギーの終焉」に慣れてしまっていた社会において，階級対立の持続という亡霊が再び蘇ったのである (Crouch and Pizzorno, 1978)。これに引き続いて，経済成長率が低下したことによって，ますます相互依存を深めた世界貿易のパターンと結びついて失業率の水準が上昇し，世界市場での競争が激化するようになった。造船，鉄鋼，繊維，自動車というヨーロッパ産業の重要部門は，日本，アメリカ，更に新興産業諸国との激しい競争に直面して苦しみ始めた (Cotta, 1978; Berthelot and Tardy, 1978)。そして最後に，1974年と78年，石油価格の大幅な高騰のために多くの資材のコストが上昇し，OECD諸国からOPEC諸国へ資源の実質的な移転といった影響を生んだのだった。

こうしてイギリス，フランス，ドイツでは，インフレ率と失業率の上昇，および成長率の低下が起こった。その結果これらの三カ国のすべてが，一連の共通する問題に対する解決策を案出しなければならなくなった。投資を適切な水準へと回復させるには，どのようにして賃金から利潤へと資源を移転させればよいのか。また，激しい国際競争に対応できる企業や部門に資源を集中させつつ，同時に社会的対立や体制への不人気を最小限に押さえるようにするには，産業の再編にどのような影響を与えればよいのか。これらのことが，そうした問題の中で最も重要なものとなったのである。

　戦後期という文脈から見た場合，1970年代の経験は国家に対し新しい挑戦を突きつけたのであり，予期されるように，それへの対応に際して，これらの国家はいくつかの点で経済政策形成のこれまでのパターンから逸脱しなければならなくなった。とりわけ，石油価格は本来ドル建てで，1974年の石油価格の高騰はフランス産業のコストをその限界まで上昇させることになったために，さらなる平価の切り下げは，フランス国家にとってあまりにもコストの高い戦略となった。同様に，ドイツは国外通貨の流入によって，国内の通貨供給に対する何らかのコントロールを維持しようとする限り，マルクを切り上げざるをえなくなった。しかしその他の大半の点については，新しい経済環境に対応しようとする各国の試みの背後に，戦後期の政策を特徴づけてきた旧来のパターンを見出すことができよう。

　1974年以降のイギリスの政策は，それ以前の時期と同じようなストップ・ゴー・パターンによって特徴づけられる。石油危機に対してイギリス政府は，74年から75年にかけてリフレ措置をとることによって対応しようとした。その後，外国為替市場でポンドが下落してくると，76年から77年にはデフレ政策を強行した。更に78年から79年，再度リフレ措置を導入するが，80年から81年には，再びデフレ政策に戻ることになった。イギリス政府は，第一次産品の価格高騰と74年から75年の労働組合の戦闘性によって生じたインフレを抑え，石油価格の高騰によるコストをいくらか資本から労働へ移転することを意図して，過去の場合と同じように，75年から78年には三者協議的交渉に基づく所得政策に解決の方途を求めた。しかしながら79年，81年一般組合員の反発によって所得政策は再び挫折してしまい，保守党政権の誕生を見るこ

とになったのである。

　サッチャー政権は，過去の政策を特徴づけてきた，産業への国家介入と衰退部門への助成を除去することを選挙綱領に掲げて選出されてきた (Joseph, 1974)。このアプローチは，マネタリズム経済学の名の下に推し進められたイデオロギー上のイニシアティヴの一部であり，インフレや衰退産業基盤に対する責任を国家から切り離そうとした (Gamble, 1979)。しかし政府は衰退しつつある一連の産業企業を見捨てることは，政治的にも経済的にも不可能であると考え，政権掌握から2年も経たないうちに従来の政府の政策へと回帰していった。つまり合理化を自ら行わせるという条件の下に，鉄鋼，造船，化学，自動車といった産業に多額の公的資金を供給したのである。以前と同じ圧力，そして同じように限られた一連の政策手段に直面して，国家が他になしうることはほとんどなかった。そうして1980年度だけでも，30億ポンドを越える公的助成が，合理化という曖昧な約束と引き換えに産業に供与された (*The Economist,* 29 November, 1980; 25 April 1981)。

　イギリスと同様にフランス国家の政治指導者も，1974年の石油危機後の困難な経済的条件に対する責任を否認しようとした。この目的のために，経済の量的な発展を目指すプロジェクトはすべて経済計画から削除され，計画化のプロセス自体が，経済開発のための詳細なガイドラインを提供することを企画した実践から，政府支出の優先順位に関する相対的に控えめな表明へと格下げされることとなったのである (Hall, 1982)。レイモン・バール首相の下で政府は，「自由市場経済」の概念を採用し，もはや「びっこのアヒル」には助成せず産業の発展を指揮することも試みない，と言明した。時の経済大臣もその就任に際して，国家の新しい公的姿勢を次のように明らかにした。

　　　「産業政策は何ももたらさない。我々が必要としているのは，自由な価格と資金のフローを永続的に指向するような経済政策である。将来への道を選択するのは国家の責務ではなく，企業の指導者の責務である」(Valance, 1978からの引用)。

　こうした姿勢の背後にあるものは，低経済成長期に産業が合理化された場合，どうしても解雇を行わざるを得なくなるが，そのことに対する責任を否定したいと思うフランスの官僚側の願望だけではない。そこには，たとえ国

家は産業発展に影響を与えることのできる梃子を豊富に持っていたとしても，官僚はそれで何をすべきかについてもはや正確には分からないという，偽らざる感情も見られるのである。これまで何十年にもわたって，国家はこうした政策手段を利用して産業投資を早めたり，巨大企業を創出したり，重要な産業部門においてフランスの存在を保証したりすることができた。しかしこうした政策手段では，国家が支援する企業の競争力を確保することができなくなってきた。今日では，企業の競争力こそが，世界市場において成功するための最も重要な前提条件である，と考えられている（Stoffaës, 1978）。それゆえ，最も介入主義的な官僚でさえも，市場の圧力をますます利用してフランス産業における弱者と強者を識別しようとした。

しかしながら，計画庁のように再編の容易な組織もいくつかあったが，フランス国家は，それが埋め込まれている社会経済的関係からただちに国家自身を切り離すことはできなかった。国家の金融諸制度は，経済を貫く資金循環の大部分を処理し続けた。産業発展の監督を担う大蔵省と産業省の官僚は，こうした責任をすべて放棄する気はなかった。しかも大量解雇に直面した企業からの国家補助金を求める圧力は余りにも強いために，それに抵抗できなかった。それゆえ高級官僚のレトリックにもかかわらず，多くの機関は経済的に困難な状況にある企業に国家補助金を分配することを委任された（Berger, 1980）。国家は原子力エネルギー，電話通信，航空，工作機械といった，決定的に重要であるとみなした高度技術部門に相当な額の資金を供与し続けた（Cohen, 1980; Commissariat générale du Plan, 1979）。事実，1975年から80年の間に国家が産業に供与した助成総額は，1970年から75年の時よりもかなり大きい（Commission de l'Industrie, 1980）。

1974年以降の経済状況への対応として，ドイツが辿ったパターンも，その大半はそれ以前に確立されたものだった。マクロ経済政策の領域を見ると，社会民主党政権は1974年の石油危機の後，財政政策を緩めようとしたが，そうした傾向は，連邦銀行が相対的に抑制的な通貨政策の維持を主張したことによって抑えられることになった（Anderson, 1980, p.21）。ここでもまた，連邦銀行の独立性が経済政策の方向づけに大きな影響力を持っていることを印象づけたのである。

産業政策の面では，国家が民間部門に対し供与できる補助金の総額が増大していった。だが以前と同様にして，こうした補助金の大半は，人的資源の再訓練，研究開発，地域開発援助への助成という形をとったのであり，合理化自体の方向づけに対する国家介入はほとんど含まれていなかった。産業の再編成に関する責任は，企業自身か銀行に委ねられたままだった。例えば鉄鋼産業は，実質的な政府援助を何ら受けることなく，首尾よく特殊鋼に適するように基本的な生産ラインを変更し，1974年から79年の間に4万人に上る労働者を解雇することができた。また造船業は，国家からの助成を若干得たにもかからわず，独自の合理化計画を策定して，同じ時期に全従業員の半数を解雇したのである (Medley, 1981; Peacock et al., 1980, ch.6)。エレクトロニクスの複合産業体である AEG テレフンケンも15万6千人もの従業員を擁していたが，1978年に深刻な経営危機に陥ってしまった。そこで銀行は，翌79年，3億700万ドルもの資金を事実上銀行自身が負うような再編成プログラムを指示することになった。

　ドイツ政府は企業への助成を拒否し，ボンの官僚は機会あるたびに「政府は資本主義の修繕屋ではない」という見解を繰り返し主張したのだった。ある政府委員会が任命され，1979年に報告書を作成したのだが，それは，まるで責任の主体が誰にあるかを強調するかのように，ドイツの産業システムにおける銀行の役割を再検討するためだった。だがその報告書は，銀行と企業との関係について，ごく些細な改変を勧告したにすぎなかった (Anderson, 1980, p.15)。ドイツがとったアプローチの特異性は，ブリティッシュ・レイランド問題に対するイギリス政府の関与と，1970年代末にフォルクスワーゲン社が直面した財政的困難に対するドイツ連邦政府の対応とを比較してみると，明らかになる。後者の場合，政府は会社による工場閉鎖に介入することを拒否し，むしろ解雇によって最も影響を受ける地域に対して，地域開発援助を増額するという選択を行ったのである (Peacock et al., 1980, p.65)。

　確かに経済の環境の様々な変化が，これら三カ国すべてにおいて経済政策に関する何らかの再考を促し，政策を公に提示する際の仕方にもいくつかの変化をもたらした。しかし総じて政策の基本パターンは，戦争直後に発展した方向を辿り続けた。またそうした方向は，各社会の社会経済的組織にその

根源を宿していたのである。

　上記三カ国の新しい経済的条件に対する対応は，確かにいくつかの点，例えば産業部門への助成額を増大させるなどでは類似している所があった。しかし継続する蓄積問題に対応するため，産業部門の合理化に影響を与えたり，賃金を押し下げたりする各国の能力は，各社会の社会経済的組織に応じて異なっていたように思われる。かくしてドイツは多くの産業部門の再編成を進めていく上で，銀行に依存することができた。フランス国家は産業の再編を進めるにあたり，重要な金融政策手段を統制し続けているが，競争力を生み出す方法について明確な考えを欠いたまま，市場圧力を大いに利用しようと試みた。そしてイギリス政府は，合理化計画を指揮する手段も意思も欠いたまま，相当な額の助成を衰退部門に，しかもアドホックな形で分配することを余儀なくされた。

　以上の分析には，検討を要する問題がなお数多く残されている。だがこれまでの分析を通じて，資本主義社会の中にあり，それゆえ多くの同じような制約要因にさらされているにもかかわらず，同一の経済的環境に直面して，なぜ各国の追求した政策がしばしば非常に異なっていたのかを理解する一つの方法が提示されただろう。加えて，次のことを考察するための具体的な基礎が与えられた。それは，資本主義国家間に観察される政策の相違が，すべての重要な側面において構造的には同じで，状況によって変わりうる国家内での単なる相違にとどまるものではない，ということである。上記の国が採用した政策パターンの相違は持続的であるように思われる。そしてこうした相違の源は，各国を取り巻き，包みこんでいる社会経済的関係の組織における根本的な相違にまで遡ることができるだろう。

　　（1）　本稿の初期の草稿は，1981年2月にハーバード大学ヨーロッパ研究所で開催されたイギリス研究グループに提出された。ジェーン・ジェンスン，ピーター・レインジ，チャールズ・メイヤー，アンドリュー・マーチン，ジョージ・ロスの各氏と研究会のメンバーからは批判的なコメントをいただき，ハーヴェイ・リシコフ，ジョエル・クリージャーの両氏からは草稿について詳細な批判をいただいたことに対して，感謝を申し上げる。

（2） このアプローチを定式化するにあたり，次の二つの研究から多大な影響を受けている。これらの研究は組織的要因に注目している点で共通しているが，それ以外の点で非常に異なっている。それはまずイギリスで多元主義が機能しているという独創的な再評価を下したサミュエル・ビアーの研究であり，もう一つはケネス・ファインゴールドとシーダ・スコッチポルが行った，アメリカのニュー・ディール立法に関する分析である（Finegold and Skocpol, 1980）。また最終的には，私がこの問題に取り組むようになったのはピーター・グルヴィチの示唆に富む論文に刺激を受けたからだった。ピーター・カッツェンスタイン（Katzenstein, 1978）やジョン・ザイスマン（Zysman, 1981）の研究も，分析を進めていく上で非常に有益だった。しかしながら，このアプローチがまだ論じなければならない多くの側面を残していることは疑いないし，本稿の分析が不完全であることについては，上記の論者のいずれにも責任はない。

（3） 組織の様式の相違が階級闘争に異なった影響を与えるということは，現代国家における「コーポラティズム」の台頭を研究している多くの理論家たちの中心的テーマとなってきている（Panitch, 1981）。組織の相違が国家活動に与える影響を探るという点で，コーポラティズム論は本稿と関心を共有しているが，これらの理論家たちが重要と考える組織形態は本稿が強調したものとは異なる。しかもコーポラティズム論は，組織の形態それ自体や国家の総体的な正統化能力をいかに説明するのかに関心があり，政策の具体的なパターンにはさほど関心がないのである（Schmitter and Lehmbruch, 1979）。しかしこの二つのアプローチは必ずしも相互に対立するものではなく，所得政策の分析のようにしばしば重なりあっている。

（4） ピーター・レインジは合意に基づく賃金抑制に関して広範囲の研究を行っており，それだけにこの点に関しては，氏との一連の有益な議論から多くの影響を受けた。

参考文献

Adam, N., "L'Etat, c'est nous", *Euromoney* (October), 1980, pp.110-24.

Allison, G., *The Essence of Decision,* Brown, Boston, 1971.

Altvater, E., "Notes on some problems of state interventionism", *Kapitalistate,* vol. 1, 1973.

Anderson, D. D., *Germany: The Uncertain Stride of a Reluctant Giant,* Harvard Business School Case, Intercollegiate Case Clearing House,

Boston, Mass., 1980.

Artis, M. J., *Foundations of British Monetary Policy*, Blackwell, Oxford, 1965.

Bacon R., and Eltis, W., *Britain's Economic Problem: Too Few Producers?*, Macmillan, London, 1976.

Beer, S. H., *Britain against Itself: An Essay on the Contradictions of Collectivism*, Norton, New York, 1982.

Berger, S., "Lame ducks and national champions: industrial policy in the Fifth Republic," in W. G. Andrews and S. Hoffman (eds.), *The Fifth Republic at Twenty*, State University of New York Press, Albany, NY, 1980, pp.292-310.

Berthelot, Y. and Tardy, G., "Le Défi économique du tiers monde," Documentation Française, Paris, 1978.

Birnbaum, P., *La Classe dirigeante française*, Presses Universitaires de France, 1978.

Blackaby, F. T., (ed.), *British Economic Policy, 1960-74*, Cambridge University Press, Cambridge, 1979.

Blank, S., "Britain and the politics of foreign economic policy: the domestic economy, and the problem of pluralistic stagnation," in P. J. Katzenstein (ed.), *Between Power and Plenty*, University of Wisconsin Press, Madison, Wisconsin, 1978.

Block, F., "The ruling class does not rule: notes on the Marxist theory of the State", *Socialist Review*, no. 33, 1977.

Brittan, S., *Steering the Economy*, Penguin, Harmondsworth, 1971.

Budd, A., *The Politics of Economic Planning*, Manchester University Press, Manchester, 1978.

Caron, F., *An Economic History of Modern France*, Columbia University Press, New York, 1979.

Carré, J.J., Dubois, A., and Malinuad, E.., *La Croissance Française*, Editions du Seuil, Paris, 1972.

Caves, R. E., and et al., *Britain's Economic Prospects*, Brookings Institution/ Aleen & Unwin, Washington D. C., London, 1968.

Clegg, H. A., *The Changing System of Industrial Relations in Great Britain*, 3rd edn, Blackwell, Oxford, 1979.

Cohen, S. S., "Informed bewilderment: French economic strategy and the crisis," Paper 335, *Institute of Urban and regional Development*, University of California, Berkeley, Calif., 1980 December.

Cohen, S. S., *Modern Capitalist Planning: The French Model*, Weidenfeld & Nicolson, London, 1977.

Commission de l'Industrie du VIIIe Plan, *La Situation financière des enterprises industrielles*, Documentation Française, Paris, 1980.

Commissariat Générale du Plan, *Options: VIIe Plan*, Documentation Française, Paris, 1979.

Cotta, A., *La France et L'imperatif mondial*, PUF, Paris, 1978.

Cowart, A., "The economic policies of European governments", *British Journal of Political Science*, vol. 8, 1978.

Crouch C., and Pizzorno, A. (eds.), *The Resurgence of Class Conflict in Western Europe since 1968*, 2 vols, Holmes & Meier, New York, 1978.

Crozier, M., "Pour une analyse sociologique de la planification française," *Revue française de sociologie*, vol. 6, no.2 (April-June), 1965, pp.147-63.

Dahrendorf, R., "Recenrt changes in the class structure of European societies," *Daedalus*, vol. 93, no. 1 (winter), 1964, pp. 225-70.

Denison, Edward, *Why Growth Rates Differ*, Brookings Institution, Washington D.C., 1969.

Domhoff, W., *Who Rules America?* Prentice-Hall, Englewood Cliffs, NJ, 1967.

Dorfman, G. A., *Government versus Trade Unionism in British Politics since 1968*, Macmillan, 1979.

Finegold, K., and Skocpol, T., "Capitalists, farmers, and workers in the New Deal: the ironies of government intervention," paper presented to American Political Science Association, Washington D.C., 1980 August.

Gamble, A., "The free economy and the strong state," in Ralph Miliband and J. Saville (eds.), *The Socialist Register* 1979, Merlin, London, 1979.

Gold, D. A., Lo, C.Y.H., and Wright, E. O., "Recent developments in Marxist theories of the capitalist state," *Monthly Review*, vol. 27, no.5 (October), pp.29-43 and no. 6 (November), pp.36-51, 1975.

Gough, Ian, *The Political Economy of the Welfare State*, Macmillan, London, 1979.

Gourevitch, P. A., "The politics of economic policy in the Great Depression of 1929: some comparative observations," paper presented to the American Political Science Association, Washington D.C, 1980 August.

Grant, W., and Marsh, D., *The Confederation of British Industry,* Hodder & Stoughton, London, 1977.

Grove, J. W., *Government and Industry on Britain,* Longman, London, 1967.

Gruson, C., *Origine et ésprits de la planification Française,* Dumod, Paris, 1968.

Hansen, B., *Fiscal Policy in Seven Countries, 1955-65,* OECD, Paris, 1969.

Hayward, J., "Le fonctionnement des commissions et la preparation du Ve Plan," *Revue française de sociologie,* vol. 8, no.4 (October-December), 1967, pp.447-67.

Hayward, J., and Watson, M. (eds.), *Planning, Politics and Public Policy: The British, French and Italian Experience,* Cambridge University Press, Cambridge, 1975.

Hayward, J.E.S., "State intervention in France: the changing style of government-industry relations," *Political Studies,* vol.40, no.3, 1972, pp. 287-98.

Hirsch, J., "The state apparatus and social reproduction," in J. Holloway and S. Picciotto (eds.), *State and Capital: A Marxist Debate,* Arnold, London, 1978.

Hurd, D., *An End to Promises,* Collins, London, 1979.

International Monetary Fund, *International Monetary Statistics,* IMF, Washington D.C., 1977.

Jenkins, P., *The Battle of Downing Street,* Charles Knight, London, 1970.

Jessop, B., "Recent theories of the capitalist state," *Cambridge Journal of Economics,* vol.1, no. 4 (December), 1977, pp. 343-73.

Joseph, K, *Reversing the Trend,* Centre for Policy Studies, London, 1974.

Katzenstein, P. J. (ed.), *Between Power and Plenty,* University of Wisconsin Press, Madison, Wis., 1978.

Keegan, W. and Pennant-Rae, R., *Who Runs the Economy?: Control and Influence in British Economic Policy,* Temple Smith, London, 1979.

Kipping, N., *Summing Up,* Hutchinson, London, 1972.

Kirschen, E.S. (ed.), *Economic Policy in Our Time,* 2 vols, 1964.

Kirschen, E.S. (ed.), *Economic Policies Composed,* 2 vols, Elseiser, 1975.

Keohane, R.O., "Economics, Inflation and the role of the state", *World Politics,* vol. 3. no. 1, 1978.

Krause, L.B. and Salant, W.S. (eds.), *Worldwide Inflation,* Brookings Institution, 1977.

Leruez, J., *Economic Planning and Politics in Britain,* Martin Robertson, London, 1975.

Lever, H., and Edwards, G., "Why Germany beats Britain," *Sunday Times* 2 November, 1980, 99. 16-17.

Lieberman, S., *The Growth of European Mixed Economies, 1945-70,* Wiley, New York, 1977.

Lindblom, C.E., *Politics and Markets,* Basic Books, 1977.

Lipset, S.M., "The changing class structure and contemporary European politics," *Daedalus,* vol. 93, no. 1 (winter), 1964, pp. 271-303.

MacLennan, M., Forsyth, M., and Denton, G., *Economic Planning and Policies in Britain, France and Germany,* Praeger, New York, 1968.

Maier, Charles, "The politics of inflation in the twentieth" in F. Hirsch and J. H. Goldthorpe (eds.), *The Political Economy of Inflation*, Martin Robertson, London, 1978.

McCrone, G., *Regional Policy in Britain,* Allen & Unwin, London, 1969.

Medley, R., "Monetary stability and industrial adaptation in Germany," paper prepared for the United States Congress, Joint Economic Committee, June 1981.

Miliband, Ralph, *The State in Capitalist Society,* Basic Books, New York, 1969b.

Ministère de l'industrie, *Les Moyens de politique industrielle,* Ministere de l'industrie, Paris, 1979.

Monnet, J., *Mémoires,* Fayard, Paris, 1976.

O'Connor, J., *The Fiscal Crisis of the State,* St. Martin's Press, NY, 1973.

Offe, C., "Political authority and class structure", *International Journal of Sociology,* vol. 2, no. 1, 1972.

Offe, C., "Structural problems of the capitalist state" *German Political Studies,* no. 1, 1974.

Panitch, L., "Trade unions and the capitalist state: corporatism and its contradictions," *New Left Review,* no. 125 (Jan.-Feb.), 1981, pp.61-90.

Peacock, A., et al, *Structural Economic Policies in West Germany and the United Kingdom,* Anglo-German Foundation, London, 1980.

Pollard, S. *The Development of the British Economy, 1914-67,* 2nd edn., St. Martin's Press, New York, 1969.

Poulantzas, Nicos, "The problem of the capitalist state", *New Left Review* no. 58, 1969.

Poulantzas, Nicos, "The problem of the capitalist state", in R.M. Blackburn (ed.), *Ideology in Social Science: Readings in Critical Social Theory,* Fontana, London, 1972.

Poulantzas, Nicos, *Classes in Contemporary Capitalism,* New Left Books, London, 1975.

Poulantzas, Nicos, *Political Power and Social Classes,* Verso, London, 1978.

Przeworski, A. and Wallerstein, M., "The structure of class conflict in advanced capitalist societies," paper presented to American Political Science Association, Washington D.C., 1980.

Ross, G., "Gaullism and organized labor: two decades of failure," in W.G. Andrews and S. Hoffman (eds.), *The Fifth Republic at Twenty,* State University of New York Press, Albany, NY, 1981, pp. 330-47.

Sachs, J. D., "Wages, profits and macroeconomic adjustment: a comparative study," *Brookings Papers on Economic Activity,* no.2, 1979, pp.269-319.

Salin, P., and Lane, G., "Inflation in France," in L. B. Krause and W. S. Salant (eds.), *Worldwide Inflation,* Brookings Institution, Washington D. C., 1977, pp.545-88.

Schain, M.A., "Corporatism and industrial relations in France," in P.G. Cerny and M.A. Schain (eds.), *French Politics and Public Policy,* St. Martin's Press, New York, 1980, pp. 191-217.

Schmitter, P. C., and Lehmbruch, G., (eds.), *Trends toward Corporatist Intermediation,* Sage, New York, 1979.

Select Committee on Nationalized Industries (1969-70), *First Report,* Vol. 4, House of Commons.

Shanks, M., *Planning and Politics,* Allen & Unwin, London, 1977.

Shonfield, A., *Modern Capitalism,* Oxford University Press, NY, 1965.

Stephen Bornstein, David Held and Joel Krieger (eds.), *The State in Capital-*

ist Europe, George Allen & Unwin, Hemel Hempsted, UK, 1984.

Stevens, A., "The higher civil service and economic policy-making," in P. G. Cerny and M.A.Schain (eds.), *French Politics and Public Policy,* St. Martin's Press, New York, 1980, pp. 79-100.

Stoffaës, C, *La Grande Menace industrielle,* Calmann-Lévy, 1978.

Stoléru, L., *L'Impératif industrielle,* Seuil, Paris, 1969.

Suleiman, E. N., "Administrative reform and the problem of decentralization in the Fifth Republic," in W. G. Andrews and S. Hoffman (eds.), *The Fifth Republic at Twenty,* State University of New York Press, Albany, NY, 1981.

Suleiman, E. N., *Elites in French Society,* Princeton UP, Princeton, NJ, 1978.

Taylor, R., "Labour and Social Contract", *Fabian Tract 458,* Fabian Society, London, 1978.

Thompson, G., "The relationship between the financial and industrial sectors in the United Kingdom economy," *Economy and Society,* vol. 6, no. 3, August, 1977, pp. 235-83.

Tufte, E., *Political Control of the Economy,* Princeton U. P, NJ, 1979.

Turner, H. A., and Wilkinson, F., *Do Trade Unions Cause Inflation?* Cambridge University Press, Cambridge, 1972.

Valance, C., "Le retour au liberalisme," *L'Express,* 24 April, 1978.

Vernon, R. (ed.), *Big Business and the State,* Harvard University Press, Cambridge, Mass., 1974.

Warnecke, S. J., and and Suleiman, E. N. (eds.), *Industrial Policies in Western Europe,* Praeger, New York, 1975.

Yaffe, D., "The Marxian theory of crisis, capital, and the state," *Economy and Society,* vol. 21 no. 2, 1973.

Zysman, J., "The interventionist temptation: financial structure and political purpose," in W.G.Andrews and S. Hoffman (eds.), *The Fifth Republic at Twenty,* State University of New York Press, Albany, NY, 1981, pp. 252-69.

Zysman, J., *Political Strategies for Industrial Order,* University of California Press, Berkeley, Calif., 1977.

第3章

国際経済に開かれた小国経済：
スイスとオーストリアの国家・社会関係の収斂

ピーター・カッツェンスタイン

（1） はじめに

　ヨーロッパのすべての小国にとって，国際経済の影響を受けやすいということは，避けて通ることのできない現実である。小国は国際経済に依存した経済戦略を選択しているために，経済的な変化によって生じるコストを国外に転嫁することができない。国内経済の規模が小さいがために，大胆に産業を再編成して変化を先取りすることもできない。しかしこれらの国々では，このような制約にもかかわらず，国家の目的を達成するために政治的な戦略を展開してきた。ヨーロッパの小国は，経済的に開放させられているという条件と，世界市場に依存しているという状況を国内の政治的な努力で補ってきた。これは様々な意味で，かなりの程度成功してきた。これらの国々では，多様なコーポラティズム的な取決を作りだし，変化に応じた柔軟な産業調整策と補償政策によって，開かれた国際経済体制を維持してきたのだ。

　ヨーロッパの小国は採用してきた戦略，発展させてきた国家の能力，国家と社会的アクターの結びつき方の点で，他の工業大国と異なっている。しかし同時にこれらの国々の間にも，それぞれの国家構造と行動のパターンに大きな違いが見られる。このような共通点と相違点の組み合わせが最も明確に見られるのがアルプスの国々である。

　オーストリアとスイスは，よく似ていると同時に相違点も大きいことから，国家に関する比較研究の興味深い対象となる。オーストリアは民主社会主義の，スイスは自由資本主義の好例を提供している。オーストリアの最大の政治勢力は労働運動であり，スイスでは経済界である。スイスでは国家の力は

制限されているが，オーストリアでは大きい。これらの相違にもかかわらず，両国とも小国で経済的にも豊かである。これらの小国は国際政治の動乱と国際経済からの圧力を受けやすいので，軍事的中立性と経済的競争力の維持が重要と考えられてきた。政治的・経済的な基準でみても，両国の合意に基づく政治体制は，過去30年間にわたってかなり成功してきたといえる。

　このような対照的なイメージが本稿の構成の骨組みである。第一に本稿は，国家を制度的な構造および支配の範囲と強度を持ったアクターと考える。この点では，オーストリアとスイスは大きく異なっている。第二に，国家は国家と社会を結びつけている政策ネットワーク（policy network）の一部を成すと考える。このネットワークは，国家の能力に思いがけない仕組みで影響を与える。国家は協調的に政治的調整が行われる時の包括的なシステムの一部であると考えられ，そうした国家の能力はスイスでは高められるが，オーストリアでは抑えられているように思われる。最後に，この二つの見方が妥当なことは，スイスとオーストリアの政策を概観すると分かるだろう。

　相違点と共通点の間のこうしたバランスは，オーストリアとスイスの歴史を織りなす様々な綾によって説明できるだろう。オーストリアの強い国家は，広大な帝国の政治的軍事的な必要性，工業化の遅れ，第二次世界大戦末の産業国有化などの結果として生まれてきた。スイスの弱い国家というのは，19世紀初頭以来ヨーロッパのパワー・ポリティクスから距離を置いた連邦制の遺産である。その他の理由として，早期に工業化したことと，1930年代に国家の経済への介入が進むものの，徹底した国有化までは至らなかったことが挙げられる。

　しかし国家の性格は，両国の歴史を織りなす第二の糸によっても形作られた。恐慌，ファシズム，戦争という1930，40年代の経験を契機にして，両国の政治指導者は主要政党，利益団体，国家官僚の協調的な政治体制を築くことになった。1950年代後半以降ますます自由貿易が拡大していき，国際経済での競争力を保持する必要性から，失われかけていた歴史的な記憶が日々再認識されることになった。オーストリアとスイスの協調的な政治的取決は，強いアクター（例えばオーストリア国家）による権力の一方的な行使を抑制し，逆にスイス国家のような弱いアクターの政治的能力を強めるように作用

する。

(2) アクターとしての国家

1. 歴史から見たオーストリアとスイス

　オーストリアとスイスは地理的には近いのに，歴史的な隔たりは大きい。この両国の間で，経済界，労働者，国家のあり方は非常に異なっている。

　そうした両国の経済界の違いは歴史的に説明できる。近代的工業化を達成するにあたって，両国の辿った経路は異なっていた。スイスの企業活動は，18世紀末から自由貿易を原則として外国市場に拡大していった。スイスは最初に工業化を行った国に数えられるが，若干の自然条件の面では恵まれていなかった。この国は重要な資源を欠き，農産物貿易は赤字だった。また海上交通から隔離されていた上に，ヨーロッパの鉄道・運河網からも19世紀後期まで比較的孤立していた。

　このような弱点は，繊維や時計などの高品質の製品を輸出し，それで食料や原材料を購入することによって克服された。国外への移住もなされ，それは人口増加によって生じる国内の稀少資源への圧力を弱め，輸出に貢献した。公的な政策ではなく企業家精神がスイスの工業化の主な推進力であった。19世紀末，保護貿易主義の広がりが重要な国外市場への脅威になると，スイスの企業活動は輸出から国外生産へと移行した。それ以降も，国際市場指向が揺らぐことは決してなかった。

　スイスとは違って，オーストリアの工業化は紆余曲折を辿った。企業は工業化が比較的遅れた経済の中で成熟していった。アレグサンダー・ガーシェンクロンは，20世紀初頭にようやく始まった経済成長を「失敗した力走」だったと述べている(Gerschenkron, 1977)。事実，ドイツ人居住地域とチェコ人居住地域（上下オーストリア，ボヘミア，モラヴィア）の工業化は，スイスに遅れること約60年後の1850，60年代に加速した。しかしこの高成長と低関税の時代においてさえ，オーストリアの産業界は経済成長を刺激するために世界市場の制覇を目指すような自由貿易政策は採らなかった。むしろオーストリアの経済界は，高い関税障壁に守られた帝国内の利益を利用する方を好んだ。東ヨーロッパは保護された広大な市場となり，オーストリアの産業

はこの市場を支配したのである。

　第一次世界大戦の終結とともにこの市場は失われ，続いて第二次世界大戦終了時には旧ソ連が拡張してきたために，この市場を復興することは不可能になった。そしてオーストリア経済は，巨大な資産と従来の取引相手を失った結果，弱体化していった。また1920年代，オーストリアの中産階級に課された負担のために，経済再生のための能力が損なわれた。1920年代初期，インフレーションによって中産階級は資産を失い，戦争末期に成立した賃貸料統制法が新しい資産の増加を阻んだ。1940，50年代には，国有化が非常に広範に行われた結果，オーストリアの公的経済は現在，OECD加盟国のうち最大となっている。1970年代に入っても，民間部門は依然として外国との自由競争に脅威を感じていた。

　オーストリアとスイスの労働運動も，それぞれの歴史的経緯のため非常に異なっている。ブルとガレンソンは，工業化を開始した時期によって労働運動の革新性や集権化の度合いといった性格が決定されるのだ，と論じている(Klingman, 1976)。スイスの分権的で改良主義的な労働運動は，このパターンにほぼ当てはまる。スイスの工業は大都市ではなく，安いエネルギーを供給する河川沿いに発展した。工業が集中していないために，労働者の組織化は進まなかったのである。

　更に急進的な政治活動へ向かうような動機も，比較的弱かった。19世紀を通じて，スイスの男性は普通選挙を享受し，直接民主主義のシステムに参加することで，彼らの住む地域を形成する機会を得ることができた。また文化的にみてスイス社会は，ヨーロッパで最も多様性に富む社会の一つだった。スイスの26の州（canton）は，まさに様々な宗教，言語，伝統のパッチワーク・キルトのようである。このような諸条件ゆえに，スイスの労働者が一つの急進的な労働運動に組織化されるのは不可能だったのだ。

　この点についてオーストリアとスイスは，大きくかけ離れていた。スイスとは全く正反対にオーストリアでは，歴史的な諸力によって労働運動は急進主義と中央集権化へと向かうようになった。同国のマルクス主義は工業化の開始が比較的遅れた社会に組み込まれ，強力な組織的結束と急進的な政治思想を発展させた。オーストリアの労働者階級は，ドイツ人居住地域，チェコ

人居住地域，ウィーン周辺の工業地帯に集中していた。労働運動は帝国が崩壊するまでは政治から除外されていたために，参政権の獲得や革命的な行動を通じて権力の配分を変えるといった問題を中心に組織されていた。そしてハプスブルグ帝国で労働運動を分裂させてきた民族上の障壁は，帝国が本来のドイツ人居住地域だけに縮小したときに消滅することになった。

第一共和国時代のオーストリアの社会主義陣営は，急進的な言説とプラグマティックな行動の両面を保ちつつ，保守陣営にとって強力な対抗勢力となった。しかし1934年の内戦時に，彼らは保守勢力とファシズム勢力によって壊滅させられてしまう。その後第二共和国になると，労働運動は革命的なレトリックを失い，ついに権力の座に十分適応してそれに完全に融合することになった。

歴史的経緯の違いは両国の国家形成にも非常に異なった影響を与えた。18世紀から19世紀にかけて，オーストリアの官僚はウィーンから広大な帝国を統治し，その結果，強大な国家が生まれた。こうした帝国の強大な官僚機構は，音ばかり大きく動かない機械にたとえられ，そうした見方は19世紀に次第に支持されるようになっていった。だが，この広大な多民族帝国を統治するため，国家が強大な制度として確立したのは事実である。ヨーロッパにおける勢力均衡という軍事的な必要性もあって，この地では強い国家が更に発展することになる。

他方で19世紀の旅人がスイスとの国境を越えると，そこには帝国ではなくベルンの弱い中央政府が統治する小さな国家があった。スイスは1850年までに，複数の州の緩やかな連合体の時代を経て，一つの連邦国家になった。しかし19世紀を通じて，スイスはいわゆる中央無政府と性格づけてもよいほど，国家権力は主に地方と州のレヴェルで行使された。ベルンでの政治動向はほとんど重要性をもたなかった。またスイスは永世中立国であり，民兵制を維持しているために，政治の中心に巨大な戦争遂行機関が発達することはなかった。

国家の強さの点で両国間の格差が最大になったのは，おそらく1914年である。しかしそれ以降，オーストリアは第一次世界大戦に敗北して帝国を失ってしまった。そして戦間期の動乱の時代から1955年までの間に，内戦，ファ

シズム，戦争，外国による占領を経験することになる。オーストリアの肥大化した官僚制は，1920年代に痛みを伴いながら縮小され，その後20年間にわたり，国家の役割は非正統化されていった。その結果，国家の能力の両国間での差は縮まったのである。

　20世紀のスイスの歴史は，オーストリアと比べると平穏無事に進行した。オーストリアは戦争，占領，貧困を経験したが，スイス国家は平和で完全な主権と繁栄を謳歌したのである。1930年代の恐慌の結果，スイスの中央政府はカルテル組織とコーポラティズム的な取決に直接関わることになった。またこのいわゆる民主主義の要塞にあって，政府は民主的な立法ではなく非常事態宣言によって統治することになった。しかし第二次世界大戦後のスイス政府は，景気のいかんにかかわらず経済への直接的な介入は行わなかった。また日本を除けば，公的財政に支えられた福祉国家になることを，スイスほど拒絶した先進工業国はない。

　これと対照的にオーストリアでは，福祉国家の基礎は帝国が瓦解していく中で固まっていった。オーストリアの福祉国家の基盤は第一次大戦の終わりに固められ，1920年代には社会主義勢力がウィーンから統治した。この実験は，保守勢力と社会主義勢力双方に対して，1945年以降に構築される現代の社会福祉国家のモデルを提示することになった。産業が最初ドイツに，ついでソビエトによって没収されたが，1955年までにすべて国有化された結果，この福祉国家は経済面で特に重要な役割を果たしたのである。

　オーストリアでは，国家以外にはどの機関もこの膨大な資産を獲得，管理することはできなかった。19世紀にオーストリアの中心だった王朝は，1945年以降は工業帝国にとって代わられた。ウィーンの大きなホフブルク宮殿の建物とベルンの控えめな国会議事堂は，帝国と民主的政治体制がオーストリアとスイスの国家に残した遺産を象徴的に表している。

　この歴史的遺産が，今日のスイスとオーストリアの政治に国家が果たしている役割の違いを説明している。二つの国家は制度的構造，範囲，強さの点で大きく異なっている。スイスの国家は分権的で活動の範囲が狭く，その力は弱い。オーストリアの国家は集権的で，活動範囲が広く強力である。

2．スイスの国家

スイスでは，憲法で定められた権力の分立が厳格に守られている。政治家は議員としてのキャリアを積んでゆくシステムの中で出世し，国会と行政部門の間で構成員がオーバーラップすることはない。オーストリアとは対照的に，連邦内閣の構成員が主要な利益団体に籍を置くことは禁止されている。その上地方分権制のために，スイスの国家の役割は政策の形成，実施の点で制限されている。

中央政府は政策の遂行にあたって，州と主要な利益団体を考慮に入れなければならない。少なくとも各方面から暗黙の了解を得なければ，国家の政策は選挙の際に敗北の憂き目にあうことになる。たとえ国会で議論百出の法案が可決されたとしても，国家の外部にある権力の中心が協調しなければ，それは効果的に執行されない。国家官僚の経済的資源や制度的能力は極めて小さいのである。オーストリアと違い，スイスの国家制度の分権性と限定された能力は注目に値する。

スイスが「中央無政府」と性格づけられるのも当然である（Beedham and Lee, 1969, p.v）[3]。この弱さからくる制約のために連邦内閣は，党派政治よりも行政効率の原則を重視する（Klöti, 1971; Baylis, 1980, pp.33-56）[4]。7人の内閣のメンバーから連邦の大統領が交代で選出されることも，指導者を政治的に目立たせず，カリスマ性を欠くものにしている。

内閣の非政治化をよく示すのは，次の二つの制度化された慣行である。政府の7人のメンバーが，各省庁の政治的に選出された長とならんで行政機関の首脳を兼務する。内閣のメンバーは，政治的議論についてそれぞれの立場を公にすることはなく，合意の上の決定事項について公然と批判することはない。イギリス風の内閣による共同責任は，ベルンでは逆の意味がある。秘密保持は，内閣政治の政党的というよりは行政的性格を表している。内閣政治への官僚の慣行や規範の侵食は，強力な官僚の存在よりも国家権力の弱体化を表している。連邦官僚制には公式に認められた昇進パターンと終身雇用の保障がなく，言語区分に基づくプロポルツ（比例代表）の規則に従う。スイスの官僚は，社会的経歴，学歴，物の見方などの点で，日本やイギリスの官僚ほど均質ではないために，結束力は強くない。

一般的に言って，スイスの政治エリート社会は緊密なのに，国家の官僚エリートの結束がそうでないのは驚きである。国家官僚主義の原則が全く存在しないために，官僚が利用できる資源と情報には限界がある。その代わりに行政部門は団体組織にかなり依存している。スイスの国民が，経済界の頂上団体が国を支配している，と主張するのも不思議ではない。スイス人はよく「チューリヒのフォアオルト（スイス商工業連盟）が，ベルンの政府のスイッチをいれる」という。

　スイス連邦の官僚制は3万2千人と比較的小さく，1945年以来の増加率も比較的低い（Kriesi, 1980, p.35）。[5] この小規模の官僚制を「国民軍」システムといわれる分散した行政機構が補っている。そして行政は，専門知識と行政能力を主に主要利益団体と有力者に依存している。行政は多くの仕事，とくに経済・社会問題については主要利益団体に委任しているので，「ギルドのような領地」の集合になる危険性がある（Meynaud, 1963, p.313）。[6] 例えば，1970年代には，行政に諮問するために設けられた234の「国会外」の委員会に，教育を受けた中・高級官僚四千人の一人に一つずつ，官庁にアドバイスを与える外部の「専門家」の席があった（Germann and Frutiger, 1980, pp.1-3）。[7]

　政府と官僚制の弱さはあらゆるところに反映している。連邦政府の政策手段はそれでなくとも限られている上に，国民の政治力によって制限されている。1977年と79年に政府が付加価値税を導入しようとした時，国民投票によって二度とも否決されたのは，この一例である。地方政府と比較した連邦政府の税収入の割合は，OECD諸国の中で最低である。OECDの平均が58％であるのに対し，スイスは29％である。その結果，政策遂行の時に，異なったレヴェルの政府間で複雑な交渉が行われる（OECD, 1978, p.90）。[8] この事実は，73カ国のサンプルの中で，スイスだけが経済への介入を最小限にとどめている，という政策手段の国際比較分析の結論と一致する（Berweger and Hoby, 1978, pp. 6-8）。[9]

　スイス国家の弱さは民間の銀行システムとの関係に反映している。ここでは銀行に対する政治的な監督権が弱く，スイス銀行委員会（Eidgenössische Bankenkommission）は政府から独立している。1970年代になってこの銀行委員会の権限はやや強化されたものの，600に及ぶ銀行への管理が制限されて

いることは，1977年のクレディ・スイスをめぐるスキャンダルや，1978年のバンク・ルクレールの閉鎖の事例が示すように明らかである。このような重大な事件にもかかわらず，銀行の運営に政治的な力が及ぶことはなかった。

あるチューリヒの役人が，銀行への監督権がいくらか強化された場合の政治的意味について，広く共有されている次のような意見を述べている。「そうですね。それで銀行が自由を失うということはありません。銀行の権限の及ぶ範囲にちょっと制限が加わるだけでしょう」（*New York Times,* 1979, p. D4）。銀行委員会は1982年，銀行が損失を吸収する目的でどの程度隠し準備金を利用しているかを，貸借対照表に公開しなければならないとした。しかし銀行関係者は，これをスイスに典型的な妥協の産物と見ている。「損失はもはや隠せないが，依然として隠し準備金を持つことができる，ということです」（*Wall Street Journal,* 1982, p.31）。いずれにしても公式にどんな監督権があったとしても，民間の銀行と国立銀行を結ぶ非公式の関係の方が重要である。

国の中央銀行が民間銀行だということは，先進工業国では珍しい。中央銀行はある程度の政治的コントロールのもとで運営され，利益の一部を州と民間の株主に配当の形で還元している。中央銀行の重役会は，銀行委員会（Bankausschuss）の監督下にある。この委員会は，銀行評議会（Banking Council）の管轄下にあって，10人のメンバーによって構成され，そのほとんどがチューリヒの銀行家である。銀行評議会は40人のメンバーからなり，うち25人は政府により任命されている。ある人に言わせればこの権力の中枢というのは，「一つの金融共同体であり，そこでは貸借対照表が5億フランを超える企業の社長が市民権を持っているのだ」（Steinberg, 1976, p.156）。スイスの銀行界の自律性は，スイスの国家が弱体であることを一般的に示す好例である。

3．オーストリアの国家

オーストリアの強力な国家は，スイスと対照的である。オーストリア第二共和制の強大な官僚制の伝統は，18世紀にマリア・テレジアと息子のヨーゼフ二世がハプスブルグ帝国の核となるドイツ地方を重商主義のもとに統一した頃に遡る。オーストリアの連邦制度は弱く，ウィーンがこの国の政治的中

心であることには異論がない。過去30年間，オーストリアの官僚制は拡大し続けた。福祉国家の規模を国民一人当たりの公務員の数で測れば，ヨーロッパでオーストリアが最大となる。公務員の年金が国民総所得に占める割合も，ヨーロッパで最大である(Wilensky, 1975, pp.10-11)。[13]オーストリアの官僚は，労働組合と経済界と政治的に緊密に関わり，スイスに比べて公共政策の形成と執行に幅広く関与している。少なくとも国民からみれば，国家官僚制は非常に強力な機関である。

オーストリアの官僚制の権力は，経済において国家の果たす役割が重要であることからも明らかである。国家は輸送，通信，電力，タバコ，塩といった独占企業，最大の商業銀行2行，最大の株式会社8社のうち7社を所有している。すべての株式会社について「1969年には，連邦政府は全発行株式の45％，地方政府が12％，国立の銀行が10％を所有していた。多国籍企業とオーストリアの民間企業の割合は，それぞれ13％だった」(Lacina, 1977, p.8)。[14]総工業労働人口のうち，国有企業が外国企業と同じ28％を占めている。民間企業は44％である (Grünwald, 1982, p.136)。[15]総労働力の約六分の一が，直接或いは間接に，連邦政府が所有する企業に雇用されている。公務員，警察，教員といった厳密な意味での公的セクターを加えると，オーストリア国民生産の約三分の一を占める (Hogg, 1980, p.8)。[16]

更に大企業についても，公的所有の果たす役割が大きい。オーストリア製鉄・製鋼業連合のような企業は，比較的小規模の民間企業の多いオーストリア経済では重要な役割を果たしている。それは企業の総生産額，輸出，従業員数のどの指標をとっても同じである (Lacina, 1978, pp.143-54; Manfred Drenning, 1974; Bornschier, 1976, p.206)。[17]大企業上位50社のうち，国営企業が三分の二以上を占め，民間企業が10％程度，外国企業が約15％を占めている。また，オーストリアの工業総生産の半分以上が，大企業上位50社によるものである。

政府は工業部門のほか，商業銀行の上位4行，保険会社上位2社を所有し，更に他の多くの金融機関をも所有している。銀行は数多くの子会社を直接所有するか，間接に管理下に置くので，政府は経済の大きな部分を間接的に支配することになる。銀行がどれだけ産業を所有し支配しているかを計算する

のが,オーストリアでは人々の暇つぶしになっている。オーストリアの国有銀行は,全株式会社の額面資本金の10％を所有している。また,銀行の子会社の従業員は6万人に上る。加えて国有銀行は,所有に至らないまでも様々な手段を使うことができる。厳密に計算するのは難しいが,結果として国家の経済に及ぼす絶対的影響力は高まっている (Socher, 1964, pp. 393-400; Hogg, 1980, p. 8)。[18]

オーストリアとスイスでは,それぞれ固有の歴史が今日の国家,経済界,労働界を形作ってきた。スイスの国家は比較的分権化し弱体であるのに対し,経済界は強力で国際競争力をつけている。労働界は分裂していて,その力は比較的制限されている。オーストリアでは国家は集権化されて強いが,経済界は比較的弱く国内を指向している。労働運動は統一されていて,強大である。このような歴史的な違いの結果,公的権力と私的権力のバランスはオーストリアでは国家に,スイスでは社会に大幅に傾いている。

(3) 政策ネットワークの一部としての国家

1. 社会的パートナーシップの実現

歴史はオーストリアとスイスを近づける一方,地理は両国を遠ざけている。20世紀の歴史によって両国は政治的に近づけられ,その収斂によって国家・社会関係は深い影響を受けることになった。

オーストリアとスイスは1930,40年代の恐慌,ファシズム,第二次世界大戦といった政治的経験を辿って変貌を遂げた。オーストリアではドイツの強制収容所,政治亡命,外国による占領といった共通の記憶のために,1934年に内戦にまで発展した国内の対立の溝が埋められた。オーストリアの政治指導者は,敵対的な世界に直面した自国の脆弱な立場をよく自覚して,階級の狭い利益でなく,広い国家利益を考えるようになった。1945年から1966年にかけて政権の座にあったカトリックと社会主義の連立政府は,政治的安定のシンボルでもあり保証人でもあった。

スイスでは1937年,政府の圧力の下で金属労働者組合と経営側との交渉を通じて「和平協定」が結ばれた。その結果,労使紛争が激化する危険性がなくなった。この協定はやがて,その後の労使関係の一般的なモデルとなった。

1948年には憲法が改正され，政府が利益団体と意見交換をする義務が定められた。また，スイスの行政府に社会民主党が永久的に参加することが1950年代に決まり，スイスの「投票民主主義」から「交渉民主主義」への転換が完成した（Neidhart, 1970, pp. 313-19）。このような一連の変化の結果，戦後，両国とも合意に基づく政治が一般的になった。オーストリアとスイスのどちらも，この協調的な政治的取決を社会的パートナーシップと呼んでいる。これは，オーストリアとスイスの指導者がかすかに記憶している，政治的に組織された過去の階級闘争とは対照的である。
　この社会的パートナーシップが，1930～40年代の記憶が薄れていくにもかかわらず再現したのはなぜか。なぜ第一世代の政治指導者が学んだ教訓を，第二世代は拒否しないのだろうか。この理由は他でも述べたように，自由な国際経済が開放度を高めるにつれて，ヨーロッパの小国の政治体制にかかる圧力が増すからである。
　世界経済に開かれていて，しかもそれに依存しているという点で，スイスとオーストリアはヨーロッパの他の豊かな小国と似ている。これらの国は国内の市場が小さいために，世界市場の変化に依存するようになる。市場の大きな工業国と比べて，ヨーロッパの小国にとってこの依存度は，次の二つの理由から大きくなる。第一に市場が小さいため，現代の経済が機能するのに必要ないくつかの産業が，規模の経済を達成することができない。したがってヨーロッパの小国は広範囲にわたって，工業大国なら自国で生産するような製品を輸入しなければならない。
　第二にスイスとオーストリアは国内市場が小さいため，輸出市場に特化した規模の経済を追求せざるをえない。1970年代の半ばには国民総生産に占める輸出の割合は，大きな工業国のほぼ2倍だった。両国は輸入に依存し輸出をしなければならないため，経済は国家の政策ではなく，国外市場に対応して変化する(Sieber, 1981, pp.156-59; Katzenstein, 1984, chaps. 5 and 6)。
　国際経済の中でオーストリアとスイスの弱い立場は，日々の経験によって再確認される。国際競争は厳しくなってきているので，国内における対立，特に経済と社会政策の問題に関わる対立を抑えることで得られる利益は大きい。両国とも年間に起こるストライキの数は非常に少なく，ストライキによ

る損失労働時間は秒単位で数えられるほどである。経済界，労働組合，政府，消費者の誰もが，国内対立をストライキによって解決するのはコストが大きすぎる，という点で意見が一致している。両国経済は非常に開放的であるため，指導者たちは自分たちでは完全に掌握しきれない動向に左右されるという感覚を失っていない。国際経済とのつながりが，国内政治上の政治的協力体制が継続するための要件である。

　この協調体制ゆえに，オーストリアとスイスでは国家と社会の間に深い相互浸透が生まれた。バラバラになりがちな個々の政治アクターを緊密な政治的諸関係の中で結びつけていくことが協力の本質である。そしてそのためには政治アクター間の力の格差を狭める必要がある。

　これは自然な過程の結果ではない。むしろアクターの勢力が拮抗して勝敗を決めることができないことからそうなるように見える。政治指導者たちは外部から社会にかかるプレッシャーを十分に認識しているために，政治環境を予測可能なものにしようとして妥協するのである。力の差を狭めようとすると，後に述べるように国家と社会の間の関係に影響を与える。それは，オーストリアでは国家の力を弱め，スイスでは国家の力を拡大するのである。

2．オーストリア

　オーストリアの国家の力は制限されている。オーストリアのコーポラティズム的取決においては，二大政党が大きな役割を果たすために，官僚は受動的になり，国家の力は弱くなる。「経済的な意思決定を行う主要なアクターが関わる問題は，権力とイデオロギーの上での支配力を獲得する重大な機会を与えられるので，政党と国民の重要な関心の的となる。」[22] しかし保守の国民党（OVP）と社会党（SPO）は，経済における公的セクターの役割について意見を異にしてきた。その結果，官僚や経済的パートナーが経済を政治的に管理できたかもしれないが，公的セクターの規模が大きいため，それも十分にはできなかった。

　国民党は公共セクターを小さくし，経営を「経済的」原理に合致させるのがよい，と従来から考えていた。他方社会党の指導者は，計画経済と市場経済は相互補完的である，とつねに主張した。そして国有セクターは単に自己

の利益だけでなく，その経済戦略が経済全体（特に労働市場）にどのような影響を与えるのか，をも考慮すべきであるとした。オーストリアの二大政党が経済権力の目的について違った立場をとるために，国家が経済に積極的に介入するにしろ，国内市場での競争を活性化するにしろ，十分には行われない。どのように政党が国家権力を弱めているかは，国有産業と国有銀行への政党の関与と，産業政策の諸制度をみることで理解できよう。

　国有産業は強大な権力基盤の源泉であるため，合意に基づくと言われるこの国の政治環境の中でも，政党対立の原因になる。過去30年間，オーストリアの公的経済の政治的コントロールは総選挙によって決定されてきた。1966年以前では，政治的コントロールは省庁の権限の再編成に反映し，二大政党間の連立交渉による合意事項となった。1966年以降には，1966年と1970年に国民党と社会党が各々選挙で勝利を収めた後，それは国有企業の経営の再編成に反映された。そして戦後を通じてプロポルツの力は，国有企業の幹部と中間管理職を政治的に配置することで行使された。事実，プロポルツ・システムは，国有セクターに対して1956年に法的な強制力を持つようになった。

　同じ経済セクターにある企業でも，「クロ」あるいは「アカ」と区別される傾向があった。例えば1960年代の調査によると，89人の役員と会長のうち無党派は二人だけだった（Gaspari and Millendorfer, 1973, p. 117）[23]。政党による経済権力の地位の分配が明確であるために，計算は容易である。1960年代では，オーストリアの国有産業のうち国民党に支配されている企業の従業員は6万7千人，社会党の企業は5万3千人だった（Smekal, 1963, p.55）[24]。

　しかし政治的権力は企業間だけでなく，企業の中でも分配されて均等化される。1960年代の半ば，オーストリア統一鉄鋼工場（VOEST）は「アカ」の力の砦とみなされていた。しかし経営陣トップ6人のうちの3人，つまり会長，常務，二人の取締役の一人を保守の国民党が占めていた。1966年から次第に一党支配の政府に移行するのにともない，1960年代後半から70年代初めにかけて，国有企業内部での再編が行われ，70年代を通じて社会党の力が徐々に強まった。その結果，上に述べたような経済活動の明確な政治化は減少してきた。しかしながらこの非政治化が，1966年にある高級官僚が予想したように「相手方の追い出しを意味する」[25]かどうかは明らかではない。

国有企業の持ち株会社（OIAG）は，1970年代初めに社会党によって設立され，1956年に法制化されたプロポルツの基本原理を維持している。ただしこの原理は，OIAG の行動を規定する会社法によって成文化されているわけではない。例えばこの会社の監督権のある理事会は，年次の株主総会では選ばれない。かわりに政党が15人のメンバーを，国会での勢力の配分によって任命し，3人は政府が指名する。この取決によって，国民党の利益は十分に代表される一方，社会党の事実上の多数派が保証される。

　1970年代には，国有企業持ち株会社の管理下にある国有企業の理事会に136の役職があったが，そのうち61を国民党が占めていた。10の会長職のうち5つと，37の役員職のうち18は，国民党に近い人々が占めている。実質的に残りのすべての役職は，社会党の支配下にある。「政治的に任命されたマネージャーは，実際にインフォーマルなクラブのような政党の下位組織に属しているが，それぞれの政党に対する忠誠心は様々である」（Andrlik, 1982, pp. 12-13）。クライスキー首相と彼の後継者は，オーストリアの協調的な政治取決の組織が引き続き有効であることを重ねて強調してきた。

　オーストリアの国家官僚制の弱さは，官僚が重要な役割を演じる分野である国有企業で明確に見られる。現実には中央政府の産業への介入は，非常に限定されている。国有企業は雇用の安定と投資に貢献しているが，直接的な政治介入には激しく抵抗し，利潤追求を原則に企業活動を行っている。政府が自由にできる管理手段は多くないのである。1946年7月26日と1947年3月26日にそれぞれ可決された国有化法によって，関係企業の株式は第二共和国の手に渡った。それ以来，「国家が影響力を行使できる唯一の方法は，株主としての権利行使だけである」（OECD, 1971, p.66）。

　戦後まもない1949年，オーストリア政府は体系的な経済計画の実施を断念した。また同年は，公共セクターの組織が分裂し始めた年でもあった。国有企業と国有銀行は，いくつかの省庁の権限下に置かれた。第一次国有化法で定められた統一的な経済政策のアプローチは廃止されることになった（Hollerer, 1974, p. 2; Rusinow, 1966, p. 5; Zimmerman, 1964, p. 78）。国家の力は，その後も引き続き弱められていった。例えば1950，60年代を通じて，石油産業の組織は様々な政府省庁と結びついていたために，垂直的に統合さ

れることはなかった。

　つい最近まで国有企業は独立採算だった。オーストリアの国有企業は私企業と法律上は同じ立場にあるために，特別な経営者団体も団体交渉のメカニズムもなかった。利益のうちどれだけを再投資し，政府に配当金を支払うかを決定するのは，政府ではなく国有企業の経営者である。国有企業の雇用と投資の調整による反循環政策は，1962年や1970年代のプログラムが示すように，簡単な行政命令や官僚の権限だけでは達成できなかった。このような景気政策が成功するには，政府と国有企業間の微妙な交渉に大臣が関与し，政党からの支持を取りつけることが必要となる。公企業の組織が分裂していることと政府のコントロールが及ばないことは，国民党と社会党双方にはっきりと認識されていた。それは1966年と1970年に両党がそれぞれ政権をとった時に，公企業の再編成を試みたことからも分かる。

　1960年代後半，国民党が中央の国有持ち株会社を設立して組織を統一しようとしたが，その持ち株会社であるオーストリア産業会社（Austrian Industrial Corporation）のコントロールは個々の企業に対してほとんど及ばなかった。1970年代初め，社会党はOIGを信託会社から株式会社のOIAGに転換し，本社の権限を少し強化した。しかし社会党も，政府の持つ限定された公的管理の拡大は拒否した。オーストリアの国有産業は，「国有化と国家資本主義の性格を持っているが，社会化の性格はほとんどない……良くも悪くも，所有者としての国家の役割は，おおかた消極的なものである」(Rusinow, 1966, pp.11-12)。[29]

　政党による官僚の弱体化は，オーストリアの国有銀行と官僚との関係でも明らかである(*Euromoney,* 1979; Socher, 1964, pp. 381, 385-88, 437-39, 444-46, 451, 454)。[30] 銀行は戦後の大部分の時期を通じて，政府および官僚と一定の距離を保つ一方，管理下にある産業帝国を市場の論理で管理した。銀行の政治的自立には，1956年から1959年にかけての部分的な再民営化，1960年代と70年代における政府の借入金の必要性，銀行の強固な資本基盤が貢献した。大蔵省には金融機関を統括する法律を管轄する強大な権限がある。しかしながら実際には，いくつかの金融機関の団体に政府から権限が付与されている。

更に1949年から1970年にかけて，保守の国民党が大蔵省を継続的に掌握した。国民党は政府の財政介入手段をこれ以上増やそうとはしなかった。1970年以降，社会党も金融関係のトップの役職を国民党が多く占めているのを認めていた。社会党は，国民党が持つ国有銀行での影響力をすぐにでもなくしたい，とは思わなかった。「オーストリアの社会党は，国有銀行を経営するために国民党が必要であることを認めている」(Hogg, 1980, p. 3)[31]。

オーストリアの国有銀行は経済的に重要であるにもかかわらず，国有産業のように政治的な取引の対象になることはなかった。それでもオーストリアのプロポルツ・システムがここでも機能した。戦後，最大の国有銀行のクレディット・アンシュタルトは「クロ」で，二位のレンダーバンクは「アカ」である。1981年の春，レンダーバンクの役員は，不良債務の増大のために解雇された。だが経済界と労働組合つまりクロとアカが平等に代表を送る，という原則は遵守された。議会で国民党の経済問題担当のスポークスマンを務めたのはコーレン教授だったが，彼が中央銀行総裁に就任したこともまた，1970年代に経済的パートナーによって政治的権力が共有されていたことを示している。

オーストリア国立銀行の役割に関して1960年代半ばに詳細な研究がなされたが，それは次のように結論づけている。「実際，オーストリアの国立銀行は政府よりも，二大政党と主要な利益団体に大きく依存している」(Socher, 1964, p.372)[32]。オーストリアの民主的コーポラティズムは，政治的対立を消滅させるのではなく，それを「飼い馴らす」ように働く。このコーポラティズムの精神を次のように性格づける分析がある。「原則として国立銀行は独立しているが，実際にはいつも大蔵省と一致して活動する。あるいは，大蔵省がいつも国立銀行に合わせているとさえいえるかもしれないが，現実には誰もそうとは言わない。というのも，たとえ両方が公然と争っても，完全なパートナーとして行動しているように見えるからである」(*Euromoney*, 1979, p. 9)[33]。

国家権力への共同参加と政党による国家権力の弱体化は，積極的な産業政策を行うために制度機構を設立しようとする社会党の試みによく現れている (*Jahrbuch der österreichischen Wirtschaft 1976/1*, 1977, pp. 30-34)[34]。1960

年代後半，オーストリアの官僚制には組織的な弱さがあり，一貫性のある政策を行う際の障害となっていた。そこで通商産業省が再編され，特定の産業部門を扱う部局を加えて，一部の官僚にはトレーニングを施した。1968年から70年にかけて，伝統的な産業構造を革新し改善するために，オーストリア政府は六つの異なる政策を導入した。しかしながら，そのうち具体的な政策措置がとられたのは，産業研究推進基金と特許推進のためのワーキング・グループの二つだけだった。更に新しいセクター別のデータが集められ，1973年以降，定期的に公表された。

　完全雇用を守るために1970年代に行った，限られた金融支援以上の政策をとることに国有銀行が消極的だったので，政府は積極的な産業政策のために新しい組織を創設した。しかしこの政策の限界は明らかだった。1976年に産業協議会が新設され首相が率いることになったが，国民党が危惧したような集権的な計画機関にはならなかった。かわりにこの協議会は，重要な産業セクターに関する詳細な討議資料をまとめる審議会の一つになった。更に協議会は，経済界が忌避していた産業集中化の政策を推し進めるのではなく，中小企業間の協力関係の強化を促進した。社会党の政治的なパートナーは大企業であることが多いために，このような政策はむしろ中小企業の優遇を進める野党国民党の政治基盤を強めることになった。要するにこの協議会は，産業構造の転換を意図する政府官僚の手段ではなく，オーストリアの協調的な政治構造を補強するための制度的柱として当初から機能したのだ。

3．スイス

　スイスの場合には，権力の差を縮めるということは，国家の力を他の政治アクターのように高めることである。スイスの政府と官僚を無力と見なすことは誤りである。政府は連邦議会に対して情報を提供して指導する。議会は，権限と地位のどちらの点でも政府よりは劣っている。更によく組織された利益団体に対する政府の弱さは，強さの源泉でもある。私的セクターの力が大きいために，グループ間の対立や分裂は避けられない。その結果，政府は幅広い裁量権を持ち，様々な対立関係の中で仲介者の役割を果たす。政府は議論の土俵となる機関をうまく選び，政策過程をタイミングよくコントロール

しながら政策に重要な影響を与えている。そして少なくとも数の点で，連邦官僚と州が，議会の審議前に行われる極めて重要な合意過程を支配している。

国家の力はスイスの国民生活にも現れている。日本と同じように，経済と安全保障の問題は密接に結びついている。例えばこの二つの政策分野が相互に関連しているために，スイス国家は農業政策の分野で意外な強さと断固たる立場を示す政策を採用してきた (Bloomfield, 1981, pp. 181-82, 194, 221, 235, 242, 249-50, 257)。[35] 農業の自給率の向上は，スイスが第二次世界大戦中に学んだ重要な教訓の一つだった。

1939年の時点でスイスのパンと穀物の自給率は消費の30％，果物と野菜の国内生産は無に等しかった。1975年には，スイスで消費されるパンと穀物の70％と野菜の40％が国内で生産されるようになった。肉と芋類は自給自足が達成されている。この自給体制の際だった変化は，意図的かつ一貫した政策の結果である。スイスは5年ごとに，生産される農産物の種類と量を決める生産計画を立てている。

自給率向上を目指す政策は，農業関連の貿易政策にも影響を及ぼした。スイスが1966年にGATT（関税・貿易に関する一般協定）への参加を決めた際の条件は，自由貿易の原則から農業部門を除外することだった。これはGATTの歴史でも珍しいことだった。自給率を上げようとした結果，恒常的に酪農製品が供給過剰になり，（農薬の使用量と未処理の下水が増加したために）長期にわたる環境汚染の恐れが出てきた。そのため1970年代の後期には，一エーカーで飼育される牛の頭数に制限が定められた。このように自給政策によって生じた意図しない結果に対処するために，スイスの「強い国家」が更に行動を起こすことになった。

> 「短期的な要素コストを強調する自由主義経済の価値観が，伝統的な自然資源の管理者の倫理にとって代わると同時に，政府の介入が将来を守るためにますます拡大している……スイスという国が行動できる，しかもスイス国民がひどく嫌うと明言するような強制と介入のレヴェルでの，政策の選択肢があった」(Bloomfield, 1981, pp. 225, 232)。[36]

スイス国家は広範な政治的合意に支えられている。その背景にあるイデオロギーは，個人の自由を共同体の集団主義に対抗させるというよりもその一

部である，として擁護する．その結果，スイスの国家は，見過ごされがちな強さに，危機的な状況の下で訴えることができる（Barber, 1974）。[37]

この構図は他の政策分野でも確認できる。例えばオーストリアとは対照的に，スイスの輸入品に対する低率の関税の一部は，万一の戦争に備えた広範な経済プログラムを賄うために課される税金として徴収される。これは核攻撃から人口の90％を守ろうという市民防衛プログラムの一部である。安全保障や国益といった，スイスの死活に関わる防衛や財政などの問題については，他の社会・経済問題で普通行われている協調的協議といった面倒な過程を経ることは少ない。

スイスの軍備が常に整備されていることを示す好例は，第二次大戦後30年を経ても，連邦官僚の約半数が国防省に属していることである。1970年代後半には，政府の二大諜報機関は，同一の人物の指揮下にあって，その人物は私的にも同じような組織の長であることが，最近の諜報関係のスキャンダルで明らかになった。1981年5月，イギリスの女王がスイスを訪問した時，イギリスのジャーナリストはスイスの厳重な警護に驚き，中には独裁体制に似ているとまで言う者もいた（*Jahrbuch der österreichischen Wirtschaft 1976/1,* 1977, p. 110; Urio, 1975, p. 319; Kriesi, 1980, p. 36; *New York Times,* 1981, p. 13）。[38]

外国人労働者の問題も国家権力の役割を高め，しばしば見過ごされる強力な国家の存在を反映している。スイスの外国人嫌いはコスモポリタンな周辺部でなく，アルプス山中の州の偏狭さと共鳴している。1930年代には外国の影響の拡大に対する恐れが強まったが，これは決してスイス国内で強くはならなかったとはいえ，他国でのファシスト運動と歴史的政治的に同質の現象だった。今日でも効力を持つ制限的な移民法は1930年代に遡る。スイスの連邦外国人警察は，違法滞在の外国人の発見に有能で，あらゆるところにいる。警察は州の労働市場の関係当局と緊密に連絡を取り合い，国家権力の目に見えるシンボルとなっている。

スイスが維持してきた制限的な移民政策にもかかわらず，外国人労働者は急激に増加してきた。1970年代の終わりには，スイスの外国人の半数以上が正式の12年間の居住許可証を保持したが，1951年以降，市民権が得られたの

は10％にも満たない。1975年の時点で帰化した外国人は1万人で，これは外国人労働者の約1％である。そして最終的に1970年代に導入された非常に制限的な移民政策によって，国家の役割は強化された。この政策は割当制によるもので，州でなく連邦政府によって管理されている（Thränhardt, 1975, pp. 68-69; Hans-Joachim Hoffman-Nowotny and Killias, 1979, pp. 49, 54, 55-58, 61)。[39]

　対外経済政策の分野でも，経済界，労働組合，政府の関係が緊密なので，国家の力が強まった。他のヨーロッパの小国や大きな先進工業国と比べた場合でも，特に経済界と政府の間の緊密な関係はユニークである。この関係は，制度化された団体と非公式な個人的な話し合いを通じて成り立っている。貿易開発事務所や旧ソ連，イラン，サウジアラビアとの経済関係を組織する「混合」貿易委員会などの準公的機関は，経済界と政府が協力して経済政策を執行する場を提供している。スイスの経済界が国際貿易の交渉に直接代表を参加させるのは慣行となっている。更に対外貿易協議委員会において，連邦内閣は重要な貿易問題について協議するよう義務づけられている。ここでは主要な利益団体を代表する30人から40人のメンバーが，多数決ではなく全員が合意，妥協をはかるべく議論を積み重ねる。

　1973年以来，スイスの輸出が困難な状況に直面することになったため，1975年に対外経済諮問委員会がこの協議委員会を補強すべく設立された。この諮問委員会は更に限られたエリートによって構成され，スイスの輸出産業の主要なスポークスマンとなっている。1975年と1976年には，協議委員会ではなくこの諮問委員会が，輸出部門を強化する目的で一連の政策を打ち出した。真の権力の中心である経済交渉常任経済代表団は，協議委員会や諮問委員会よりも閉鎖的である。

　この機関の権限には，法律的な裏付けはない。参加者は限定されてはいないが，それは政府の主要閣僚，幹部官僚，四つの利益団体のリーダーと，議題に応じて招かれる少数の人々に限られる。特定の会合には，所属の組織でなく個人として呼ばれる。議事録は取られない。ここがすべての中心である。国家の主催の下でこの小さなグループが，スイスが国際経済で直面する重要な問題について政策決定を行っている（Katzenstein, 1980, pp. 100-103)。[40]

スイスの政治問題の解決策がこのように限られた排他的なグループによって決定されるやり方は，直接民主主義の制度によって挑戦を受けることもあった。例えば1976年，スイスが国際機関に更に関与してゆくことに懐疑的な伝統的保守陣営と，国際金融機関に反対する新左翼の支持者が，国民投票で協力することになった。国際開発機構への借款供与を認める法案は連邦議会の両院で可決されたものの，国民投票で否決されてしまった。

　だが一般的にみて国民がこのような堅固な権力構造に介入するのは，対外経済政策では極めてまれである。1920年から1974年までの間で，政府が国民投票にかけねばならなかった対外経済政策は8件あったが，そのうち7件までが可決されている。逆に，市民が政府に反対して14の提案を提出して可決されたのは，一つだけである（Keel, 1975, p. 313）。

　したがって通常，頂上団体，国家官僚，政府の間の密接な協調関係は，対外経済政策の分野では国民によって挑戦されることはない。「一般的に言って，対外経済政策の政策決定と，国内問題の政策決定とは異なっている。集権的で寡占的な対外経済政策の形成過程の持つ効率性，柔軟性，スピードは，国際経済の変化の早さに適っている。保守的でプラグマティックな，時間を要する共同の意思決定は，民主主義と正統性に適合しているのだ」(Jäggi and Sieber, 1980, p. 46)。

　アメリカと同様に分散的なスイス国家の権力に課せられている厳しい制限は，それ自体が特に経済的危機の際には，根本的な政治的強さともなる。スイス憲法は「常時，その権威の内容や定義を書き換えている，一種の実用的な信念である」（Kramer, 1980, p. 140）。1874年に憲法が改正されて以来，国民投票によって90の修正案が可決された。危機の際に民主的な慣行を無視するのは，歴史的に先例がある。例えば，1919年から1939年の間，連邦の法令の半数は憲法上の緊急条例として発令されたために，国民のコントロールが及ばなかった。こうした法案の60％は，1930年から38年にかけて可決されている。これとは対照的に1950，60年代には，政治過程は長い複雑な交渉と非公式な合意のプロセスをとるのが常だった。1964年のインフレ対策は危機的な雰囲気の中，一週間で立案，議論，導入されたが，これは特筆すべき例外だったのだ（Müller, 1977, p. 8; Schumann, 1971, pp. 175-78）。

しかし1970年の初頭から，この例外がほぼ通常のパターンになった。例えば変動相場制の導入に伴い，71年に通貨防衛の緊急法令が出された。これによって連邦議会と中央銀行が大幅な裁量権を持つようになり，その後70年代を通じてこれが常態となった。更に強力なインフレ対策(1972年)，地域計画政策（1972年），財政政策（1975年），失業保険計画（1975年から76年）などは，ますます緊急法令に依存して統治が行われていることを示す好例である。

　1961年から76年にかけて，政府は九つの超法規的緊急法令を発令し，そのすべてが義務的な国民投票によって承認された。1949年から1970年までに発令されたそうした法令は，たった3件だけだった。同様に1971年から76年までに，政府は憲法で規定された15の緊急法令を発令した。これは可決された全法律の約10％，重要な政治案件の15％にあたるが，いずれも憲法で規定されたオプショナルな国民投票で否定されることはなかった。1949年から1970年まで，このように発令された法令は7件だけだった（Müller, 1977, pp. 12, 15; Kriesi, 1980, p. 138）。[45]

　統計によれば1970年代，こうした二つの様式による法令の数は，年間それぞれ11％と8％ずつ増加した。緊急法令による統治形態は，政策過程への参加者のみならず彼らの介入の機会を減らすので，国家の力が増強される。しかし，1945年以来発展してきた協調的な政策形成過程があるために，この傾向が1970年代，1930年代の危機状況のパターンにまで戻ることはなかった。

　スイスの合意に基づく政治は，弱い国家の力を国家以外のアクターとの関係において強める。政治的協力が成功するためには，力の格差の縮小が欠かせないが，これは集団的な代表制と自己規律を通じて実現される。合意による政治を通じて，オーストリアでは強い国家の力が抑えられ，スイスでは弱い国家の力が強められる。協調関係が国家に与える影響は，システムによって同一ではない。スイスとオーストリアのような国際経済に開かれた経済は脆弱性が原因となり，協調的な取決は国民の利益という広い概念の下に，対立する階級の利益を再統合するメカニズムとなっている。このような包括的な政治上の取決は，力の格差の縮小を可能にしてスイスとオーストリアの国家の性格にそれぞれ違った影響を与えている。

　1930年代の経験から，オーストリアの国民は国家の権力を，二大政党のう

ち一党だけに与えるような政治体制に強い警戒感を持つようになった。同じように危機的な10年間の歴史の結果，スイスでは直接民主主義体制を変える恐れがあるほど大きい権力を非常時に国家が持つようになった。1930年代の記憶は薄れたが，協力体制を生み出した制度的仕組みは両国において独自に発展し続けた。国際競争力を保つために，国家，経済界，労働を一つの政策ネットワークにつなげる政治的取決が受け入れられる。この様々なアクター間の複数のつながりは，オーストリアでは国家の力を弱め，スイスではそれを増強する。国家の力の問題に関しては，今日の政治的諸関係はその歴史的起源とは関係がなくなっている。

(4) 政策への帰結

オーストリアとスイスの国家の力は，相違点と類似点をあわせ持つ歴史的経過を辿って形成されてきた。この両国がそれぞれ民主社会主義と自由資本主義を発展させるようになったのは，両国の相違が原因となっている。ほぼ均衡した力量を持つアクター間の関係から政治的協調関係が生まれてきたのは，両国に類似した理由からである。このような両国における政治展開の結果は，過去数10年間に採られた経済，社会政策にみることができる。

スイスは常に自由貿易政策を採用して多額の国外投資を行い，外国人労働者を多数雇用してきた。また政府の財政支出を制限し，社会福祉システムは私的セクターが構築し，一般的には市場指向的な経済政策を実行している。これとは対照的にオーストリアは自由貿易の遂行には慎重で，国内での投資活動は国家からの補助を受けている。更に完全雇用を追求するために，積極的な労働市場政策を採ってきた。政府支出は大規模で，社会福祉システムに公的資金が潤沢に投入されている。賃金と物価を規制している所得政策は，労働組合と経済界双方の合意の下に導入される。

このような政策の違いから，オーストリアの国家は積極的であり，スイスの政府は消極的であることが分かる。国家の積極性は，オーストリアの政治において労働運動が中心的役割を果たしていることを示す。スイス国家の消極性は，経済界が政治の中心に位置していることを表している。どちらの国においても，政治の舞台で国家が果たす役割をめぐって深刻な政治的緊張関

係は存在しない。

協調的な政治体制が機能するためには，政治的アクター間の力が比較的均衡していなければならない。このためにオーストリアでは強い国家が抑えられ，反対にスイスでは，特別な状況の下で国家の積極性が促進される。両国における国家活動の第一の課題は，経済発展と再分配にあるのではなく，外圧に対応して作り出した協調的取決を正統化することである。

社会的再分配については，スイスとオーストリアの経験はむしろ似通っている。他の先進工業国にも言えることだが，そう判断できる確固たるデータはない。しかし現在手に入る証拠によれば，そう判断してよいだろう。スイスの場合，この事実は別に驚くことではない。スイスはビジネスの砦であり，国民は直接民主制を通じて個人の自由と財産を精力的に擁護している。労働組合と社会民主主義といった左翼陣営は，現状維持を支持する強力な政治連合に対して攻勢に出られなかった。その結果，社会的再分配は，スイス国家によって真剣に議論されたり，政策が採られる問題ではない。

オーストリアでは1945年以来，左翼が政治的力量をつけたにもかかわらず，社会的再分配の問題が顕在化しなかったのは驚くべきことである。オーストリアの労働運動は社会民主主義の目的を，再分配をめぐる闘争ではなく，経済成長の戦略を通じて達成しようとした。そして1960年代の終わりから1970年代初めにかけて，労働側は労働分配率でかなりの譲歩をした。このことは，OECDのエコノミック・サーベイでもしばしば取り上げられ，景気が長期にわたって上昇している工業国としては，「珍しい動向」といわれた（OECD, 1971, p. 11）。[46]

1974, 75年には，オーストリアの経済学者が予想しなかったような不況を経験して，大幅に賃金が上昇したが，1978年から80年にかけて労働分配率が大幅に低下したために，それは相殺されてしまった。雇用構造の変化を考慮に入れても，10年にわたる社会党の支配によっては，国民総所得に占める賃金の割合は変わっていない（Hankel, 1981, pp. 56, 69）。[47]

更にオーストリアの経済成長政策は，不平等な所得と富の分配を放置した。むしろ経済成長促進政策によって不平等をいっそう強めることになったが，それは労働運動が少なくとも原則として解決しようとした課題のはずである

(Suppanz, 1980)⁽⁴⁸⁾。労働運動のリーダーは，政策要求やイデオロギー論争で社会的平等の達成を強調するのではなく，政治体制の最高のレヴェルに自ら位置し，オーストリアの世界経済の中における政治戦略に最も重要な経済・社会政策の分野に関わった。

　スイスとオーストリアは，世界経済で同じような位置を占めている。そして両国の経済構造は，国家主導ではなく国際市場に対応して変化する。オーストリアでは労働組合と政治的左翼の地位が重いので，社会的再配分の問題はスイスに比べて重要である。スイスでは，経済界と保守層が再分配の可能性を妨げるからである。ところがオーストリアでは経済効率を優先し，政治的に「右」と「左」のバランスを維持しようとするために，国家の介入は著しく制限される。逆にスイスでは，社会的合意を維持するために国家は，効率的な市場による解決から逸脱して経済と社会に介入することがある。

　本論文は，次の三点について論じてきた。第一に，オーストリアとスイスでは18世紀以来の歴史の違いから，経済界，労働運動，国家構造がそれぞれ異なってきた。オーストリアの国家は比較的強く，集権的で活動の範囲が広い。スイスの国家は比較的弱く，分権的で活動の範囲は狭い。この相違を理解するには，二つの政体の成り立ち，工業化のタイミングと性格，戦後世界で両国が辿った地政学的な経緯の違いを知らねばならない。またこれらの相違点は，両国の社会・経済政策に反映している。

　第二点は上の第一点を補足する。歴史に根ざした国家の役割の違いは，同時に両国が似通う傾向と同時に存在している。両国が似るのは，直面する問題が共通しているからである。両国ともに小国で開放的経済体制にコミットし，国際経済に複雑に関わり合っている。両国とも自由な国際経済との関係がますます緊密になるにつれ，1930，40年代に学んだ政治的な教訓を再認識し，政治的協調体制を推進することになった。両国の合意による政治の最も重要な共通点は，アクター間の力の格差が縮小することである。つまりこの結果，オーストリアでは国家の力は減少し，スイスでは増大する。両国家の性格の違いが社会政策に現れるのと同様に，類似点は両国が戦後世界で経済・社会問題を解決してきた政治戦略が驚くべきほど似ていることに反映している。

第三に，オーストリアとスイスの国家の性格にみられる，相違点と類似点を同時に解釈しようとすると，国家を複数の観点からみることが重要なことがわかる。本稿では国家を二つの観点から分析した。まず国家を政治舞台におけるアクターとして，次に他の社会アクターと国家をつなぐ政策ネットワークの一部として検討した。前者は両国の違いを，また後者は類似点を明らかにしている。二つの解釈は，オーストリアとスイスの重要な半面の真理をそれぞれ示す。この二つの観点を同時にみることで，アルプス諸国や他の国々において国家の能力と構造に常に影響を与えている，政治勢力の関わり合い方を明らかにできるのである。

　　本章は拙著『コーポラティズムと変化：オーストリア，スイス，産業の政治学』(*Corporatism and Change:Austria, Switerland, and the Politics of Industry,* Ithaca, N.Y., Cornell University Press, 1984) で用いた資料を使用している。ここで私はロックフェラー財団とドイツマーシャル基金からのこのプロジェクトに対する助成と，初期の草稿の段階で有益なコメントを寄せていただいた本書の編集者に感謝するものである。私はまたメリー F.カッツェンスタイン，スティーヴン・クレーザー，T. J. ペンペル，マーティン・シェフター，シドニー・タローのコメントにも助けられた。

（1） Alexander Gerschenkron, *An Economic Spurt That Failed: Four Lectures in Austian History,* Princeton University Press, Princeton, N.J, 1977.
（2） David Klingman, *Social Change, Political Change, and Public Policy: Norway and Sweden, 1875-1965,* Sage, Beverly Hills, Calif, 1976.
（3） B. Beedham and G. Lee, "Even in Paradise," *Economist,* February 22, 1969, Survey, p.v.
（4） Ulrich Klöti, *Die Cheftbeamten der schweizerischen Bundesverwaltung,* Francke, Bern, 1971; Thomas A. Baylis, "Collegial Leadership in advanced Industrial Societies: The Relevence of the Swiss Experience," *Polity* 13, Fall 1980, pp. 33-56.
（5） Hanspeter Kriesi, *Entscheidungsstrukturen und Entscheidungsprozesse in der Schweizer Politik,* Campus, Frankfurt, 1980, p. 35.
（6） Jean Meynaud, *Les Organisations professionelles en Suisse,* Payot,

Lausanne, 1963, p.313; as quated in Roland Ruffieux, "The Political Influence of Senior Civil Servants in Switzerland," in Mattei Dogan (ed.), *The Mandarins of Western Europe: The Political Role of Top Civil Servants,* Wiley, New York, 1975, p.250.

(7) Raimund E. Germann and Andreas Frutiger, "Role Cumulation in Swiss Advisory Committees," paper presented for a workshop, Interest Groups and Governments, European Consortium for Political Research, Florence, March 25-30, 1980, pp.1-3.

(8) Organization for Economic Cooperation and Development, *Public Expenditure Trends,* OECD, Paris, 1978, p.90.

(9) Gottfried Berweger and Jean-Pierre Hoby, "Typologien für Wirtschaftspolitik," *Sociology Institute,* University of Zurich, 1978, pp.6-8.

(10) *New York Times,* June 5, 1979, p. D4.

(11) *Wall Street Journal,* April 27, 1982, p.31.

(12) Jonathan Steinberg, *Why Switzerland?,* Cambridge University Press, 1976, p.156.

(13) Harold L. Wilensky, *The Welfare State and Equality: Structural and Ideological Roots of Public Expenditure,* University of California Press, Berkeley, 1975, pp. 10-11.

(14) Ferdinando Lacina, *The Development of the Austrian Public Sector since World War II,* technical papers ser. no. 7, Institute of Latin American Studies, Office for Public Sector Studies, University of Texas at Austin, 1977, p. 8.

(15) Oskar Grünwald, "Austrian Industrial Structure and Industrial Policy," in Sven W. Arndt (ed.), *The Political Economy of Austria,* American Enterprise Institute for Public Policy Research, Washington D.C., 1982, p. 136.

(16) Sarah Hogg, "A Small House in Order," *Economist,* March, 15, 1980, Survey, p. 8.

(17) Ferdinand Lacia, "Zielsetzung und Effizienz verstaatlichter Unternehmen," *Wirtschaft und Gesellschaft,* 4(2), 1978, pp.143-54; Manfred Drennig, "Vermögensverteilung in Oesterreich-ihre politische Relevanz," in Heinz Fischer (ed.), *Das politische System Österreichs,* Europa Verlag, Vienna, 1974, p. 481; Volker Bornschier, *Wachstum, Konzentration und*

Multinationalisierung von Industrieunternehmen, Huber, Frauenfeld, 1976, p. 206.

(18) Karl Socher, "Die öffentlichen Unternehmen in österreichischen Banken-und Versicherungswesen," in Wilhelm Weber (ed.), *Die Verstaatlichung in Öesterreich,* Duncker und Humbolt, Berlin, 1964, pp. 393-400; Hogg, "A Small House in Order," 1980, p. 8.

(19) Leonhard Neidhart, *Plebiszit und pluralitäre Demokratie: Eine Analyse der Funktion des schweizerichen Gesetzesreferendums,* Fancke, Bern, 1970, pp.313-19.

(20) この点に関する詳細な議論と実証については，私の *Small States in World Markets: Industrial Policy in Europe,* Cornell University Press, Ithaca, 1985, chap.3.

(21) Margaret Sieber, "Dimmensionen kleinstaatlicher Auslandabhängigkeit," *Kleine Studien zur Politischen Wissenschaft* no. 206-207, *Forschungstelle für Politische Wissenschaft,* University of Zurich, 1981, pp.156-59; Peter Katzenstein, *Corporatism and Change,* 1984, chaps. 5 and 6.

(22) Uwe Kitzinger, quoted in Andrew Shonfield, *Modern Capitalism: The Changing Balance of Public and Private Power,* Oxford University Press, London, 1965, p. 194.

(23) Christof Gaspari and Hans Millendorfer, *Prognosen für Österreich: Fakten und Formeln der Entwicklung,* Verlag für Geschichte und Politik, Vienna, 1973, p. 117.

(24) Christian Smekal, *Die verstaatliche Industrie in der Marktwirtschaft: Das österreichische Beispiel,* Heymanns, Cologne, 1963, p. 55.

(25) Quoted in Dennison I. Rusinow, "Notes towards a Political Definition of Austria," part 4, *AUFS Reports,* June 1966, p. 20.

(26) Erich Andrlik, "Labour-Management Relations in Austria's Steel Industry," Unpublished paper, May 1982, pp. 12-3.

(27) Organisation for Economic Cooperation and Development, *Industrial Policy of Austria,* OECD, Paris, 1971, p.66.

(28) Siegfried Hollerer, *Verstaatlichung und Wirtschaftsplannung in Österreich (1946-1949),* Verband der Wissenschaftlichen Gesellschaften Österreichs, 1974, p. 2; Rusinow, "Notes," 1966, part 4, p. 5. Rupert Zimmerman, *Verstaatlichung in Österreich: Ihre Aufgaben und Ziele,* Verlag der Wiener

Volksbuchhandlung, Vienna, 1964, p. 78.
(29) Rusinow, "Notes," 1966, part 4, pp. 11-12.
(30) "The Austrian Lesson in Economic Harmony," *Euromoney* (Supplement), May 1979; Socher, "Die öffentlichen Unternehmen," 1964, pp. 381, 385-88, 437-39, 444-46, 451, 454.
(31) Hogg, "A Small House in Order," 1980, p. 3.
(32) Socher, "Die öffentlichen Unternehmen," 1964, p. 372.
(33) "The Austrian Lesson," *Euromoney,* 1979, p. 9.
(34) *Jahrbuch der östrreichischen Wirtschaft 1976/1: Tätigkeitsbericht der Bundeswirtschaftskammer,* Bundeswirtschaftskammer, Vienna, 1977, pp.30-34.
(35) この点については私は以下の著書に拠っている。Irirangi Coates Bloomfield, "Public Policy, Technology and the Environment: A Comparative Inquiry into Agricultural Policy Approaches and Environmental Outcomes in the United States and Swizerland," Ph.D. Diss., Boston University, 1981, とくに pp. 181-82, 194, 221, 235, 242, 249-50, 257.
(36) Ibid., pp. 225, 232.
(37) Benjamin R, Barber, *The Death of Communal Liberty: A History of Freedom in a Swiss Mountain Canton,* Princeton University Press, Princerton, N.J., 1974.
(38) *Jahrbuch der östrreichischen Wirtschaft 1976/1,* 1977, p. 110; Paolo Urio, "Parliamentary Control over Public Expenditure in Switzerland," in David L. L. Coombes (ed.), *The Power of the Purse: A Symposium on the Role of European Parliaments in Budgetary Decision,* Praeger, New York, 1975, p. 319, Kriesi, *Entscheidungsstrukturen und Entscheidungsprozesse,* p. 36; *New York Times,* February 1, 1981, p. 13.
(39) Dietrich Thränhardt, "Ausländische Arbeiter in der Bundesrepublik, in Österreich und in der Schweiz," *Neue Politische Literatur* 20(1), 1975; Hans-Joachim Hoffman-Nowotny and Martin Killias, "Switzerland," in Ronald E. Krane (ed.), *International Labor Migration in Europe,* Praeger, New York, 1979, pp. 49, 54, 55-8, 61.
(40) Peter J. Katzenstein, *Capitalism in One Country? Switzerland in the International Economy,* Occasional papers 13, Western Societies Program, Cornell University, January, 1980, pp.100-103.

(41) Guid A. Keel, "L'influence des groupes d'intérêt politiques sur la politique étrangère Suisse," in Alois Riklin, Hans Haug and Hans C. Binswanger (eds.), *Handbuch der schweizerischen Aussenpoloitik,* Haupt, Bern, 1975, p. 313.

(42) Andé Jäggi and Margret Sieber, "Interest Aggregation and Foreign Economic Policy: The Case of Switzerland," paper prepared for a workshop, Interest Groups and Governments, European Consortium for Political Research, Florence, March 25-30, 1980, p.46.

(43) Jane Kramer, "A Reporter in Europe," *New Yorker,* December 15, 1980, p. 140.

(44) Jörg P. Müller, *Gebrauch und Missbrauch des Dringlichkeitsrechts,* Haupt, Bern, 1977, p.8; Klaus Schumann, *Das Regierungssystem der Schweiz,* Heymanns, Cologne, 1971, pp. 175-78.

(45) Müller, *Gebrauch und Missbrauch,* 1977, pp.12, 15. Kriesi, *Entscheidungsstrukturen und Entscheidungsprozesse,* 1980, p. 138.

(46) Organization for Economic Cooperation and Development, *Economic Surveys:* Austrias, OECD, Paris, 1971, p. 11.

(47) Wilhelm Hankel, *Prosperity amidst Crisis: Austria's Economic Policy and the Energy Crunch,* Westview Press, Boulder, Colo, 1981, pp. 56, 69.

(48) Hannes Suppanz, "Einkommensverteilung in Öesterreich," *Journal für angewandte Sozialforschung* 20 (3-4), 1980, pp. 40-45.

第二部　統合経済の時代と政治経済学

第4章

国家・社会間関係と国際競争力

ジェフリー・ハート

（1） はじめに

　本稿は第二次世界大戦後，合衆国，日本，ドイツ，フランス，イギリスの先進五カ国間で国際競争力が変化したが，その変化は各国の国家・社会間関係の違いによって最もうまく説明できる，ということを主張する。ここでは重要な産業である鉄鋼，自動車，半導体の三つの産業をとりあげる。新技術の創造と波及が，国家・社会間関係と国際競争力との間の関係に影響を与える最も重要な媒介変数である（図4-1）。本稿はこの仮説について詳しく展開し，それを国際競争力の変化を説明する他の学説と比較して議論したい。

　本稿ではまず説明変数と従属変数を定義した後，これらの変数の理論的な背景を論じよう。次に数量的な根拠を挙げて，国民経済全般にわたる競争力の変化を指摘し，特定産業についても競争力の変化が見られることを示したい。こうしたデータから読みとることができる傾向を理解するためには，国家システムのレヴェルでの説明が必要となる。確かに市場の国際化に伴い，どの国も世界的かつ個別的な産業独自の論理に直面してはいるとはいえ，それぞれの国内では様々な産業を横断する形で，ナショナルな（国家レヴェルの）論理が働いているからである。

　新技術の創造・波及と競争力の変化を関連づけようとする場合，研究は特定の産業ごとになされ

図4-1
国際競争力に影響する
国家・社会関係

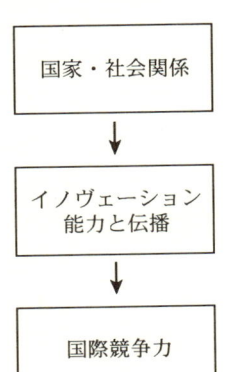

```
┌──────────────┐
│  国家・社会関係  │
└──────┬───────┘
       ↓
┌──────────────┐
│  イノヴェーション │
│   能力と伝播    │
└──────┬───────┘
       ↓
┌──────────────┐
│   国際競争力   │
└──────────────┘
```

ねばならない。というのも，技術は産業ごとに非常に異なっているからである。

1．国家・社会関係

　ここでいう国家・社会関係とは，国家と市民社会の組織のされ方と，それぞれの間の制度的な結びつき方のことである。国家は政府に関係する一連の機関から成っているが，政府・経営者・労働者の協議機関や審議会，国営企業，その他の準国家的組織も含んでいる。他方，市民社会は国内の社会環境を意味し，国家はその中で機能している。特に製造業の競争力を考える際に，現代の先進工業国では市民社会の二つの主要グループである，経営者と組織された労働がとりわけ重要である。[1]

　国家と社会を対立させて捉えるのは自由主義的な政治哲学と，個人と特定の集団の行動に対する国家の不当な干渉を避けるために，国家権力を制限すべきだという考えに基づいている。[2]理念上の自由主義経済システムでは，企業はすべて民間企業で国家機関からは比較的独立しているので，市民社会の一部である。市民は公務労働についていないかぎり，市民社会のメンバーである。実は資本主義国家には，このような自由主義の理想型に完全に当てはまる国は存在しないのだ。どの国家も国営企業を通じてある程度の機能を果たしているし，規制を行って民間企業の自律性に制限を加えているのである。

　共産主義の理念型上の国家・社会関係では，国家はプロレタリアートという一つの階級に従属し，最終的には国家は消滅して，階級のない社会に到達するとされる。社会民主主義の理念型では，資本主義に不可避な階級間の不平等を是正するため国家に必要な権力を与えるが，同時に国家は代議制を維持することで，権力に対する責任を負おうとする (Held and Krieger, 1984)。[3]またファシズムの理念型では国家のリーダーが強大な権力を持ち，社会的な利益を上から組織して，国家の支配に抵抗する可能性がある自律的な集団の形成を禁止する (Kasza, 1995)。[4]ネオ・コーポラティズムの理念型では，国家と特権グループ（とくに経営者と労働者）が協力して政策を決定する (Streeck and Schmitter, 1985, p.10; Lehmbruch, 1982)。[5]

　これらの理念型はいずれも完全な形で現実化されることはなかったとはい

え，20世紀の国内・国際政治に大きな影響を及ぼしてきた。従来の国家・社会関係に関する議論は，そのような理念をめぐるものだったのだ。このような議論は，政党政治の重要な原理となるだけではなかった。主な戦争，国内の社会紛争，深刻な経済危機の時，またその後において，これらの理念をめぐって数多くの議論が行われた。国家が歴史的な重大局面を迎えたとき，国家・社会間関係における変化は，国内のこのような対立を一時的にせよ解決することを意図した，新しい政治的，社会的，経済的な制度となって現れることがある (Ikenberry, 1988, pp.223-25; Krasner, 1984, p.234)。[6]

　国家と社会がどのように組織されて結びついているかは，歴史やその他の文脈に従って国ごとに異なる。制度の違いは過去からの遺産である。中央集権的な官僚制の国では，エリート大学から人材を採用することが多い。また国家の権威を使って経済に直接介入することによって，市民社会を組織している国もある (Shonfield, 1965; Katzenstein, 1978; Zysman, 1983; Hall, 1986)。[7]

2. 国家・社会関係の体系的な考察

　国家・社会関係は国や時代によって異なっている。それは産業部門によって異なるかもしれないが，本稿で取り上げた具体的なケースから分かるように，この違いはあまり重要ではない。産業の競争力という観点から国家・社会関係を考察しようとする場合，各国を次のような観点から考察しなければならない。

　一．政府はどのように組織されているか。特に産業別の政策形成に関わる官僚機構はどの程度集権化され，また影響力があるか。産業政策を形成する際にどのような政策手段が利用可能であるのか。政府は政策手段をどの程度行使するのか。政府が経営者や労働組合と産業政策をめぐって対立した場合，どの程度政府の方針を貫くことができるのか。

　二．経営者がどのように組織されているか。経営者の頂上団体は，どの程度の力があるのか。各企業や下位の団体には，上位団体を離れてロビー活動をする方法があるのか。経営者側に「家族的企業集団」（緩やかに組織された，企業の横断的グループ）のようなシステムはあるのだろうか。このよ[8]

な組織間の取決を支える上で,金融セクターはどのような役割を果たしているのだろうか。経営者の利益が非常に多様なために十分統一できず,したがって政府の政策や法律制度に影響を与えられない場合があるのではないか。

　三．労働側はどのように組織されているのか。労働者の頂上団体はどの程度力があるのか。労働組合の組織率はどの程度か。労働組合の組織は企業別か産業別か。労働組合は自らに不利な政府の政策や,経営者の決定を阻止できるのか。

　四．どのような制度が国家と社会を結びつけているのか。特に政府官僚機構の幹部がエリート大学の出身であるのか。国家はこのような諸制度への資金の供給に際し,どのような役割を果たしているのか。政府は主要な企業を所有しているか,あるいは「民間」企業の経営をかなり直接的に監督しているか。政府は産業技術の発展のために,企業によるコンソーシアム形成を援助して資金供与も行うのか。理論的な知識を大学から企業に移転する特別の機関は存在するか。国家と経済界は,労働者の職業訓練にどのような役割を果たしているのか。どのような準公的な制度,特にネオ・コーポラティズム的な協調があるのか。この制度は特定の政策分野でどの程度重要なのか。

　国家・社会間関係のあり方によって,新しい技術の創造と普及のあり方が変わってくる。ここで検討する五カ国の先進工業国で,政府,経営者,労働界の間の力関係を調べてみると,国家・社会間関係にそれぞれ違いがあることが分かる。この三アクター間のパワーの配分こそが,国家・社会間関係の根本的な基礎になっているのである。

3．国際競争力の定義

　国際競争力の定義については様々な議論があるが,多くの専門家が,合衆国の「産業競争力に関する大統領委員会」による定義に同意していると思われる。それは「自由かつ公正な市場の下で,国際市場におけるテストに合格する商品とサービスを生産できると同時に,市民の実質所得を維持ないし拡大しうる能力」である。この定義について,次の三点を明らかにしておかねばならない。

　第一に,国際市場のテストに合格するというのは,コスト面で国際的に競

争力のある商品やサービスを企画し，生産し，供給する能力があるということである。この点では，生産要素のコストと最新技術の適用が鍵となる。生産要素のコストが高いか上昇している場合，生産性を上げるような技術の応用が競争力の維持と向上に欠かせない。生産要素のコストが低い場合でも，生産性を高める技術を応用することが競争力の向上につながる。[10]

第二に，市場が自由で公正かということがある。そうでない場合，国内市場が保護されていたり，企業が国から補助金を得ているために，実際には国際競争力がなくとも，あるようにみえることがある。どの国でも非自由主義的な政策を採用して，競争力があるようなイメージを示すことができる。逆に，本来なら競争力のある国でも，その国の企業が保護されずまた補助も受けていない時に，それらの恩恵を受ける他の国の企業との競争を余儀なくされているために，競争力がないようにみえることもあるのだ。

第三に実質所得の問題がある。ある国の輸出が拡大していても実質所得が低下している場合，労働者と一般市民が身銭を切ってその国の競争力を補助していることになる。どの国も国際貿易における自国の地位を上昇させるために，実質賃金を低下させる労働市場政策を採ることができるが，このような政策は真の競争力には関係がない。[11]

一国の競争力と多国籍企業の競争力とは別のものである。多国籍企業は生産性向上のための技術を国外で展開し，企業としては国際的競争力を持っていても，自国の競争力に影響を与えないこともある。現実には最先端のデザイン，生産，流通技術を使用する外国企業を国内に誘致することで，自国企業を支援するよりもその国の競争力を高めることもある (Hart and Tyson, 1989; Reich, 1990; Tyson, 1991)。[12]

一国が競争力をつけるためには，すべての産業というわけではないが，いくつかの産業が競争力を持っていなければならない。ごくわずかな製品の生産に特化した国は，重要な原材料の供給が止まったり，特化した製品への需要が突如変化したり，また川下や川上の市場で外国の生産者が略奪的な行動に出る場合などの，外部からの経済的なショックが起きたときに，過度に脆弱になってしまう傾向がある。更に経済戦略的に重要な産業もある，ということも見逃してはならない。というのも，競争力のない産業があると，その

産業によって基本的な技術へのアクセスを確保することが市場への参入にあたって不可欠な他の産業でも，競争力を培うことができないからである（Hart and Tyson, 1989, pp. 37-39)。[13]

（2）国際競争力の測定

一国の競争力は，経済全般のレヴェルと産業レヴェルのそれぞれで測ることができる。各産業は相互に関連があるので経済全般を対象として分析するのも有益だが，ここでは個別の産業に重点を置く。経済全体のデータに比べて，産業レヴェルのデータの方が競争力を測る上で解釈しやすいからである。競争力を経済全体のデータから解釈するのは，次に述べるような問題のために複雑な作業になる。加えて，技術革新と技術の波及が重要な媒介変数であるかどうかを（図4-1で仮説したように）産業独自のデータを見ずに検証するのは不可能である。産業ごとに技術が大きく異なるからである。一国全体の競争力は少数の特定産業に焦点を当てるだけでは測れない。特定の産業と経済全般について，両方の指標を検討し考慮に入れる必要がある。

1．経済全体のレヴェルでの競争力の測定

経済全体の国際競争力は，①貿易収支と輸出品の世界市場におけるシェア，②生産性上昇率，③実質所得の増大，④輸入品の価格弾力性などの指標によって測ることができる。[14] 貿易収支の拡大，世界市場におけるシェア拡大，生産性の上昇，実質賃金の急速な上昇，輸入品の価格弾力性の低下は，すべて国際競争力の上昇を示す。生産性の伸びは実質賃金の上昇と強い相関関係にあり，生産性の上昇を維持するためには，常に生産技術の向上を必要としている。したがって生産性の伸びが，国の競争力を測る最も基本的で信頼性の高い指標である（Porter, 1990, p. 6)。[15]

ある意味で経済全体についての指標は不完全である。というのも市場はいつも自由かつ公正であるとは限らない。貿易収支や世界市場でのシェアは，政府による外国為替相場や貿易障壁の操作により左右される。国内生産と輸出統計をみるだけでは，多国籍企業が現地生産と技術供与を通じて国外市場に浸透していることは分からない。労働生産性は大量解雇をしているときに

も急速に上がる。労働生産性と資本生産性は，総需要が増えるときにも急激に増加する。それでもこうした指標は競争力の長期的な変化をみる場合には，ある程度有効である。

別々の指標を複合的にみることで，競争力をより正確につかむこともできる。例えば生産性，世界輸出市場でのシェア，実質賃金すべてが上昇している国（例えば日本）は，この三つの指標のいずれでも減少傾向を見せている国（例えばイギリス）より，競争力を持っていることは明らかである。

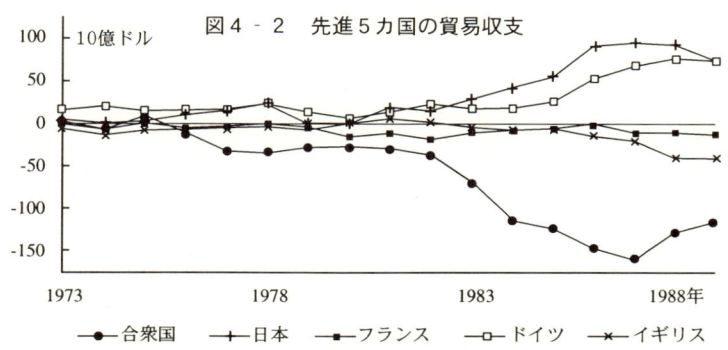

① **貿易収支と世界輸出市場のシェア**　1980年から87年にかけ，日本とドイツが貿易黒字を増やす一方，合衆国とイギリスの貿易赤字は増え続けた（図4-2）。1980年代のフランスは，合衆国やイギリスほどではないが，恒常的な貿易赤字を抱えていた。輸出工業製品の世界市場でのシェアについても，同じ傾向が認められる。合衆国とイギリスは1960年から82年の間に，工業製品の世界輸出シェアをかなり失った。ただし合衆国は，当初は高い水準にあった。同じ期間に日本のシェアは全世界輸出の約6％から14％にまで急速に増加した。ドイツとフランスのシェアはほとんど変わらず，それぞれ約20％と約10％で推移した（Scott, 1985, p. 27）。

図4-2　先進5カ国の貿易収支

出典：International Monetary Fund, *International Financial Statistics Yearbook* Washington, D.C., 1990, p.140.

② **生産性**　1960年以降最も生産性が伸びたのは日本で，最低は合衆国だった。1966年から1973年にかけて，日本の総要素生産性は年率6.3％で伸びたが，合衆国では年率1.5％だった。フランスの生産性の伸びはドイツやイ

ギリスよりも速かったが，この三カ国のどの国も，伸びは合衆国よりも速かった（図4-3を見よ）。1960年代の終わり頃になるまでは，合衆国の製造業の労働生産性は年率3％で伸びていた。1973年から1979年の期間は，年率1％，1979年から1986年にかけては年率3％で伸びた。

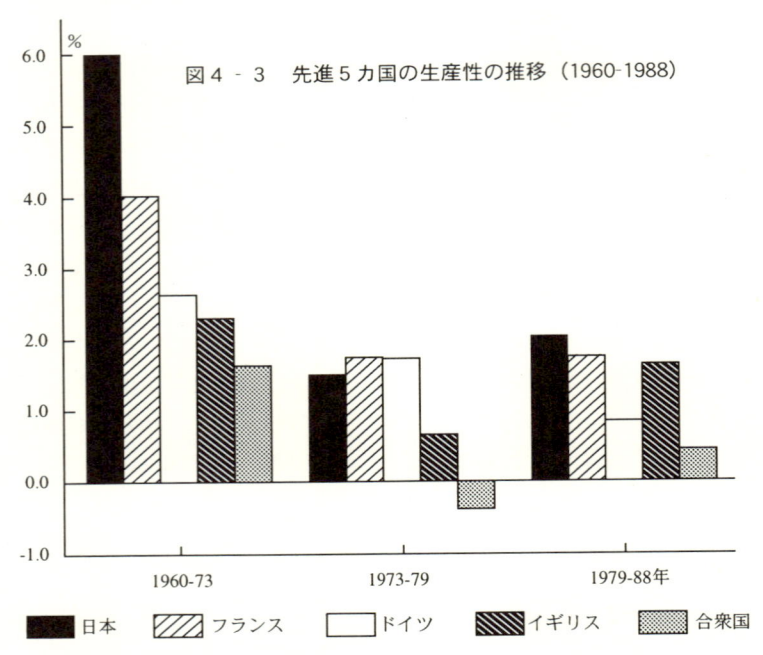

図4-3　先進5カ国の生産性の推移（1960-1988）

凡例：日本　フランス　ドイツ　イギリス　合衆国

出典：Organization for Economic Cooperation and Development, *OECD Economic Outlook* No.48, Decenber 1990, p.120.

しかしMITの研究『メード・イン・アメリカ』では，合衆国の生産性上昇は経済の回復による，とする解釈に警告を発している。「製造業の生産性の向上は，非効率な工場の閉鎖や労働者のレイオフによるところが大きい。合衆国の製造業の雇用は，1979年から86年の間に10％も減少した。そしてその間の労働生産性上昇のうち36％は，人員整理による。もう一点注意しなければならないことは，生産性の回復が深刻な不況期にまたがっているということである。不況の後の生産性向上は生産量を増大させ，経済のたるみを直すので，生産性上昇率は常に向上する」(Dertouzos, Lester, Solow, and the MIT

Comission on Industrial Productivity, 1989, p. 31)。[18]

③実質賃金の増加　五カ国の実質賃金は，1960年から1989年の期間に順調に上昇した。そのうち最高はフランスとイギリスだった（図4-4を見よ）。絶対的な賃金レヴェルでは，ドイツと合衆国が他の三カ国よりも高かったが，伸びは五カ国のうち最低だった。日本とドイツは，フランスとイギリスに比べて貿易と生産性の点では伸びが速かったが，実質賃金については遅かった。このことは，賃金の抑制が競争力全般の強化の大きな要因だったことをよく示している。合衆国が貿易収支，利益，生産性の分野に加えて実質賃金でも伸びが低いのは，競争力の全般的な低下を表している。イギリスのパターンは，予想に違わず最低である。貿易収支や生産性の面でも成績は悪く，実質賃金も急速に上昇した。

図4-4　先進5カ国での実質賃金成長率（1960-1989）

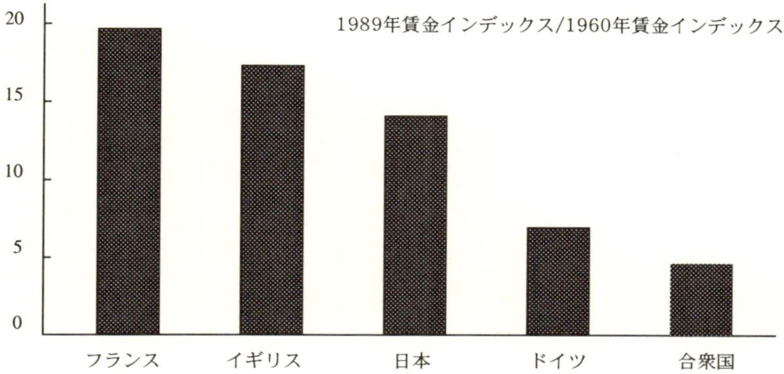

1989年賃金インデックス/1960年賃金インデックス

フランス　イギリス　日本　ドイツ　合衆国

出典：International Monetary Fund, *International Financial Statistics Yearbook* Washington, D.C., 1990, p.112-13.

④輸入品の価格弾力性　合衆国の輸入品の価格弾力性は1970，80年代に上昇した。これは合衆国の消費者が輸入品と国産品の品質の違いをとくに認めず，国産品を好んで購入することがなくなったためである。[19]日本では輸入比率が低いので，輸入品の価格弾力性はあまり高くはなかった（これは日本の流通システムと関係がある）。しかし，日本の消費者は1980年代になって豊かになり，国外の商品（例えばヨーロッパの高級品やアジアの開発途上国からの低価格帯の大量生産品）を買うようになった。

アジアからの輸入が増加したのは，日本の消費者が，アジアの製品の品質が日本とさほど変わらなくなってきた，と考えるようになったからである。またヨーロッパからの輸入品は日本製品より品質がよい，とみなされている。とはいえ日本の消費者はたいてい，日本製の生産財のほうが優れていると確信している。イギリスとフランスの消費者は，最近は合衆国の消費者のように行動し，ドイツの消費者は日本の消費者に似てきている。

以上を要約すると，競争力に関する経済全体のデータによれば，日本とドイツの全般的な競争力は増加，合衆国とイギリスは低下，そしてフランスはその中間に位置する。日本は特に貿易と生産性の点で優れているが，ドイツはかなり近いところで第二位である。合衆国とイギリスの競争力は低下したが，合衆国は当初かなり優位にあった。1980年代以前のフランスはかなり競争力があったが，その後賃金が引き続き大幅に上昇する中で，慢性的な貿易収支の赤字と生産性の伸びの減少を経験し始めた。

2．個別産業の競争力の測定

個別の産業についての国の競争力は，①世界の生産に占めるシェア，②生産に携わる労働者数，③当該産業の企業の収益と利潤といった指標の増加，④産業危機の頻度によって測ることができる。ある国が特定の産業について世界の総生産に占めるシェアを増やし，雇用を増やし（あるいは減少してもごくわずか），売り上げと利益を増やし，他国と比べ産業の危機をあまり経験しない場合に，国際競争力が上昇したといえる。こうした指標すべてについて統計的に増減を証明することは不可能であるが，産業ごとのデータから経済全般のデータが示す趨勢を確認できる。このような意味で日本とドイツは，合衆国とイギリスと比べて国際競争力を伸ばしたといえる。フランスはこの二つのグループの中間に位置する。

①**生産のシェア**　世界の鉄鋼生産高は1956年には3億1300万トンで，1985年には7億9300万トンにまで増加した。鉄鋼生産はこの期間中，年率3.4％の割合で増加した。世界総生産における合衆国のシェアは，37％から11％に減少した（図4-5を見よ）。合衆国の生産高は，1980年代前半を通して1956年のレヴェル（平均約1億2000万トン）にとどまった。1950年代の中

図4-5 鉄鋼, 自動車, 半導体生産の世界シェア

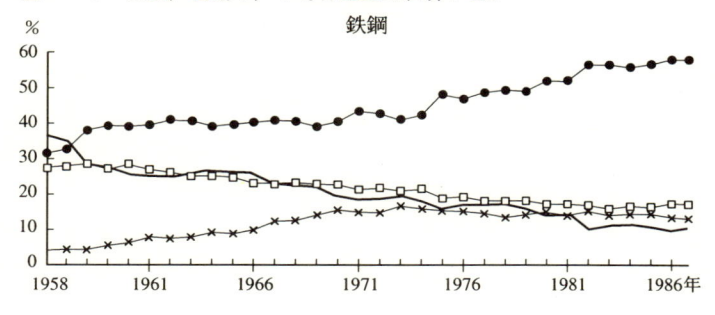

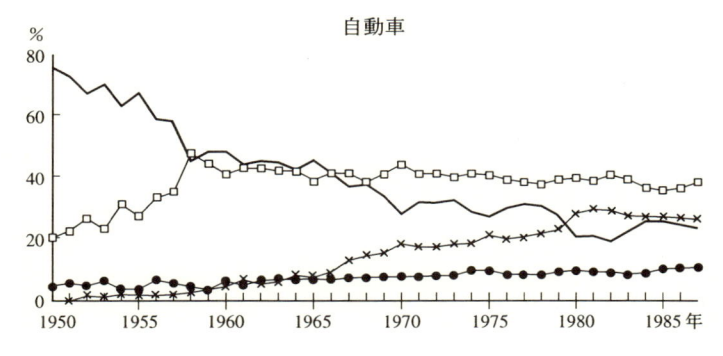

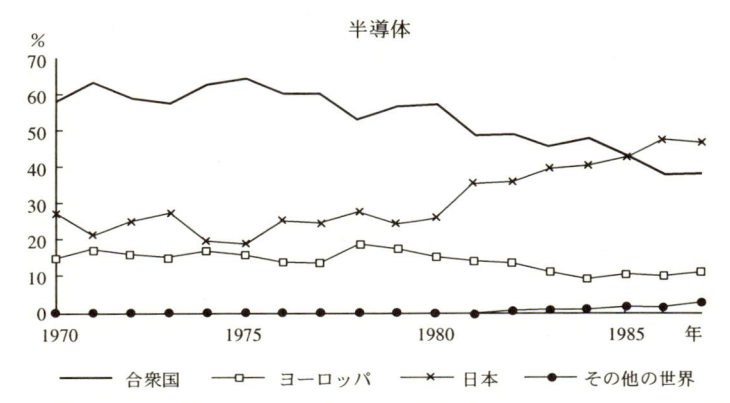

鉄鋼

自動車

半導体

—●— 合衆国　—□— ヨーロッパ　—×— 日本　—●— その他の世界

出典：American Iron and Steel Instiutute, *Annual Statistical Report* (Washington, D.C., 各年); Motor Vehicle Manufacturers Association, *Motor Vehicle Facts and Figures* (Detroit, 各年); dataquest.
注：データクエストの半導体生産の統計は，IBM や AT&T といった大企業による自家消費のための生産推定量も含んでいる。

頃には，世界総生産に占める合衆国のシェアは高かった。それは合衆国が第二次世界大戦から完全に復興していないヨーロッパに鉄鋼を輸出していたのと，朝鮮戦争時，合衆国の軍需産業が急成長したからである。

　ヨーロッパが世界の鉄鋼生産に占めるシェアは，1950年代の半ばから1970年代の初期にかけて増加し，1968年には合衆国を追い越した。その後減少して，1億3000万から1億4000万トンのレヴェルに落ちついた。同じく第二次大戦の被害から復興してきた日本は，全世界の鉄鋼生産に占めるシェアを1956年の4％から，1970年代後半には15％に上昇させた。日本の鉄鋼生産は1980年に合衆国を追い抜いた。その時，日本の国民総生産（GNP）は合衆国の約半分だった。1975年以後，日本は1億1500万トン程度を維持した。対照的に合衆国は，1973年に達した最高の1億5100万トンに再び戻ることはなく，1980年代の半ばまでには9000万トン以下にまで減少した。

　世界の自動車生産は1950年代以降急速に増大し，1956年から1985年にかけての年平均成長率は5.1％だった。生産された自動車の総数は1950年代の初期の1千万台から，1960年代半ばには倍の2千万台になり，更に1970年代後期には倍増して4千万台に達した。世界の自動車総生産台数のうち，合衆国のシェアは1950年の75％から，1985年には26％にまで落ち込んだ。ヨーロッパのシェアは1950年代には20％だったのが，1960年には50％近くまで増加したが，1970年代終わりまでに40％にまで再び減少した。

　日本のシェアは1950年には実質的にゼロだったが，1981年までに30％を越えるようになった。ヨーロッパ全体は自動車の最大の生産地ではあるが，国として見ると，日本が合衆国にとって代わり世界最大の生産国となった。合衆国の生産数は1978年に最大の1290万台を記録してから，1982年には700万台（1962年の生産レヴェルよりも低い）にまで減少し，1985年には1170万台に回復している。

　次に半導体についてみると，世界の総生産額は1987年に約390億ドルに達した。同じ時期，集積回路（単一のチップに電子回路がすべて乗っている半導体）は約290億ドルになった。1970年から1987年にかけて，半導体の世界の総生産額は年平均18.8％の割合で伸びた。半導体の全市場において個別のデバイス（集積回路でないデバイス）の割合は，1958年の集積回路の発明以来減

少し続けている。1970年には，集積回路が半導体の全世界生産の30%を少し越える程度だったが，1980年代までに70%以上になった。

合衆国は，1975年の時点で半導体の世界生産の65%，集積回路については76%を占めていた。1987年には半導体のシェアが39%，集積回路は41%になっている。日本の半導体生産の世界に占める割合は，1975年には20%以下だったが，1987年には47%にまで増加した。集積回路については1975年の14%から，1987年には48%に拡大した。1986年の時点で，日本は半導体と集積回路の双方について合衆国を凌駕するようになった。

日本の世界市場におけるシェア拡大は注目すべきである。更に特筆すべきなのは，日本がより先端的な集積回路の市場，特にCMOSや最新世代のRAMで支配的であることである。1979年の終わりまでに，日本企業は合衆国の16KDRAM市場の43%を握っている（Borrus, Millstein, and Zysman, 1982, p.106）[20]。1981年末，日本企業は64KDRAMの合衆国自由市場で70%を供給していた(Bylinsky, 1981, p. 55)[21]。1984年に日本企業は，合衆国の主要企業にさきがけて256KDRAMの開発に成功し，1987年には一メガDRAMでも同じく成果を挙げた。1986年以降，日本企業は256KDRAMと一メガDRAMのどちらの市場でも，90%以上，1985年から1987年にかけては全DRAM市場の平均75%を支配するようになった。[22]

②雇用者数 イギリスの鉄鋼産業の雇用者数は，1972年の27万人から1981年の52,000人に減少した。これは五カ国の鉄鋼産業のうちで最大幅の落ち込みである。しかし絶対数では合衆国での雇用の減少が最大で，1974年の47万8000人から1988年の17万人になった。日本とドイツでも従業員の大規模な削減が行われたが，合衆国やイギリスほどではなかった（図4-6）。[23]

イギリスの自動車産業の就業人口は，1972年（最高時点）の18万4000人から，1985年には7万8000人に減少した（図4-6を見よ）。合衆国の自動車産業の雇用数は，1978年の30万4000人から1982年の19万4000人に減少したが，1984～5年には合衆国の景気回復と日本との自主的輸出規制協定の結果，25万人程度にまで回復した。フランスとドイツの自動車産業は，1960年代と70年代には雇用者数を増やしたが，フランスでは1980年代に入って減少し始めた。ドイツの自動車産業の雇用者数は，1980年代は変わらず安定していたが，こ

図4-6　鉄鋼，自動車産業での雇用

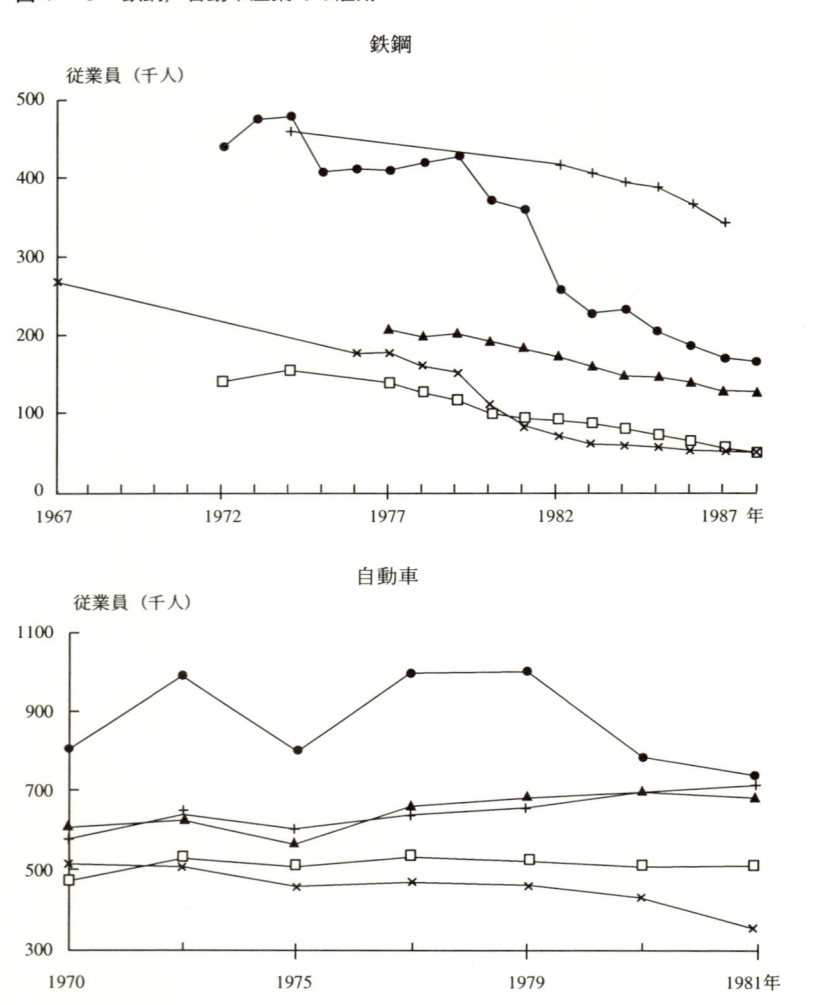

鉄鋼

自動車

──●── 合衆国　──×── 日本　──▲── ドイツ　──□── フランス　──+── イギリス

出典：Louka Tsoukalis and Robert Strauss, "Crisis and Adjustment in European Steel Beyond Laisser-Faire," in Yves Mény and Vincent Wright, eds. *The Politics of Steel : Western Europe and the Steel Indystry in the Crisis Years,* NewYork, Walter de Gruyter, 1986, p.208; Statisical Office of European Community, *Iron and Steel Yearbook,* (Luxembourg: Eurostats, 1989, p. 24; *U.S. Industrial Outlook* Washington D.C., U.S. Government Printing Office, various years); Alan Altshuler, Martin Anderson, Daniel Jones, Daniel Roos, and James Womack, *The Futuer of the Automobile: The Report of MIT's International Automobile Program* (Cambridge, Mass: MIT Press, 1984), p.201.

れは必要な合理化を行わなかったためかもしれない。

　半導体産業について正確かつ十分に比較可能な統計データを見つけるのは困難である。ほとんどの国で半導体産業の統計を発表し始めたのは，つい最近になってからである。国によっては，電子工業や情報処理産業の雇用者数を含めて集計する。本論文では，このような点を慎重に考慮に入れる。

　合衆国の半導体産業の就業者数は，1972年の23万4000人から1984年には37万5000人に増加し，その後1986～87年には32万人に再び減少した。[24]日本の電子工業の就業者数は，1970年代の初期から非常な勢いで増加し続け，1982年の94万8000人から，1986年には121万2000人になった。[25]モノリシック集積回路製造にかかわる就業者数は，フランス，イギリス，ドイツでは1983年から1989年にかけて約5万人で推移していた。ドイツのハイブリッドIC部門の就業者数は，5万8000人から10万3000人に増加し，フランスでも同じ時期，8万人から15万人に増加した。イギリスでは18万2000人から16万4000人へと，わずかながら減少した（Eurostat, 1990, p. 173）。[26]

③収益率　これらの五カ国の間では企業の垂直統合の程度も会計制度も非常に違っているため，収益率の比較は大変難しい。そこでここでは統計的に概観することは避ける。ただ個別の産業について要点のみを述べておこう。

　五カ国の企業は世界的な不況のために収益が減少したが，同じ環境にあっても日本とドイツの企業は，合衆国，イギリス，フランスの企業に比べて業績が良かった。日本とドイツの鉄鋼メーカーは，鉄鋼需要が1973年以降の景気停滞の影響を受けたため業績が悪化した。これとは対照的に，両国の自動車会社の業績は，ずっと絶好調だった。1970年代半ば，マツダやフォルクスワーゲンが業績悪化に陥るというようなこともあったが，それは例外で，概してそのような時期は短かった。業績が低迷する小企業は大企業に吸収されてしまうか，様々な協力関係を通じて大企業と連携した。日本の半導体産業の収益は，特に1986年以降非常に良好である。一方ドイツ最大の半導体メーカーはジーメンス社だが，その主要な利益源は公衆回線の局内交換機であって，そこから得られる利益に比べると半導体部門の利益は少ない。

　フランス企業の業績は，日本やドイツの企業に比べるとあまり良くなかっ

た。特に1960年代と70年代，売り上げと収益が安定成長したが，その後1980年代に入って悪化した。フランスの鉄鋼メーカーは，1970年代終わりから1980年代終わりにかけて利益を上げられなかった。フランスの二大自動車メーカーも，1980年から1986，87年にかけて赤字だった。ルノーの赤字はプジョーの赤字より深刻で，長期にわたった。フランスで唯一の半導体メーカーであるトムソンも，1980年代では半導体ビジネスから得られる利益は多くなかった。

イギリス企業の業績はイギリス経済の「ストップ・アンド・ゴー」のパターンを反映していたが，収益は1970，80年代では最悪だった。ブリティッシュ・スティールとブリティッシュ・レイランドは，それぞれ鉄鋼と自動車産業のナショナル・チャンピオンだったが，1970，80年代の景気回復期でも，深刻な赤字が続いた。イギリスの半導体企業は，なんとか利益を出している状態だったが，その利益は ASIC の需要源である国防計画への財政支出に左右された。小規模のインモス・カンパニーを例外として，イギリスの企業は汎用の半導体デバイスを大量生産することはなかった。

1970年代までの合衆国は，この三つの産業で比較的良い業績を挙げていた。自動車産業は一般的に国内需要に依存しており，そのため景気循環の影響を受けていた。1970年代終わりにクライスラーは巨額の赤字，フォードと GM は低収益率といった問題をそれぞれ抱えていたが，1981年に日本との自主的輸出規制の交渉を通じて，この問題は人為的に解決された。半導体産業は1985年の世界的不況までは不況に強いと思われていた。インテルやモトローラなどの企業は，需要が再び伸びると急速に回復したが，AMD やナショナル・セミコンダクターは，完全には復調しなかった。

このように収益のデータにより，ドイツと日本が国際競争力を増加し，合衆国とイギリスが競争力を減退させたことを再確認できる。フランスの経験は両面あって，1980年まで企業収益は全般的に伸びたが，80年代半ばに赤字になり，その後80年代後半になってまた回復した。

④ 産業危機　表4-1には，1960年から1989年までの間に五カ国の鉄鋼，自動車，半導体の産業で起きた企業の危機を47件のせている。これらが危機だと判断される理由は，企業の倒産や産業の衰退が起きて，国全体

や地域に失業が生じたり，重要な川下産業へ悪影響を及ぼすかもしれない，と考えられたからでる。(27)危機には政府，経済界，労働界が対応するので，破産，清算，M&A（吸収・合併），政府による救済などが起こる。

表 4-1　先進五カ国で 1960 年以降に発生した鉄鋼，自動車，電子産業での危機

国	鉄鋼	自動車	電子
アメリカ	1968	1970 クライスラー	1985 セミコンダクター
	1977	1979 クライスラー	
	1981	1980	
日本	1964	1966 プリンス自動車	
		1968 いすゞ自動車	
		三菱自動車	
		1977 東洋工業（マツダ）	
ドイツ	1962	1965 Auto Union	1980 AEG-テレフンケン
	1976 ザール	1967 BMW	1982 AEG-テレフンケン
	1982 ルール	1969 NSU	
		1974 フォルクスワーゲン	
フランス	1965	1963 シムカ	1964 ブル
	1976	1974 シトロエン	1968 CSF
	1983 クルソー	1978 クライスラー	1970 ブル/GE
		1980 ルノー	1975 CII
		1984 シトロエン	1977 セスコセン
イギリス	1967	1964 ルーツ	1964 ICL
	1977 ブリティッシュ・スティール	1967 トライアンフ, タルボ	1980 ICL
	1982 ブリティッシュ・スティール	1974 クライスラー	1984 インモス
		1977 クライスラー	1989 インモス
		1981 ブリティッシュ・レイランド	
		1982 デロリアン	
		1986 ブリティッシュ・レイランド/ローバー	

出典：Jeffrey A. Hart, "Crisis Management and the Institutionalization of Corporatist Bargaining Mechanisms," paper delivered at the Conference of Europeanists of the Council for European Studies, Washington, D.C., October 18-20, 1985.
注：それぞれの危機は危機発生最初の年を基準にしている。特定の企業名や地域名が挙げられていないものは，それぞれの国・地域全体に影響を与えたものである。

　この期間，危機に直面した産業が最も少なかったのは日本で，73年以後は一回のみだった。日本での危機はたいしたことなく，対応も素早く再発することはなかった。イギリスとフランスは，危機的状況になるケースが多かった。中でもイギリスの危機はより深刻で，再発する傾向があった。フランス

第4章　国家・社会間関係と国際競争力

の危機の引き金となったのは経済界の利益団体と国家の交渉が失敗に終わったことで，企業や産業の競争力の変化を示すのに，危機の頻度は指標として適当でない場合もある。合衆国の産業は危機状況になるケースは比較的少なかったが，危機がひとたび発生すると産業全般にわたり，他の国に比べて政府が保護貿易の手段で対処するケースが多かった。

　表4-1で驚くべき事実は，ドイツの企業危機が多いことである。危機の中で一番深刻なのが鉄鋼産業で，他の産業の危機はたいしたことなくすぐに終わった。ドイツのシステムは，このような危機に対してほとんどの場合，政府が介入せずに対処できた。事実，政府が個別企業への介入を行わないことが，ドイツの産業危機についての特徴である。

　産業ごとの指標によると，日本とドイツは競争力を増強したが，イギリスと合衆国ではそれほどではなかった。フランスでは1970年代末まで個別の産業の競争力は上がり，1980年代になって下がっている。個別の指標については例外も認められるが一般的なパターンは明らかであり，前述のように経済全般の指標が示すパターンと非常によく一致している。

3．競争力における技術革新と波及

　技術革新は国際競争でどの国と企業が上位に位置するかを決定する鍵となる。国家・社会関係のあり方は，必要な技術の創造と波及に重要な役割を果たして，国際競争力に大きな影響を与えたのである。

①鉄鋼産業　第二次大戦後鉄鋼産業に導入された最も重要な技術は，酸素高炉と連続鋳造だった。酸素高炉はまず日本において他のタイプに取って替わり，ドイツで急速に広まり，他のヨーロッパ諸国と合衆国には比較的ゆっくりと波及した。1960年の時点で，日本の11.9％が酸素高炉で，合衆国では3.4％だった。1970年，日本は79.1％になっていたが，合衆国ではまだ48.2％にすぎなかった（Lynn, 1982, p. 23）。[28] ドイツの大手企業は合衆国，フランス，イギリスの企業に比べ，酸素高炉の導入が早かった。

　この酸素高炉技術はオーストリアで発明された。日本企業はカナダの企業から必要な特許のライセンスを取得し，この技術を主要企業が導入するよう奨励した。これは真珠湾攻撃の数年前から既に日米関係を特徴づけていた，

スクラップ鉄や鉄鋼の輸入依存度を下げるためでもあった。合衆国の大手企業が競争をかろうじて抑えるくらい低くスクラップの値段を設定するために，日本企業は輸入に依存しがちだった。

酸素高炉法でベッセマー製法よりも低コストで生産できるかどうか，まだ証明されていなかったために，導入のリスクは高かった。1950年代に合衆国企業が生産設備を更新するために大規模な投資を行った際にも，酸素高炉法には転換しなかった。おそらく酸素高炉技術の将来性を予測できなかったか，もしくは新技術の導入に伴うリスクに投資家が消極的だったかだろう。

フランス，イギリス，合衆国では，経営の拙さやリスクを避けようとする金融機関のせいで酸素高炉技術の導入が遅れたのかもしれない。しかし合衆国でこの技術の波及が遅れた理由の一つとして，1950年代に時代遅れで旧式の技術に投資が行われたことがあげられる。しかしながら1970年代の半ばまでには，合衆国の鉄鋼産業は酸素高炉技術の導入で他の世界各国に追いついた（図4-7を見よ）。

合衆国の企業は，連続鋳造の導入の点で日本とヨーロッパに引き続き大きな遅れをとっていた。連続鋳造法が導入される前は，鋼塊やスラブは工場で鋳造された後，別の場所で再度加熱され，最終的な形に成形されたり圧延加工されていた。連続鋳造法になると，溶銑は溶鉱炉から直接最終的な形にする加工ラインに流される。この場合，冷えた鋼塊とスラブの再加熱に必要なエネルギーと，加工の時間と手間が大幅に削減される。連続鋳造は比較的細かい加工計画を立てる必要があるが，それはコンピュータ制御の生産ラインが導入されたので容易になった。

連続鋳造を導入する際に，ヨーロッパとアメリカの企業が「ブラウン・フィールド」の工場（既存の設備の近代化あるいは改築）の改装によっていたのに対して，日本企業の多くの工場は「グリーン・フィールド」（既存の設備の存在しない用地）に1960年代に建設されたという点で有利だった（Magaziner and Reich, 1983, ch. 13）。合衆国とヨーロッパには，連続鋳造設備のある一貫製鉄所がいくつか新規に建てられたのも確かである。しかしながらイギリス，フランス，ドイツのザール地方，合衆国の工場は，伝統的な鉄鋼製造法が大部分で，工場の拡大の余地がほとんどないか，グリーン・フィ

図4-7 新しい生産技術の伝播

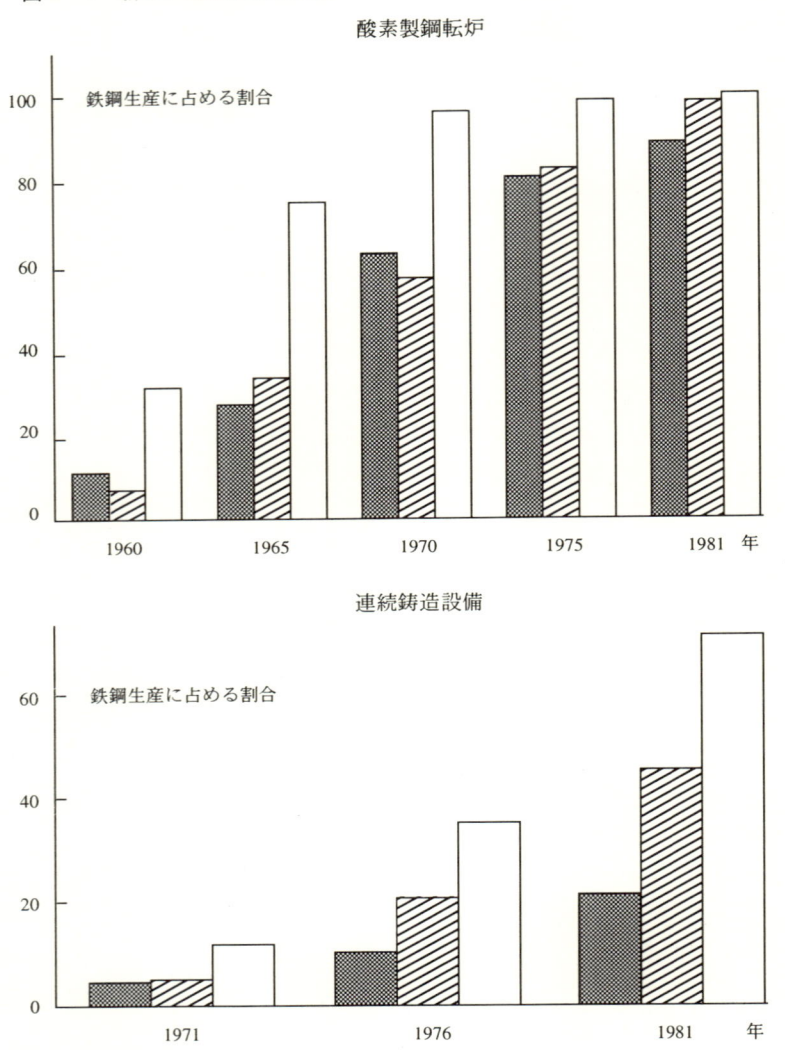

酸素製鋼転炉

連続鋳造設備

凡例: 合衆国　EU 9カ国　日本

出典: Donald Barnett and Louis Schrsch, *Steel: Upheaval in a Basic Industry,* Cambridge, Mass: Ballinger, 1983, p.55.

ールドの工場を新しく建てるコストが非常に高く，必要な投資が難しかった。高賃金と環境面での規制の影響は，生産技術向上のための障害に比べれば小さかった。

　フランス，イギリス，合衆国では，旧式の生産設備から新鋭設備への移行が遅れた。イギリスでは1970年代に近代的な設備での鉄鋼生産が伸びていた時期に，古い生産設備は閉鎖されるべきだった。イギリスも，フランスや合衆国と同様にそうしなかったため，高いつけを払うことになった。

　1973年，石油価格が上昇し鉄鋼の需要が下落した際，どの国の鉄鋼産業も財務状況は苦しかった。1980年代の初期には，伝統的に強いドイツのルール地方の企業でさえ，ヨーロッパにおける過剰生産によって市場価格が低迷した結果，損失を計上していた。新日本製鉄もまた通常より利益率が低く，余剰人員を他企業に出向させて対処した。しかしドイツと日本の企業は，他の三カ国の企業に比べ不況をうまく切り抜けた。鉄鋼産業の雇用者数はドイツと日本においては，他の三カ国ほどは減少しなかった。

② 自動車産業　日本の自動車産業の成功でも，技術の果たした役割は大きかった。製品と製造プロセスの両分野における技術革新が重要だった。日本企業は1950，60年代，合衆国やヨーロッパの製品と生産の技術革新に追いつくべく努力を払った。まず日本企業は，西ヨーロッパ企業からライセンスの供与や共同生産などの提携によって，新しい製品技術を導入した。そして60年半ばまでには独自のモデルを生産し始め，国内市場のシェア獲得をめぐって激しく競争するようになっていた。

　トヨタは自動車の全く新しい生産方式を発明した。組立の工程が，一単位の製品を造るのに必要な時間を短縮すべく組み替えられた。この設計の変更は，いわゆるカンバン方式もしくはジャスト・イン・タイム生産方式への移行も意味した。この方法では部品の在庫を最小限に抑えるため，部品の納入業者はその日の生産スケジュールに必要な部品だけを，早朝に配達しなければならない。このため納入業者は，このシステムがうまく機能するために主力工場の近辺に位置している。合衆国やヨーロッパのシステムで部品供給業者の流通経路が広大なのと，非常に対照的である。[32]

　1970年代まで日本の自動車メーカーは賃金が上昇したので，ロボット使用

の増大，コンピュータ制御の工作機械，コンピュータ化した組立ラインの導入によって，生産と組立工程を自動化してそれに対処した。このような新しい製造プロセス技術によって，日本企業は賃金上昇に直面しても労働生産性を上げると同時に，生産した自動車の品質を改善できた。製品自体の信頼性を増すために，生産工程がより効率的に設計された。その結果日本製の自動車は，合衆国製やヨーロッパ製の品質の高い自動車と国外市場でも競争できるようになった。生産設備をコンピュータ化するとモデル・チェンジに必要な設備を変更するための時間が短くできるので，非常に効率的になる。

このような日本企業が開発した技術革新も，もし石油価格が上昇し，とりわけ北米市場で小型乗用車の需要が増大することがなかったら，輸出の急増には結びつかなかっただろう。合衆国の自動車メーカーが，小型乗用車の分野で日本企業の技術革新に対抗していたなら，北米で日本企業が成功するチャンスはかなり低かっただろう。合衆国企業がなぜ日本企業のチャレンジに迅速に対応しなかったのかという問題には，国家・社会関係の点から答えを出すつもりである。

合衆国製品と製造プロセスの技術は，特に小型自動車について，日本企業にかなり遅れをとった。ヨーロッパ企業は，日本企業に少し遅れて追随した。ヨーロッパでは，主に小型車の生産は域内の需要を満たすことを目的としていた。日本のモデルに導入された製品技術は，もともとヨーロッパに端を発しているものも多くあった。また逆に，ヨーロッパで模倣されるものもあった。ヨーロッパ企業の中には，この点で比較的遅れた企業もあった。

ブリティシュ・レイランド（現在のローバー・グループ）は，日本企業の技術革新に対抗できなかったために痛手を被り，加えて高賃金の過剰人員を抱えていたことも業績不振に追い打ちをかけた。フランスとイタリアの企業は，伝統的な関税・非関税障壁によって安定経営という幻想を得ていた。例えばフランスの場合には，北アフリカやトルコからの安い労働力が利用可能だった。フォルクスワーゲン社でさえ日本企業との競争が激化し，更に1970年代半ばに，多品種生産への移行に際して問題が生じ，輸出需要が減った。

ヨーロッパの企業は，日本企業の挑戦に対してコンピュータによる自動化を波及させて対抗しようとした。フォルクスワーゲン，ルノー，フィアット

は，一本の生産ラインで複数のモデルを製造できるフレクシブル生産システムをさっそく導入した。自動生産設備は，労働争議に特に弱い工程から労働者を排除するための経営手段としても使われた（Streeck and Hoff, 1981）[33]。またヨーロッパと合衆国のメーカーは，低賃金の国々に生産の一部を移転した。

　国外生産の問題は，半導体の場合にも再登場する。日本の自動車と半導体のメーカーは，労働集約的な生産を国外に移すという選択肢がないかのように振る舞った。つまり，賃金上昇への対処法として自動化しなければならない状況に自分達自身を追い込んだのだ。合衆国とヨーロッパのメーカーは，日本企業と競争するために，全く対照的に国外への生産拠点の移転と，国外からの安い労働力の導入という手段を利用した。

　1960，70年代に日本の賃金が上昇し始めても，欧米の企業は，日本の自動車が安い原因は彼我の賃金格差にあると引き続き信じていた。これらの欧米の企業は，日本企業による生産プロセスの技術革新が賃金上昇に対処する方法になっていると気づいて，初めて生産技術への必要な投資を行ったのである。全般的に，ヨーロッパの企業と米企業のヨーロッパにおける子会社の方が，北米にある合衆国企業よりもこの生産技術への投資を行うのが早かった。

③半導体産業　1940年代後半のトランジスターの発明以来，半導体産業は非常に早いスピードで進む技術革新が特徴となっている。1970年代の半ばの集積回路（IC）から大規模集積回路（LSI）への発展は，露光技術を使って造られたマスクがシリコンのチップ上に何千ものトランジスター，抵抗器，コンデンサーの電子回路を作るという新しいプロセスの発明によって可能になった。

　このプロセスは，一連のプロダクト・イノヴェーションを可能にした。その中には，テキサス・インストルメントやナショナル・セミコンダクターのような企業の繁栄に貢献した計算機のチップも含まれる。1970年代後半に開発された次世代の超LSIは，もう一つのプロセス・イノヴェーションであるウェハー・ステッパーによって可能になった。ウェハー・ステッパーを使い，シリコン・ウェハー上に何百もの回路のコピーをエッチングすることができるようになった。

もちろんフォトリソグラフィーとウェハー・ステッパーによってのみ半導体が一世代から次世代へと発展したのではない。不純度を最小限に止め，シリコン上に極細の幅のラインが刻めるようになめらかな表面をしたウェハーを作る必要があり，そのために様々な新しい補完技術が開発されねばならなかった。種々の化学溶液がエッチングの工程をより安く，信頼性の高いものにするために開発された。
　クリーンルーム技術によりチップのウェハーごとの歩留まりが十分良くなり，新世代の製品がそれ以前の世代の製品との価格競争力を持つようになった。そして，回路の設計図をマスクに変えるプロセスが，ラインの幅が細くなるにつれ改良されねばならなかった。しかしフォトリソグラフィーの技術の進歩とウェハー・ステッパーの導入なしには，半導体の革新は進まなかった（Braun and Macdonald, 1982; Borrus, 1988; Gilder, 1989）。[34]
　日本企業の技術力は，大規模集積回路(large scale integrated circuit, LSI)から超大規模集積回路（very large scale integrated circuit, VLSI）へ移行する時期までは，合衆国企業と競争できる水準には達していなかった。それ以前は，日本企業の生産コストが合衆国のそれと同じくらいになる時には，既に合衆国のメーカーは次世代の回路を生産し始めていた。アメリカ企業にとって初期には軍需・宇宙プログラムの需要の急速な増大，そしてその後コンピュータ産業の驚異的な成長が，半導体の技術革新の原動力になった。日本企業の技術革新の潜在能力は，民生用電子機器部門からの需要を賄う必要の程度に限られていた。
　しかしながらVLSIへと技術が発展するに伴って，日本政府と主要企業はVLSI製品の分野での競争に生き残りを賭けて，製造工程の技術でアメリカを追い越すことを決意した。また政府は半導体でアメリカに対して優位に立つことが，他の家電，コンピュータ，通信機器といった主な川下産業の競争力を高める鍵となると確信していた。したがってLSIからVLSIへの半導体技術の移行において，国家・社会関係と技術革新の間に明らかな関係があったのだ。
　技術革新は極めて重要である。とりわけ日本の鉄鋼，自動車，半導体産業の国際競争力の増強であるとか，ドイツの鉄鋼，自動車産業の競争力の持続

的な向上を説明するには，決定的に重要である。この三産業の競争力の低下は，ほとんどの場合，新しい製品や製造技術を発明できなかったり，採用できなかったことに原因が求められよう。技術という説明因子は，もちろん競争力の上昇，減退の事例をすべて説明しきれるわけではないが，一般的に他の要因よりは重要なのだ。

（3）国際競争力変化の他の説明因子

国際競争力の変化を説明する学説には，国家・社会関係以外に五つの類型がある。それは，①マクロ経済学，②文化主義，③国家中心主義，④ネオ・コーポラティズム，⑤社会アクター連合のアプローチである。このどのアプローチにも重大な欠陥があるため，新しい説明が必要となってくる。他のアプローチは，国家・社会関係よりも一面的（少ない数の説明因子できれいな説明ができる）であるが，どれもデータにうまく合わないという問題がある。

1．マクロ経済学的説明

マクロ経済学的アプローチによる国際競争力の変化の説明は，要素価格，総需要，貯蓄率と投資率，外国為替相場などの変数に焦点を当てる。このアプローチは基本的な経済的条件だけにしか焦点を当てていないので，一面的である。これらの経済的条件は，通常市場原理によってまず決定され，政府の政策からはわずかな影響しか受けないとされる。つまりマクロ経済学的アプローチは，一見，政府の政策，企業の戦略，国ごとに異なる制度の違いなどを考慮する必要性を認めない。しかしどんなマクロ経済学的説明の背後にも，国家・社会関係レヴェルでより深い一連の因果関係が機能しているのである。

古典派と新古典派の貿易理論では，土地，労働，資本といった生産要素の価格が国の比較優位を決定するのに重要である，と考えられている。国際貿易が開放的かつ自由であると仮定すれば，相対的に資本が豊富で労働力が比較的稀少である国は資本集約的な財の生産に特化し，それを外国からの労働集約的な財と交換するだろう。逆に，相対的に労働力に恵まれているが資本の不足している国は，労働集約的な製品に特化し，外国からの資本集約的な

物と交換するだろう。これによって両国とも資源配分がより効率化するために，結果として利益を得るはずである。[35]

　賃金と利子率は，労働力と資本の相対的な稀少性の大まかな指標となることがある。低い賃金（そして高い利子率）の国は労働集約的生産に特化し，高い賃金（そして低利子率）の国は資本集約的な財に特化すべきだ，と専門家は論じる。同様に，ほとんどの工業国のように賃金が上昇しているところでは，労働集約的な生産から資本集約的な生産に投資をシフトさせる傾向が一般的であるといわれる。

　労働集約的製品の競争力を維持したい場合，その産業での低賃金を甘受しなければならない。もし賃金が労使協約や最低賃金制のために「硬直的」であれば，失業率が上がるか，他の産業で労働力不足になる。いずれの場合でも経済全体にとっては有害である。労働集約的産業の雇用を守るために保護主義的政策（関税と非関税障壁）を動員しても長期的には有効でないし，その産業の製品を投入物としている他の国内産業にとり，困難で不必要な負担を（高いコストという形で）かけることになる（Neary, 1982; Tarr and Morkre, 1984）。[36]

　このような説明は，国際貿易の基本原理を理解するには，たしかに精緻で非常に有益な理論である。しかし先進工業国間の貿易を理解するために，すなわち競争力の変化を説明する点で重大な欠陥がある。豊かな国々の間の貿易は，豊かな国と貧しい国の間の貿易のように，簡単に労働集約的生産あるいは資本集約的生産に分類できない。特例である日本を除いて，豊かな国の間の貿易はほとんどが産業内貿易である。先進国は要素が相対的に豊富な製品に特化するのではなく，ほぼすべての産業部門において製品を交換し合っているのである。[37]

　日本とドイツは，実質賃金が上昇し国際競争力を増しているが，新古典派の貿易理論が予想したように，労働集約的な生産から退出してはいない。むしろ両国は，幅広く様々な産業で競争力を維持するために労働集約的な生産を自動化し，資本集約的，知識集約的な産業に投資をシフトさせている。両国は技術的に進んだより付加価値の高い労働集約的製品を生産し，相対的に高い賃金と資本コストを補っている。これらの国の企業は直接国外投資を通

じ国外の低賃金国へ生産を移転しているが，合衆国やイギリスの企業ほどこの方法を採ってはいない(38)。

　要素価格のアプローチを先進工業国間の競争に当てはめる際の基本的な問題は，資源と要素の不足と労働コストの上昇を補うためには技術と教育が非常に重要となる，という点である。教育は知識と技能を生み出し，新しい技術の創造と波及を容易にする。また教育は嗜好に影響を与えて，ある程度の豊かさを達成した国々でそれぞれの違いを大きくする。そのような国々の嗜好の違いを理解した企業は優位に立つのである。

　競争力を分析するマクロ経済学的アプローチの中には，先進工業国間での国際競争力の変化を理解する鍵として，総需要の増加や貯蓄と投資のレヴェルを強調する議論もある。このアプローチも説得力のある論理を持っている。総需要の増加が大きいほど投資のための資本を多く生み出す。成長の早い国は，そうでない国に比較して投資の伸びが大きく，低い資本コストを利用できる。成長率に関わりなく貯蓄率の高い国は低い国に比べて投資のための資金が多く，更に資本コストも安い(39)。政府は様々な手段を使って個人の貯蓄を奨励できる。例えば税制を通じて消費を抑制し，貯蓄と投資を促進する対策を講じることができる。政府が借入金に依存する財政赤字を減らすことができれば，生産性のより高い分野に回す投資資金が浮くことになる。金融機関は個人の貯蓄からの投資を容易かつ安全にすることができる。したがって総需要の速い伸びと高い投資率は，組み合わせとして最高である。

　第二次大戦後に国際競争力を格段につけたドイツと日本は，長期にわたって急速な成長と高い貯蓄率を経験した。他方，競争力の減退した合衆国とイギリスでは，他の三カ国に比べて経済成長が緩慢で貯蓄率も低かった。フランスは1960，70年代に急速な経済成長を経験し，その間，貯蓄と投資のレヴェルは中程度だった。このマクロ経済学的アプローチは，競争力の変化を説明するのにかなり有効であるようにみえる。それでもこのアプローチは，合衆国とイギリスで抵抗を受けた貯蓄と投資の促進策を，なぜ日本とドイツの企業と政府が実行できたのか，という問いには答えられない。幸運も少しは影響したが，日本とドイツの強さが続き，合衆国とイギリスが徐々に衰退している事実は，偶然に依拠しては十分に説明できない。

競争力を説明しようとするマクロ経済学的な説明としては、最後に外国為替レートが挙げられる（Bergsten and Cline, 1987）[40]。この論者によれば、正しく評価されない為替レートは貿易収支の構造的不均衡を生み出す傾向があるが、これはレートを調整することで即座に解消される。アメリカ政府の政策担当者は、1980年代にこの議論に注目した。というのも、この議論が貿易黒字を計上している国の通貨に対してドルを切り下げることで、貿易赤字を改善する可能性を示唆しているからである。

1980年代初期のドルの切り上げは、合衆国の貿易収支赤字の急速な伸びを引き起こした（前出図4-2を見よ）。そして、合衆国は外国投資（そのうち多くは日本人による合衆国債の購入）を引きつけるために利子率を上げざるを得なくなった。更にドルを引き下げても貿易や経常収支は均衡しないだろう。『メード・イン・アメリカ』の著者は、その理由を次のように説明する。

> 「1980年の貿易収支はドルが1980年のレヴェルに下がっても達成できない。貿易が元に戻らない一つの理由は、外国の企業が相対的に生産性を引き続き上げているからである。もう一つの理由は、外国の生産者は合衆国の市場への足がかりを放棄するよりは低い利益率を進んで受け入れるからである。……しかしながらドルの切り下げは、国外貿易収支を均衡させる一つの方法ではある」（Dertouzos, Lester, and Solow, p. 34）[41]。

この著者達は、ドルの切り下げは貿易収支を均衡させても不況につながり、その結果合衆国の競争力には貢献しないと指摘する。

2. 文化的説明

国際競争力の変化を究極的に決定するのは文化的な要因であると主張する学者には、ジョージ・ロッジやエズラ・ヴォーゲルがいる。彼らは、イデオロギーあるいは「共同体があるコンテクストの中で価値を表明するために使う観念の総体」が競争力に強い影響を与えると信じている（Lodge, 1987, pp. 2-3）[42]。ロッジとヴォーゲルによればイデオロギーが持つ次元は、個人主義対共同体主義という対抗軸である。彼らは九カ国の資本主義国のイデオロギー的指向性を調べた後、次のように結論づけている。「しっかりした共同体主

義のイデオロギーを持つ国は,最もうまく国際競争力を持つ経済システムに適合してきた」(Vogel, 1987, p. 305)。

　文化による説明の主な問題点は,文化が説明しようとする変数が時間の経過とともに変化するにもかかわらず,文化自体は不変であると考えられている点である。例えば日本と新興工業国 (NICs) には,急速な経済成長の始まるはるか前から共同体主義のイデオロギーが存在した。同様に文化論者は,文化的あるいはイデオロギー的な要素が,物質的な条件が変化したことや,国内の政治勢力の均衡が変化した結果としてもたらされたかも知れないのに,その可能性を無視しがちである。イデオロギーが大きな社会変動に応じて,臨機応変に変化することはよく知られている。また政治や経済界の指導者は自らの利益に合うようにイデオロギーを操作してきた。したがって,文化とイデオロギーを経済的競争力の変化を説明する外生的な変数であると考える議論は,歴史的に見て単純すぎると思われる。

3．国家中心論による説明

　国家中心論による説明を支持する人々は,工業国の政府は市民社会から比較的自律していることを前提にしている。すなわち,一国の利益は特定の集団や集団間の連合の利益とは異なっているとする。更に国家中心論者は,国家利益をどう定義するかをめぐる国家と市民グループの間に起こる争いの決着は,国家がつける場合が多いと仮定する。つまり彼らは,政府の意思決定を明らかにするには政府内の政治過程を慎重に検討する必要があるが,国家による討議に直接影響を与える場合を除いては,市民社会の諸団体の行動については調べる必要がないという立場をとる (Ikenberry, Lake, and Mastanduno, pp. 9-14)。

　国家中心論者の中には,産業政策の立案に関わる集権化した機関が存在する国は,国際競争力の点で優れていると考える者もいる。その好例がチャルマーズ・ジョンソンの『通産省と日本の奇跡』である。ジョンソンは,日本の国家は発展指向(合衆国政府が規制指向であるのに対し)であり,「市場合理的」でなく「計画合理的」(同様に合衆国との比較で)であると論じている。つまり日本の国家は,各産業に資源を再配分するのに必要な政策手段を

有しているが,合衆国はそうではない。ジョンソンによれば,日本はそのような政策手段を一つの官庁,つまり通商産業省に委ねている。通産省の政策が日本経済に与えた効果について,ジョンソンは次のように言う。「政府が重化学工業化への移行を構想,実行し,それは1950年代に現実のものとなった。この『産業構造』の転換が経済の奇跡を引き起こしたメカニズムだった」(Johnson, 1982, p. 31)。[45]

産業政策がマクロ経済の動向に直接影響する,ということには異論はない。しかし国際競争力にとって重要であるとまで言う必要はない。国家中心論者によれば,巧妙で有効なマクロ経済政策の実行に不可欠な調整策に反対する政治勢力には,政府は産業政策を通じて補償を行える。また,国家は産業政策を使って物理的,人的資源への投資の水準を変えることにより,国際貿易におけるその国の比較優位を変化させることができる(Zysman and Tyson, 1983)。[46]

国家中心論者を批判する者は,産業への資源の再配分に際して,また国際競争において特定の産業を勝者として選び出す場合に,他の社会アクターからの国家の自律性には限度があることを強調する。「国家は,様々な制度のネットワークとして,社会や経済システムに結びついている制度の集まりに深く埋め込まれているようだ。現代の国家は,国家中心論が示唆するほど社会の影響から自律しているようには見えない」(Hall, p. 17)。[47]日本でさえ国家が産業政策を変えるには,その前に他の社会アクターと広範に協議しなければならない(Samuels, 1987, p. 8; Johnson, 1982, p. 312)。[48]そして新しい政策を執行するためには,社会的アクターの協力が必要である。したがって,政府の政策だけでは競争力の変化を明らかにできない。

純粋な国家中心アプローチでは,日本やドイツの競争優位を十分には説明できない。日本の国家は強いが,ドイツの連邦政府は比較的弱いと考えられる。日本とフランスの強い国家がなぜ違う結果を生み出すのだろうか。国家の強さ,能力,あるいは自律性だけで競争力の変化を説明できないのは明らかである。

4. コーポラティズムの説明

部分的に自律性のある国家が，市民社会における特定の社会グループに国家への特別のアクセスを許すとき，ネオ・コーポラティズムが生じる。ここでは国家は純粋の国家中心モデルが示唆するようなヒーロー的な個人主義者ではないが，国内の社会環境を組織する際に大きなコントロール力を持つ。ネオ・コーポラティズムの理論は，通常競争力の変化を説明しない。むしろ先進工業資本主義国の国家・社会関係の観察に依拠して，民主主義の自由主義的，あるいは多元主義的な理念を批判する。にもかかわらずネオ・コーポラティズムの体制が，国際競争力の向上の問題を含めた経済的な問題の解決に有効であると推測することは可能である (Katzenstein, 1985, chaps. 3-4)。[49]

　ネオ・コーポラティズムについての議論の主な難点は，その焦点の当て方である。この理論は，ある国がネオ・コーポラティズムであるかないか，つまり国家と特権的社会グループとの間に協調のための制度があるかどうか，更に，その機関（必然的に公的な）は様々な問題領域での政策の決定と執行の決定因子になっているか，といったことを問題にしている。このような厳しい基準からすれば，ネオ・コーポラティズムと完全に呼べる工業国はごくわずかしかない。大きな工業国で，三者協議機関に広範な意思決定の権限を与えている国はめったにない。したがって，ネオ・コーポラティズムのアプローチをこのようにあてはめて考えても，先進工業国の競争力の変化を理解するにはさほど役立たないのである。

　ネオ・コーポラティズムのアプローチにはこうした限界があるが，国家・社会関係アプローチの一つとしてネオ・コーポラティズムの制度を捉えることができる。ネオ・コーポラティズムのメカニズムは，国家と市民社会の社会グループ間のギャップを埋める重要な方法となりうる。ネオ・コーポラティズム的制度に比較的敵対的な合衆国やイギリスのような国々でも，ネオ・コーポラティズム的原則を応用している重要な例がある。実際，皮肉なことに，合衆国とイギリスの場合には競争力の問題に取り組まなかったために，産業の大規模な救済策というネオ・コーポラティズムに結果としてなってしまうことがある (Hart, 1985)。[50]

5．社会的アクターの連合による説明

　連合アプローチの基本的な前提は，国家の政策はそれに影響力を持つ自律的な社会グループの間の交渉によって決定されるという仮定である。国家は，社会グループの連合の代理人となる。連合の組み合わせは問題領域によって変わるかもしれないが，それは長期的な利益についての展望を共有している。国家の目的はこのように外部により決定されるので，国家は独立のアクターではない。

　マルクス主義による連合アプローチは，社会アクターとして階級のみに焦点を当てる。多元主義の連合アプローチは，利益団体にのみに注目する。最近のアプローチは，生産要素の多寡を基本に社会アクターを定義する。例えば，政府の政策を決める連合の変化を説明するのに，資本集約的対労働集約的産業のグループ，あるいは資本の豊富な国対労働力の豊富な国のグループなどに区分する，等である。[51]

　本稿が採用する国家・社会関係アプローチは，国家を国レヴェルでの交渉への参加者として捉え，国家と社会を結ぶ機関をはっきりと考察するという点で連合アプローチと異なっている。連合アプローチでは，国家は通常交渉への参加者ではなく，国家と社会の間のつながりは問題とされない。簡潔にいえば，著者はアイケンベリーの議論に同意する。「社会グループと政府官僚の選好を記述するだけでは不十分である。彼らの選好は彼らが位置する周囲の制度のあり方によって制約を受けたり，またそれによって形作られることもあるのだ。」[52]

　最後にここまでの議論を要約しよう。本稿の冒頭で，経済全体および個別産業のレヴェルでの競争力の測り方を提案した。日本とドイツにおいては，競争力が増大する一貫したパターンが見られた。合衆国とイギリスでは競争力の低下が見られ，フランスは中間に位置している。国際競争力の変化を理解する上で，マクロ経済学，文化中心論，国家中心論，ネオ・コーポラティズム，連合中心それぞれのアプローチの有効性を否定する必要はないし，また賢明でもない。国際競争力を問題にする場合，マクロ経済上の生産性や為替レートなどの変数を除外することは愚かである。マクロ経済学アプローチは精緻で重要なマクロ経済上の結果を説明するが，五カ国の競争力がどう変

化したかは説明しない。他の四つのアプローチも同じように，実際のデータとの適合の問題がある。

新しい技術の創造と波及が，特定の産業についての五カ国の競争力の変化を説明するためには不可欠である。新しい技術というのは，政府と企業間に広範な協力関係が存在する，高成長経済で生まれ波及しやすい。しかしドイツの例は，集権的な産業政策の決定機関やアジア的共同体イデオロギーもなく，さほど成長率が高くない国でもうまくいくことを示している。合衆国とイギリスの例から，必ずしも速く広く応用できなくとも，新しい技術を創造することが可能であることが分かる。総じて競争力の変化を説明するためには，国家・社会関係の理解が不可欠となるのである。

(1) 工業化以前における社会のダイナミズムの記述に農業団体を含めるべきだという主張については，Ronald Rogowski, *Commerce and Coalitions: How Trade Affects Domestic Political Alignments,* Princeton University Press, Princeton, NJ, 1989 参照。

(2) 政府と市民社会の概念についてのいっそう詳しい議論は，Bertrand Badie and Pierre Birnbaum, *Sociologie de l'état,* Paris: Bernard Grasset, 1979; Martin Carnoy, *The State and Political Theory,* Princeton University Press, Princeton, NJ 1984; Eric A. Nordlinger, *On the Autonomy of the Democratic State,* Cambridge, Harvard Universtiy Press, Mass., 1981; Charles Tilly, (ed.), *The Formation of National States in Western Europe* Princeton University Press, Princeton, NJ 1975; John A. Hall and G. John Ikenberry, *The State,* University of Minnesota Press, Minneapolis, 1989; そして Alfred C. Stepan, *The State and Society: Peru in Comparative Perspective,* Princeton, NJ: Princeton University Press, 1978 参照。

(3) David Held and Joel Krieger, "Theories of the State: Some Competing Claims," in Stephen Bornstein, David Held and Joel Krieger, eds., *The State in Capitalist Europe: A Casebook* Winchester, Allen and Urwin, Mass. 1984 参照。

(4) このファシズムの理想型の構想は，Gregory Kasza, *Administered Mass Organizations,* Yale University Press 1995 によった。

(5) この理想型の極めて明快な記述は，Wolfgang Streeck and Philippe C.

Schmitter, "Community, Market, State and Associations? The Prospective Contribution of Interest Governance to Social Order," in Wolfgang Streeck and Philippe C. Schmitter (eds.), *Private Interest Government: Beyond Market and State,* Sage Beverly Hills, Calif., 1985, p. 10 を参照。また，Gerhard Lehmbruch, "Introduction: Neocorporatism in Comarative Perspective," in Gerhard Lehmbruch and Philippe C. Schmitter (eds.), *Patterns in Corporatist Policy Making,* Sage Beverly Hills, Calif., 1982 も参照。

（6） この問題は，G. John Ikenberry, "Conclusion: An Institutional Approach to American Foreign Economic Policy," in G. John Ikenberry, David A. Lake, and Michael Mastanduno (eds.), *The State and American Foreign Economic Policy,* Cornell University Press, Ithaca, NY 1988, pp. 223-25; Stephen Krasner, "Approaches to the State: Alternative Conceptions and Historical Dynamics," *Comparative Politics* 16 January 1984: 234 参照。

（7） ここでの議論に影響を与えたのは，Andrew Shonfield, *Modern Capitalism,* London: Oxford University Press, 1965; Peter Katzenstein, (ed.), *Between Power and Plenty,* University of Wisconsin Press, Madison, 1978; John Zysman, *Governments, Markets, and Growth: Financial Systems and the Politics of Industrial Change,* Cornell University Press, Ithaca, NY, 1983; Peter Hall, *Governing the Economy: The Politics of State Intervention in Britain and France,* Oxford University Press, New York, 1986 である。

（8） 「頂上団体」とは，経営者や労働組合などの特定の種類の業界すべてをそれぞれの社会で代表することを目的とする団体のことである。経営者の頂上団体の例として，アメリカ商工会議所，日本の経団連，ドイツ産業連盟が挙げられ，労働側の頂上団体の例はアメリカの AFL-CIO，ドイツの Deutsche Gewerkschaftsbund などである。

（9） *Global Competition: The New Reality,* Report of the President's Commission on Industrial Competitiveness, Vol. 2, Washington, D.C., U.S. Government Printing Office, 1985, p. 6; また，*The Cuomo Commission Report: A New American Formula for a Strong Economy,* Simon and Schuster, New York, 1988, p. 19; Stephen S. Cohen and John Zysman, *Manufacturing Matters: The Myth of the Post-Industrial Economy,* Basic Books, New York 1987, p. 60.

(10) 競争力を説明する変数については，更に Michael Porter, *The Competitive Advantage of Nations,* Free Press, New York, 1990 を参照。

(11) 「競争力は生活水準の向上と雇用の向上に関連している」Cohen and Zysman, *Manufacturing Matters,* p. 61.

(12) この問題は，Jeffey A. Hart and Laura Tyson, "Responding to the Challenge of HDTV," *California Management Review* 31 Summer 1989: 132-45; Robert B. Reich, "Who Is Us?" *Harvard Business Review* 68 January-February 1990: 53-64; Laura Tyson, "They Are Not Us: Why American Ownership Still Matters," *American Prospect,* no. 4, Winter 1991: 37-49 などで議論されている。

(13) Hart and Tyson, "Responding to the Challenge," pp. 37-39 を参照。これと対照的な見方は，Porter, *Competitive Advantage,* pp. 6-11.その中でポーターは，国の競争力は無意味な概念であるか，単に生産性の近似値であると主張している。ポーターは特定の産業が経済的に戦略的な意味を持つという考えを受け入れないが，それぞれの国の企業については，関連した産業クラスターの中で競争力を持ちやすいということを理解していた。

(14) この最後の手法は，輸入の価格弾力性の低さが一国の産業と輸入品との間の品質の差を示しているということを背景にしている。*Global Competition,* p. 8; および Cohen and Zysman, *Manufacturing Matters,* pp. 61, 68 を参照のこと。

(15) Porter, *Competitive Advantage,* p.6

(16) 1983 年まで続いた石油輸出による貿易黒字のため，イギリスの対外競争力を測るために貿易黒字を使うことは適当でない。

(17) Bruce R. Scott, "National Strategies: Key to International Competition," in Bruce R. Scott and George C. Lodge, eds., *U.S. Competitivensss in the World Economy,* Harvard Business School Press, Boston 1985, p. 27.

(18) Michael L. Dertouzos, Richard K. Lester, Robert M. Solow, and the MIT Comission on Industrial Productivity, *Made in America: Regarding the Productive Edge,* MIT Press Cambridge, Mass., 1989, p. 31.

(19) Cohen and Zysman, *Manufacturing Matters,* p. 67, citing Elizabeth Kremp and Jacques Mistral, "Commerce extérieur american: D'où vient, où va le déficit?" *Economie prospective internationale,* 22 1985: 5-41.

(20) Michael Borrus, James Millstein, and John Zysman, *International Competition in Advanced Industrial Sectors: Trade and Development in*

the Semmiconductor Industry, Washington, D.C., Joint Economic Committee of Congress, 1982, p. 106.

(21) Gene Bylinsky, "Japan's Ominous Chip Victory," *Fortune*, December 14, 1981, p. 55.

(22) 半導体業界団体会長 Andrew A. Procasssini 氏が 1988 年 10 月 21 日にスタンフォード大学でのスピーチで引用したデータクエストの資料による。

(23) この段落で用いたデータはすべて、*U.S. Industrial Outlook*, U.S. Government Printing Office, Washington, D.C., 1988 and 1989 による。

(24) 同上。

(25) *Facts and Figures on the Japanese Electronics Industry*, Tokyo: Electronic Industries Association of Japan, 1988, p. 29 に引用されていた、製造業業界サーヴェイに基づく通産省のデータによる。この数値は、半導体製造だけでなく、全種類の電機部品産業の雇用を含んでいる。

(26) Eurostat, *Industrial Production: Quarterly Statistics*, Eurostat, Third Quarter Luxembourg: 1990, p. 173.

(27) このデータの詳細な説明と分析は、Jeffrey A. Hart, "Crisis Management and the Institutionalization of Corporatist Bargaining Mechanisms," paper delivered at the Conference of Europeanists of the Council for European Studies, Washington, D.C., October 18-20, 1985 を参照。

(28) Leonard H. Lynn, *How Japan Innovates: A Comparison with the United States in the Case of Oxygen Steelmaking*, Westview Boulder, Colo., 1982, p. 23.

(29) イギリスとオランダと同様に、アメリカも 1941 年 7 月、日本のインドシナ侵攻のあと鉄鉱石とスクラップの対日輸出禁止の措置を取った。Paul Kennedy, *The Rise and Fall of the Great Powers*, Random House New York, 1987, p. 303 を参照。

(30) 私は何年にも亙って、政府、経営者、労働組合の代表と個別のインタビューを行ってきた。そのようなインタビューは、特別に述べられている以外は、必要な情報を入手するため、秘密保持について保証する形で行われた。私はまた、できる限りにおいて、インタビューによって得られた情報を、文書により確認するよう心がけてきた。そのような情報の出所については、以下「インタビューによる」と記しておく。

(31) Ira C. Magaziner and Robert B. Reich, *Minding America's Business: The Decline and Rise of the American Economy*, Vintage Books, New

York, 1983, chap. 13 参照。

(32) 例えば，J.P. Womack et al., *The Machine That Changed the World,* Macmillan, New York, 1990 参照。

(33) 例えば，Wolfgang Streeck and Andreas Hoff, "Industrial Relations and Structural Change in the International Automobile Industry," working paper, International Institute of Management, Berlin, August 1981.

(34) Ernest Braun and Stuart Macdonald, *Revolution in Miniature: The History and Impact of Semiconductor Electononic,* 2nd ed. Cambridge University Press, New York, 1982; Michael Borrus, *Competing for Control: America's Stake in Microelectronics,* Ballinger Cambridge, Mass., 1988 および George Gilder, *Microcosm: The Quantum Revolution in Economics and Technology,* Simon and Schuster New York, 1989 を参照。ギルダーは，385〜402 頁でこの問題についての有益な文献リストを提供している。

(35) 新古典派による貿易理論の結論についての詳細な概括は，Edward Leamer, *Sources of International Comparative Advantage: Theory and Evidence,* MIT Press Cambridge, Mass., 1984, chaps. 1-2; および Elhanman Helpman and Paul R. Krugman, *Market Strucutre and Foreign Trade: Increasing Returns, Imperfect Competition, and the International Economy,* MIT Press Cambridge, Mass., 1985, chap. 1.

(36) 例えば，J. Peter Neary, "Intersectoral Capital Mobility, Wage Stickiness, and the Case for Adjustment Assistance," in Jadish N. Bhagwati, ed., *Import Competition and Response,* University of Chicago Press Chicago, 1982 および David G. Tarr and Morris E. Morkre, *Aggregate Costs to the United States of Tariffs and Quotas on Imports,* Federal Trade Commission, Washington, D.C., 1984 参照。

(37) 産業間貿易の文献レビューについては，Elhanan Helpman, "Increasing Returns, Imperfect Markets, and Trade Theory," in Ronald W. Jones and Peter B. Kenen eds., *Handbook of International Economics* North-Holland, Amsterdam, 1982 参照。

(38) Dertouzos, Lester, and Solow, *Made in America* の産業研究の A から H までを参照。

(39) Dertouzos, Lester, and Solow 前掲書，35-39 頁。著者はマクロ経済要因のみでは，競争力の変化を説明できないと主張している。

(40) 例えば，C. Fred Bergsten and William R. Cline, *The United States - Japan Economic Problem 1985,* rev. ed. Institute for International Economics, Washington, D.C., 1987 参照。

(41) Dertouzos, Lester, and Solow, *Made in America,* p. 34.

(42) George C. Lodge, "Introduction: Ideology and Country Analysis," in George C. Lodge and Ezra Vogel eds., *Ideology and National Competitiveness,* Harvard Business School Press Boston, 1987, pp. 2-3.

(43) Ezra F. Vogel, "Conclusion", ibid., p.305.

(44) この政府主導のアプローチに関する有益な議論は，G. John Ikenberry, David A. Lake, and Michael Mastanduno, "Introduction: Approaches to Explaining American Foreign Economic Policy," in Ikenberry, Lake, and Mastanduno eds., *The State and Foreign Economic Policy,* pp. 9-14 に見られる。

(45) Chalmers Johnson, *MITI and the Japanese Miracle: The Growth of Industrial Policy, 1925-1975,* Stanford University Press Stanford, Calif., 1982, p.31.

(46) 例えば，John Zysman and Laura Tyson, "American Industry in International Competition," in Zysman and Tyson eds., *American Industry in International Competition,* Cornell University Press Ithaca, NY, 1983 参照。

(47) Hall, *Governing the Economy,* p. 17.

(48) 例えば，Richard Samuels, *The Business of the Japanese State: Energy Markets Comparative and Historical Perspective,* Cornell University Press Ithaca, NY, 1987; Johnson, *MITI and the Japanese Miracle,* p. 312 参照。

(49) 例えば，Peter Katzenstein, *Small States in World Markets: Industrial Policy in Europe,* Cornell University Press, Ithaca, NY, 1985), chaps. 3-4 参照。

(50) Hart, "Crisis Management." 参照。

(51) 連合アプローチは以下の文献で用いられている。Peter Alexis Gourevitch, *Politics in Hard Times: Comparative Responses to International Economic Crisis,* Cornell University Press Ithaca, NY, 1986; Rogowski, *Commerce and Coalitions*; Thomas Ferguson, "From Normalcy to New Deal: Industrial Strucutre, Party Competition, and American Public Policy in the Great Depression," *International Organization* 38 Winter

1984: 41-94; Jeffry Frieden, "Sectoral Conflict and U.S. Foreign Economic Policy," in Ikenberry, Lake, and Mastanduno eds., *The State and American Foreign* Policy. 連合アプローチは Theda Skocpol, *States and Social Revolutions: A Comparative Analysis of France, Russia, and China*, Cambridge University Press, New York, 1979 では暗示的だが，政府と市民社会の中のグループがともにアクターの中に含まれているため，彼女のアプローチでは，ここで用いられている政府・社会アプローチと整合すると考えられる。

(52) Ikenberry, "Conclusion," p. 223. 国家・社会アプローチはアイケンベリーが提唱する制度アプローチと酷似しているが，政府・社会的制度を理解する鍵として，政府と，経営者・労働組合という二つの特定の社会組織との間での権力の分配に焦点を当てる点が異なっている。その点では，国家・社会アプローチは，コーポラティスト，連合，制度アプローチの弱点を引き継ぐことなく，それぞれの強みを活かして構成されている。

第 5 章

公共政策と民間企業の利害：
未来のテレビ規格をめぐって

アラン・コーソン

（1）はじめに

　ヨーロッパの家電産業をリードしてきたフィリップス社とトムソン社は，過去6年間，日本のハイビジョン規格に対抗する高品位テレビ（High Definition Television: HDTV）開発の共同研究開発プロジェクトの中核を占めていた。このプロジェクトはユーレカ・プログラムの下で組織され，民間からは主にフィリップス社からの出資（トムソンはフランスの国有企業である）と，各国からの公的資金あわせて10億エキュ（ECU, 旧ヨーロッパ通貨単位）を超える資金が投入され，またヨーロッパ委員会からは直接の資金援助こそなかったとはいえ，積極的に支持されていた。

　ところがこのプロジェクトによって開発された HD-MAC（Multiplex Analogue Component）方式という高品位テレビの規格は，1993年1月，ヨーロッパ委員会によって正式に破棄されてしまった。これは委員会が，新しいデジタルビデオ放送（Digital Video Broadcasting, DVB）技術が1996年には導入できると考えるようになったからであった。ヨーロッパの87の公的・民間機関（EU 非加盟国からの参加者を含む）は，デジタルビデオ放送への支援を表明する合意メモに調印した。HD-MAC はこれで過去のものとなったのだ。

　本稿では，1985年以降の新しいテレビ技術の開発をめぐる EC 政策プロセスを，政策の立案と実施双方に関わる民間企業の関与に着目して分析する。特に一部の政府とヨーロッパ委員会（特に第十三総局）が，フィリップス社とトムソン社に，HDTV 戦略の策定で特権的な位置を与えた事実を分析し，

なぜECが1992年，これまで比較的非公式に行われていた政策立案プロセスに，幅広い利害関係者の参加を容認する方向へと転換したのかを説明する。最後にDVBを推す連合の強さを評価し，複雑な技術革新過程における集団的行動が内包する諸問題を検討する。

（2） HD-MAC戦略の策定

1980年半ばにヨーロッパのエリートの間では，ヨーロッパの情報技術産業と電子産業の国際競争力が危機に瀕しているという認識が広まっていた（Sharp and Shearman, 1987）。特にフィリップス社とグルンディッグ社の一般家庭向けビデオ方式であったV2000が，日本のVHS方式に敗退した後，情報技術産業と家電製品部門の貿易赤字が急増した。このころ日本の電子産業は，通産省の主導で実行された主要メーカーの共同研究開発がうまくいったために，超LSI半導体技術で世界の水準に到達したばかりだった。[1]

それに続いて日本のNHKが中心になり，ハイビジョンという全く新しいテレビ方式の開発をめざして，ソニー，松下，日立，東芝などの主要企業が参加して半導体の場合と似た協力関係を形成していた。日本は世界のテレビ規格調整機関（CCIR）に対して，ハイビジョン規格を高品位テレビの世界公式規格として採用するよう提案した。[2] この動きはかつてVHS方式が他方式を駆逐したのと同様に，ハイビジョン方式によって日本企業がヨーロッパ企業の家電市場を奪い取るつもりであるとヨーロッパでは受け取られ，ほとんどパニックのような反応を引き起こすことになった。

これへのヨーロッパの対応は素早く，「ユーレカ構想」〔ヨーロッパ先端技術共同研究計画〕という，民間の研究開発を支援する制度が利用された。これはレーガン大統領の戦略防衛構想（「スター・ウォーズ」計画）に対抗するために，ミッテラン大統領が構想したものである。ヨーロッパの諸政府は1986年5月，ドゥブロヴニックでの世界テレビ規格調整機関会議で，日本提案の阻止に成功した。更にその二カ月後，次回1990年の世界テレビ規格調整機関会議までに，ヨーロッパ独自の高品位テレビ規格を作り上げる目的で，「コンパチブル高品位テレビ方式」に関するユーレカ95プロジェクトが立ち上げられた。[3] この中核企業はフィリップス社，トムソン社，ドイツのロベルト・ボ

ッシュ社，そしてイギリスのトーンEMI社で，オランダ（アイントホーフェン）にあるフィリップス本社内におかれた幹部会によってひきいられていた。日本と異なり，BBC（イギリス），ZDF（ドイツ），RTF（フランス）といった主要な国営放送局などの放送事業者は，政策立案の中核メンバーから外され，ユーレカ95の中での彼らの貢献は技術的な面にとどまっていた。

　共同研究開発への参加企業の顔ぶれが日本とヨーロッパで異なった理由は，緊急度が違ったからである。放送事業者よりも受像機メーカーの方が直接の脅威を感じていた。放送事業者の利害に対しては，主として各国政府から圧力がかかっていた。これは産業問題の一種と理解され，脅威を受けているのは家電業界であって放送業界の問題ではないと思われていたのだ。現在の1994年の放送業界を見ていると，ヨーロッパでは既に多数の民間放送局が運営され，ケーブルテレビが普及し，衛星放送はブームを迎えているというように，事態はかなり変化してしまっている。しかし1980年代半ばでのヨーロッパの考えは，産業の国際競争力の問題には技術的な解決を見出すことで対処しよう，という考え方だったのである。

　ヨーロッパのHDTV戦略は以下の4点で重大なリスクを持っていた。
（1）中核企業のフィリップス社とトムソン社は，それまで協力関係を結んだことがなかった。実際1986年まで両者はしばしば対立していた。これはグンディッグ社の買収問題であるとか，フィリップス社が開発したV2000方式のビデオをめぐる問題や，デジタル・オーディオ方式が消費者に受け入れられ始めた頃，CDプレーヤーの生産をトムソン社が拒否したことに典型的に見られた（Cawson, et al., 1990）。
（2）HDTVとともに衛星放送という新しいタイプの送信技術を利用することが必要になったが，その理由は高品質の画像を送信するため，HDTVが現在の地上波放送よりも広い周波数帯域を必要とするからだった。プロジェクトが急を要するため，イギリスのインディペンデント放送協会（イギリスの商業放送を監督する機関）によって開発された新しい衛星放送技術（MAC）が導入されることとなった。[4]
（3）ヨーロッパでは1986年の時点では，まだ衛星放送が開始されていなかったので，日本の衛星放送のように，MAC方式の具体的な利用は既存の放送事

業者が新しい衛星放送番組を始めるか，あるいは新しい放送事業者が衛星放送に新規参入するかにかかっていた。いずれの場合でも，衛星放送を見るために消費者は，衛星アンテナと MAC 方式の信号を既存のテレビ方式に変換するデコーダーを購入せねばならず，また MAC 方式や更に高画質の HD-MAC 方式の画面を見るには，全く新しいテレビ受像機を購入する必要があった。

（4）この戦略は，各国営放送事業者が1977年に国ごとに割り当てられていた衛星放送の周波数を利用するかどうか，また現行の受信機に使われているテレビ方式でなく，MAC 方式を採用するかどうかにかかっていた。そのため EC 閣僚理事会は1986年，ある指令（directive）を採択し，それによって高出力の衛星トランスポンダーを利用した一般衛星放送に対して，MAC 方式の利用が義務づけられることになった。(5)

決定がないまま時間だけが無為に過ぎていってしまうという危険を考慮してか，この戦略策定者の当初の見識を疑問視する者はほとんどおらず，大多数は，ミッテラン大統領や EU 産業政策担当委員のダヴィニョン子爵などのように，この戦略に対し強力な政治的支持表明を行ったのである。このような支持によって，新しい高品位テレビの事業体系を計画，実行する中核企業だったフィリップス社やトムソン社の地位が有利になった。両企業が HD-MAC 方式を放送方式として採用することを決定し，同時にこの重要な技術政策を遂行する義務を負っていたのである。

この種の介入主義的な産業技術政策が成功するかどうかは，イギリスの文字放送導入の成功に見られたように，生産者の利害関係を政策プロセスに吸収し，メゾ・コーポラティズム的なパートナーシップ関係を作り上げられるかどうかにかかっている（Cawson, ed. 1985, 1986）。メゾ・コーポラティズムでは交渉による合意が成立し，法的拘束力はないとはいえ，実際にはその枠組みの中で参加者による政策形成と実行がなされるのだ。

家電業界での技術革新は，その技術を体現した製品の購入を消費者が納得するようになって初めて成功したといえる。日本とヨーロッパで HDTV 政策を決定する企業と政府が，消費者の利害を考慮していなかったことは驚くべきことではない。しかし日本でさえ，ハイビジョン・テレビが市場に登場

してから3年経過したにもかかわらず，その販売台数が4万台に満たなかったことに見られるように，このような政策決定過程にリスクがあることは明らかである。

（3）戦略の崩壊

　フィリップス社とトムソン社のユーレカ95での共同研究は，技術的なレヴェルでは人々の予想以上にうまくいった。4年間という技術開発の期限は守られたし，1990年の世界テレビ規格調整機関は再び日本方式の採用を退けた。1960年代に3種類のカラーテレビ方式が世界中で採用されたのと同様に，HDTVについても複数方式の採用が可能性を帯びてきた。HD-MAC方式のテレビカメラとビデオレコーダーができ上がった時点で，ヨーロッパ委員会は「ビジョン1250」という団体を設立し，放送事業者が非常に高価なHDTVの機材を安く利用できるように，財政支援を行った。

　ユーレカ95の参加企業は，放送局がHDTV放送を始めなければテレビ受信機が売れないことを十分に理解しており，そのためには番組制作が不可欠だった。しかし，ヨーロッパ委員会や大部分のEC加盟国（イギリス，後にデンマークとドイツを除く）からの政治的支持，前述の1986年MAC方式指令による厳格な規制といったことから，MAC方式の衛星放送が多数の視聴者を見つけることができる限り，HD-MACはヨーロッパで成功すると思われていた。

　いかなる技術革新でもそれが成功するには，有効な政治的規制，適正な技術，そして市場の成長が結合される必要がある。ところがヨーロッパのHDTV技術にとって残念なことに，規制の枠組みには欠陥があり，技術は他のものに置き換えられ，衛星放送の市場はMACを置き去りにしたまま発展したのだった。

1．規制の抜け穴と市場の失敗

　世界無線通信主官庁会議（WARC）は，国連の発起による国際的なラジオとテレビの周波数を調整する国際組織である。この会議は，電話や世界的なテレビ中継に使用される，広域で中出力の「通信衛星」と，一般家庭向けの

小型の衛星アンテナを用いる，衛星放送により適した高出力で狭域の「放送衛星」とを区別した。そしてこの会議は各国に，衛星放送の周波数を地理的条件に基づいて五つずつ配分した。

　EC閣僚理事会は事実上，高出力衛星放送サービスでMAC方式だけを認める指令を採択した。[8] イギリスではBBCなどが関係したいくつかの立ち上がりの失敗を経て，政府はイギリス衛星放送社（BSB）という新しいベンチャー企業に最初の放送衛星の周波数を割り当てたが，この認可は，86年の指令に則ってMAC方式の採用を条件としていた。

　しかし衛星放送技術は1977年から進歩を遂げ，中出力の「通信衛星」からの衛星放送電波を直径80cmから1mくらいの衛星アンテナで受信することが可能となった。ルクセンブルクに本拠地を置くヨーロッパ衛星放送社（SES）はこの新しい市場の可能性を信じ，世界初の民間保有の通信衛星アストラを打ち上げた。そしてトランスポンダーのいくつかを，メディア王マードックのニュース・インターナショナル社が始める衛星放送スカイ社に貸し出した。

　マードックは，1986年のMAC方式使用の指令はアストラの通信衛星には適用されない，とのアドバイスを顧問弁護士から受け，イギリス衛星放送社より衛星放送事業で先行することを決めた。マードックは家電メーカーのアムストラッド社と組み，スカイ社の衛星放送が当初はアムストラッド社が東アジアで生産している受信機で受信可能な，既存の通常テレビ放送方式で送信されると発表した。

　一方でイギリス衛星放送社は，今までテストされたことのない，「正方形」の衛星アンテナを使うMAC方式の利点を主張して，同社がこれから導入する，より高品質な技術を待つよう消費者を説得しようとしていた。だが消費者が欲しいのは技術ではなくテレビ番組であって，新しい技術が受け入れられるには，費用と便益のバランスと，機材の入手が簡単かどうかが重要な要素となる。[9]

　イギリス衛星放送社の放送は，スカイ社に遅れをとること14カ月の1990年4月に開始された。[10] その年の終わりまでにスカイ社はイギリス衛星放送社を買収し，イギリス・スカイ放送（BスカイB）と名称変更し，マードックは

アストラからの通常テレビ方式による衛星放送を継続すると発表した。イギリス衛星放送社と最初のMAC方式による商業放送の失敗は、ユーレカ計画の旗艦にあいた大穴だったことは疑うべくもない。しかし、このユーレカ計画の他のパートナーたちは、この時点ではまだこの計画の展望に楽観的で、船はまだ浮いていて沈みはしないと考えていた。

2．技術の陳腐化

というのは後に他のEC11カ国が、MAC方式による番組提供を始めるかもしれないことになっていたので、ユーレカ計画に参加した企業の見通しは正しく、このイギリス衛星放送社の失敗は乗り越えられたのかもしれないからである。しかし家電部門は巨大なグローバル産業であり、政府や政策担当者は企業同様、他の主要な市場で何が起こっているかを無視することができない。この点から見ると、ヨーロッパをベースにするグローバル企業のフィリップス社とトムソン社が、アメリカにおいても主要なテレビメーカーであり、アメリカでの新しいテレビ規格の開発にあたり、三大ネットワークの一つであるNBCを含む企業連合に加わっていたのは皮肉なことだった。

1986年の時点でアメリカは、日本のハイビジョン方式の国際規格化に賛成していたが、ヨーロッパでユーレカ95ができ上がると、ブッシュ政権はこの問題を再考し始めた。ブッシュ政権は日本とヨーロッパで見られる企業間の共同研究開発の方式を否定し、連邦通信委員会の下で、競合する技術間のコンペをする、という政策をとった。アメリカの政策がヨーロッパや日本と最も異なる点は、三大ネットワークが連邦議会に及ぼす政治力を背景にして、連邦通信委員会が新しい方式すべてを、現在の地上波放送と互換性があるものにするという決定を下したことである。これにより新しい方式は衛星放送に依存することがなくなった。日本のNHKからの提案は、ハイビジョン衛星放送の標準であるMUSE方式を、通常のテレビチャンネルに合うように調整しなおす、ということだった。

このコンペの参加締め切りの1990年6月直前に、参加企業の一つであるジェネラル・インスツルメント社がデジサイファー（DigiCipher）という、完全デジタル方式の開発を明らかにした。それは高品位画像の密度の高い信号を、

通常の地上波放送の小さい周波数帯に収まるように圧縮する技術である。この発表はアメリカでのコンペに重要な影響を及ぼし，1992年末までに，提案数は当初の21からわずか五つにまで減少した。そのうち四つは完全デジタル放送だった。またこれは以後2年間のヨーロッパでのHD-MAC技術のもとでくすぶっていた問題に火をつけてしまった。フィリップス社とトムソン社はアメリカでの彼らの提案を，連邦通信委員会の監督下で行われていた技術試験の最中に，ヨーロッパのHD-MAC方式から，完全デジタル技術に変更してしまったのだ。

1993年5月の試験期間の終了時点で，残った四つの方式の中でどれを選んでも大差がない，ということが明らかになった。(NHKはデジタル方式の優位が明らかになるに従って，自らの技術を基にした提案を撤回してしまっていた。)コストのかかる技術テストの追加を避けるため，また連邦通信委員会の高度テレビ諮問委員会議長の呼び掛けで，参加者は7社(フィリップス社，トムソン社を含む)をアクターにした「大連合」を作り上げ，アメリカのHDTV方式の統一規格について合意し，連邦通信委員会に対して提案することにした。それによって世界の三大テレビ市場は，企業間協調を運営の中心に据えることになったのだ。

しかしアメリカと日本，ヨーロッパとの違いは，技術の選択を最初に企業の側に渡してしまわなかったことである。この最初のコンペが(そしてこの制度はアメリカで，複雑な技術に関する技術革新の新しいパラダイムを偶然発見したのかもしれないのだが)，技術革新のための刺激を与えたのであり，放送におけるデジタル圧縮技術の応用に重要な突破口を開いた。

1990年6月のジェネラル・インストゥルメント社の発表に続き，国際標準化機構(ISO)の動画専門部会は，提案の基礎にある根本の画像圧縮技術を改良したものを，放送用デジタルビデオ(HDTVを含む)圧縮方式として，MPEG 2方式の名称で採用した。「大連合」とヨーロッパ・デジタルビデオ・グループはMPEG2方式を迎え入れ，また日本でもやがて同様に受け入れられるだろう。

3．ヨーロッパの脱落

だがヨーロッパでは最初ユーレカの参加企業は，このアメリカでの事態の進展が何事も変えなかったかのように振る舞っていた。フィリップス社とトムソン社は，ヨーロッパ委員会に1986年のMAC方式指令を強化する新指令の採択を働きかけていた。その指令が採択されれば，あの「抜け穴」がなくなり，MAC方式の衛星放送を受信するしないにかかわらず，ヨーロッパで販売される大画面テレビにはMAC方式の回路をつけるようにテレビメーカーに義務づけられるはずであった。

こうしてこの二社は自らを実現不可能な袋小路へと追いやることになった。両社はアメリカで完全デジタルの技術を1996年の実用化までに完成することができるとしていたのだが，ヨーロッパでは，デジタルテレビはまだ先のことであって，それまではMAC方式で十分であるという議論をしていた。だがこの立場を維持することはますます困難だということが分かってきた。というのもヨーロッパの主要放送局，消費者団体，ヨーロッパ議会議員，そしてとりわけイギリス政府が，HDTV戦略に異議を唱え始めたからである。

イギリス政府はユーレカ95計画に1億ポンドもの補助金を与えていたにもかかわらず，その戦略に公然と反対し始めた。1991年から翌年にかけて，ヨーロッパ委員会技術担当委員のフィリッポ・パンドルフィは，MAC方式のワイドテレビ化とHD-MAC方式の放送開始のため，HDTVプログラムに8億5000エキュの補助金をつけるべく，支持を集めようとしていた。イギリスが当初おなじみの新自由主義的な観点から異議を唱えたものの，他のEC諸国からの賛同は得られなかった。この議論は次第に熱を帯びるようになり，EC委員長ジャック・ドロールが，1992年12月のエジンバラ・サミットで合意された補助金パッケージについての合意を反故にするものだと，イギリス首相ジョン・メージャーを名指しで非難するほどになった。実際イギリス貿易産業省はMAC技術に懐疑的になり，「技術的」な観点からHDTV戦略に反対していたのだった。

ドイツ研究省は自国の放送局からの圧力を受け，ヨーロッパの政策方針の変更を容認し，イギリス貿易産業省と一緒になってヨーロッパ・デジタルビデオ放送推進グループ（DVBグループ）の結成を働きかけた。

1993年初めにはヨーロッパ委員会での調整の後，マルティン・バンゲマン

がHDTVに関する責任を持つようになった。彼はヨーロッパが完全デジタル放送技術を推進すると発表し，これまでのHD-MAC方式を推進することを止めると宣言した。

　最後に1993年6月，イギリスは2億2800万エキュのパッケージを単なるワイドテレビの番組制作への補助金というように緩和して，ようやく承認した。この合意の条件としてヨーロッパ委員会は，議会と理事会にデジタル技術について年内に報告するよう求められた。ヨーロッパの次世代テレビの政策決定に対する，フィリップス社とトムソン社の強固なガードは，オランダ政府とフランス政府の支持を得ていたにもかかわらず，こうして緩んでしまったのだ。

　他方ヨーロッパ・デジタルビデオ放送推進グループの設立については，93年9月に87機関によって「合意メモ」が調印され，それ以降，60機関が追加加盟することになった。それは今ではデジタルビデオ放送（DVB）グループとなり，ジュネーブのヨーロッパ放送連合のオフィスに本部を構えている。これはMAC方式の連合ほど排他的ではなく，公共・民間放送事業者，番組製作者，管轄政府機関の一部（例えばDTI）が含まれていた。

4．デジタルビデオ放送：包括的な連合なのか？

　反HD-MAC方式のキャンペーンはある意味では，政策決定の中核から外されていた放送事業者による反乱だった。1993年11月に合意覚え書きに署名したデジタルビデオ放送推進の公式メンバーは，以前より包括的で，必然的に事業者の利害を緩やかに集めたものになった。デジタルビデオ放送グループには，マードックのBスカイB社やフランスの民間チャンネルであるカナルプリュス，そしてヨーロッパの主要公共放送機関，テレビ受像機メーカーなどが参加することになったので，ヨーロッパでの新しいデジタル放送テレビという新市場の開発を主導するために，投資や規制を調整することが可能になった。[11]

　デジタル放送は既存のアナログ放送や，HD-MAC方式やハイビジョン方式のようなアナログ・デジタル混合方式よりも，いくつかの点で有利である。デジタル信号化や圧縮の際に余計な信号が除去されるために，一つのテレ

ビ・チャンネルの信号の枠内で高画質の画像を送信したり，複数の通常画質を流したり，あるいはこれら両者を組み合わせたものを送信でき，放送局はそれらを選択できるようになるのである。例えばそれによって，一つの衛星放送チャンネルに10チャンネルものデジタル放送を提供することができるようになるというように，放送局側に大きな経済性をもたらす。またこれは，理論的にはテレビ放送業界への参入障壁を下げる働きをする。

　しかし市場に最初に参入した業者が，独自規格の技術を用いて消費者をその規格に依存させるということも考えられる。その場合，新規参入業者がその既存の技術を利用することは容易ではない。BスカイB社やカナルプリュス社といった衛星放送局によって占有されている経済的資産の一つは，コンピュータ入力済みの顧客のデータベースであり，それは広告会社や小売企業によって利用される。有料テレビチャンネルの暗号化に利用される「スマート・カード」と呼ばれる技術を使って，衛星放送業者やケーブルテレビ局は，既存の地上波放送局では入手できない多くの顧客情報を入手できるようになるのだ。

　こうして政策論議は大きく変わった。それは当初の，ヨーロッパのハイテク産業を守るため新しい技術を創出するという産業政策上の観点から，新規参入業者が既存のチャンネルから不利な扱いを受けないよう，新しいデジタル技術をどう規制するか，という競争政策上の問題へと移行したのだ。この変化の過程でヨーロッパ委員会は，フィリップス社とトムソン社を擁護するという立場から，促進と調停を担う者へと自らの役割を変えた。今やオーディオ・ビジュアル政策を管轄するヨーロッパ委員会の第十総局や，競争政策担当の第四総局など，第十三総局以外の組織もこの過程に関与してきている。[12] ユーレカ95の実施期間中，第四総局はHDTVの戦略的重要性の方が競争政策の問題より重要であるとしていた。だが今では，議論が家電メーカー中心から放送サービスへと移ってきたことから，競争政策が第一の論点として取り上げられるようになったのである。

　現在のアナログテレビ放送方式（PAL）では，BスカイB社とカナルプリュス社が採用した暗号化技術を中心に，事実上の標準ができ上がりつつある。その結果，例えばアストラ衛星などといった新規参入業者が顧客に対して視

聴料を徴収しようとすると，スカイ社が採用し，アストラ衛星受信装置のすべてに導入されているビデオクリプト方式を使わざるをえない。ヨーロッパ委員会での現在の議論の中心は，新規参入業者が，市場に最初に参入した業者が選択した技術を強制的に採用させられることのないよう，新しいデジタル放送端末の共通仕様を徹底させるようにすることである。

　新しい技術を使ったテレビ放送は，技術革新にまつわる複雑な問題を随伴している。そこには起業家が直面するリスクが事業からの利益を超えてしまう，という市場の失敗の問題も含まれている。このような高度なテレビは情報インフラストラクチヤーの一種で，したがって更なる介入主義的な政策を導入するべきだ，と主張することもできよう。だが(EUからの若干の補助金を受けつつ)主導権をほとんど民間セクターに委ね，ヨーロッパ委員会の方はDVB内のコンセンサスの維持を手助けするという役割を果たし，技術革新を成功させるために必要なハードウェアとソフトウェアへの投資を調整し，不確実性を低減させる，ということもありうるし，その可能性が大きい。

　そうなればヨーロッパ委員会の役割は，アメリカ連邦通信委員会のような純粋な規制者としての機能をはるかに超えるだろう。アメリカではDVBに相当する組織は存在しない。アメリカでの「大連合」は単にHDTVの規格を提案する役割だけにとどまり，放送局はその連合に加わってはいない。ヨーロッパの政策は，デジタル・テレビだけでなくワイドスクリーンなども中心に据えている点で，アメリカの「大連合」とは違う。アメリカでは放送の経済性の観点から，新しいデジタル技術はワイドテレビ放送の開始でなく，むしろ通常の画質のテレビ放送を行う方向に進んでいるのだ。

　他方ヨーロッパのDVBが以前HDTV構想を推進したユーレカ95と違う点は，DVBでは参加者が多岐にわたっていて，強力なリーダーシップがあり，市場指向的なアプローチを取っているということにある。しかしヨーロッパでは，メゾ・コーポラティズムが純粋な「市場」による解決によってとって代わられたわけではない。むしろこうした形態のコーポラティズムが参加者を増やし，より複雑な組織構造を許容するものへと変貌していったのである。

(4) 結論

　ヨーロッパのテレビ市場はますます多元的になり，新しい衛星放送チャンネルやケーブルテレビなどは，従来の主に公共放送事業者の占めてきた地位に挑戦している。ヨーロッパでも，日本で行われたように，仮に何らかの企業連合を形成し，完璧な規制の枠組みの中でHDTV政策を決定する重要な役割を既存の放送事業者に与えていれば，MAC戦略はうまくいったかもしれないのだ。

　しかし，そういう条件が整っていた日本においてさえ，ハイビジョン方式への反対には相当なものがある。ヨーロッパ同様に日本では，アナログ方式のテレビは陳腐化しつつある。そしてアメリカの業界とホワイトハウスが，完全デジタル方式を早急に採用すれば「情報スーパーハイウェイ」構想の進展が早まるだろうと主張しているが，日本ではそれに注目が集まっている。デジタル技術がMPEGのようなデータ圧縮標準へ収斂しているために，こうした議論は重みを増してきている。BT社，AT&T社，ベル・アトランティック社といった通信事業者がそうした技術を使い，既存の電話設備を利用して一般消費者にビデオ・オン・デマンドのサービスを行うテストシステムを開発しているのだ。

　この収斂についての主張は一部誇張されているし，デジタル方式がアナログ方式に対して全面的に優位にあるという主張もまた，見せ掛けの面がある。しかし，ヨーロッパでの1991年から93年の経験からすると，今や「デジタル」という用語は，政治の議論の上で重要な象徴的意味合いを持つようになった。シームレスなデジタル情報インフラストラクチャーがもたらす，明るい新技術の未来像への熱狂が，政策の選択についての議論に大きく影響を与えたようにみえる。

　フィリップス社とトムソン社の曖昧な態度は，両社とMAC方式を採用したヨーロッパ委員会第十三総局の立場を弱くした。テレビの政策立案に新しい参加者が加わり，テレビの市場もまた視聴者の嗜好の多様化によって細分化されてしまった。しかしその中でも家電産業は寡占的なままであり，1994年においても1986年時点と同様に，フィリップス社とトムソン社の寡占的な

状況が維持されている。もしデジタル・テレビがヨーロッパで成功するなら，新しいワイドテレビや半導体や受信デコーダーなどを製造するのも，これらの会社なのである。市場にデジタル・テレビをもたらすのに有効なメゾ・コーポラティズム的な団体が緊急に必要なのであり，DVB連合を形成するためにヨーロッパ委員会が果たす役割は大きい。

　HDTV開発をめぐるヨーロッパの失敗が示すのは，新しい技術の市場を切り開こうとする生産者同士のインフォーマルな連合は，重要なプレーヤーを含んだ集団行動がなければ失敗する危険性が高いということだ。ユーレカ95計画の場合，政策担当者はフィリップス社とトムソン社の排他的連合に特権的地位を与え，それから除外された放送事業者からの影響力の行使がプロジェクトの失敗に結びついた。新しいDVB連合の場合には，集団行動の基礎は十分に包括的だった。しかし，参加者の利害関係がうまく収斂して強固な自発的合意を形成したり，自主規制が成功してMAC方式開発を失敗させたような指令を不要にしたり減らしたりするようになるかどうかは，やはり今後の課題なのである。

　本稿では，高品位テレビにおける技術提携での公共政策上の問題を描写してみたが，この問題は，アメリカやヨーロッパのメディアのよく議論されている，送信方式の選択という問題以上に数多くの問題を内包している。ユーレカ95の経験は技術への介入の失敗例でもないし，また，アメリカの経験も自由市場理論の勝利と理解するのも単純すぎる。連邦通信委員会が試みる，敗者を作る前に競合する企業同士が「大連合」を形成する方法は，アメリカのリベラルな競争主義というよりは，日本の官民協力的な産業政策の特徴に近いものがある。またどの程度熱狂的に，クリントン・ゴア政権が「情報ハイウェイ」構想に基づく情報インフラを支援し続けるのか，また彼らの支持で光ファイバーや放送を通したデジタル・テレビが浸透するのかも定かではない。

　どのような規格が選択されようと，新しい規格の浸透という問題はつきまとう。この問題は，EC,アメリカ，日本のどこでも重要なのだ。日本では，ヨーロッパのような明らかな規制の失敗があったわけではないが，NHKと郵政省，メーカーが緊密に協力し合い，毎日8時間，18カ月のハイビジョン試

験放送を行っているにもかかわらず，まだ十分な数のハイビジョン・テレビを販売したとはいえない。

　ヨーロッパでコンセンサス形成と補助金による市場開放戦略が成功する一方で，合意した標準に基づくアメリカのやり方が，放送局側が HDTV の商業的意義を認めないことで行き詰まるかもしれない。日本は，アメリカとヨーロッパにその点で遅れをとることもありうる。日本はまだ（将来はデジタル化する）高画質ハイビジョン方式に固執しているが，ヨーロッパとアメリカにおいては，新しいデジタル・テレビで普通の画質を標準としている。一方アメリカも，日本やヨーロッパに比べ，標準・HDTV にかかわらず，ワイド画面の放送で遅れをとっている。

　この HDTV 問題はまだまだ続いているが，1993年はまさに分水嶺であった。ヨーロッパと日本の政策担当者がここから学ぶべきものは，技術ナショナリズムはハイテク技術ではもはや不可能である，ということである。いまや R＆D，技術革新，そして生産活動は国境をこえたプロセスである。製品開発についてはなおさらである。これまでのヨーロッパの HDTV 戦略に見られたとおり，製造業や「もの造り」にこだわり，サービス提供者やソフト製作者を無視したやり方は，テレビ事業の連鎖関係を考慮していないし，またソフトウェア（テレビ番組やコンピュータソフト）とハードウェア（テレビ受信機やコンピュータ）の共生関係をも無視している。デジタル・テレビは高度な AV 処理機能をもつ機械として，コンピュータとテレビの境界を曖昧にした。しかし政治的な規制という古ぼけた問題と，新製品と新サービスというビジネス機会への投資という企業家の問題は，そう簡単になくなるものではないのだ。

　（１）　ピーター・ドラッカー（Drucker, 1993）によると，これは通産省による唯一成功したプロジェクトである。通産省が自動車産業で同じように指導した際にはホンダとスズキに無視され，医薬品，鉄鋼，テレコミュニケーションの分野では高くつく失敗をもたらした。しかし，例えばジョンソン（Johnson, 1982）のように，その見解に異論を唱える論者も勿論いる。
　（２）　テレビ技術を理解するのに，画像の製作，放送，受信という三分野はあ

る意味で分断されることが可能なので，それぞれについて分けてみることが重要である。

　日本のハイビジョン方式は60ヘルツ，走査線数1125本で，32メガヘルツの帯域幅で高画質を生成する。この帯域幅は，通信衛星の容量を超すほど大きすぎる。そのため，画像は MUSE と呼ばれる帯域圧縮技術でデジタル化された後，8メガヘルツまで圧縮され，アナログの波形で送信される。受信機は MUSE で圧縮された信号を元に戻し，16対9のワイドスクリーン上で，走査線1125本の高画質で表示される。

　ヨーロッパの HD-MAC 方式は，同様のデジタル・アナログ混合技術（ハイビジョン方式との互換性はない）を用い，同じように衛星放送で放送されることを想定していた。送信と受信方式が異なっても，番組製作の際の1125.60規格と1125.50規格（ヨーロッパ）は従来どおり継承できる。

（3）　トーン EMI 社のテレビ事業は，1987年にファーガソン社を買収したトムソン社が手にすることになった。またフィリップス社とボッシュ社は50％ずつ出資して，合弁ベンチャー企業 BTS 社を設立しそこに業務用テレビ機器事業を統合したが，今や BTS 社はフィリップス社の100％子会社になっている。

（4）　MAC 方式は，既存の PAL 方式や SECAM 方式に比べて画質がよく，衛星放送用に調整されていた。また複数の音声信号を送ることが可能なことから，ヨーロッパ全土にむけて多言語放送を行うのに適していた。

（5）　一部の消費者は既に，中出力の通信衛星から発信されるテレビ信号を受信するために大きいパラボラアンテナを利用していた。これらの映像は，ニュースやスポーツといったプログラムの地上局間の中継や，ケーブル放送網で放送される番組を提供するために利用されていた。

（6）　これは最初のハイビジョンテレビの価格が3万ドルし，現在でも6千ドルしていることを考えるとそう驚くべきことではない。

（7）　半導体技術の発達のおかげで，いまでは異なるテレビ方式との間の変換のコストはほとんどなくなり，マルチシステムのテレビの価格は通常のテレビに比べても高価なものでなくなっている。例えば，ギリシャでは SECAM 方式と PAL 方式が利用されていて，販売されているテレビはすべてマルチシステムである。NHK は HD-MAC 方式と MUSE 方式との間の変換装置を開発し，93年ウィンブルドンと1994年冬季オリンピックの HD-MAC 方式による映像は日本で変換された後，ハイビジョン放送された。ユーレカ95設立の時点で，例えばフィリップス社などは，60ヘルツの HD-MAC 方式から

50ヘルツのハイビジョンへの変換は技術的に困難かつ高価で，画質の劣化をもたらすと強硬に主張していた。確かにその変換は高価で，困難なものだったが，画質については十分すぎるものだった。
（8） イギリスとルクセンブルクは，MAC 方式を中出力衛星放送サービスにおいても義務づける案に明白に拒否権を発動した。
（9） BSB 社の浪費は，チッピンデールとフランクス（1991）によって詳しく描かれている。スカイ社がわずか20万ポンドしか要しなかった放送事業の立ち上げに，BSB 社はイギリスの「公的な」周波数を使用しなければならず，そのため自前の衛星を必要とすることから，10億ポンドも使ってしまった。
（10） このサービス提供が遅れた原因の一つとして，半導体の設計という問題があった。BSB 社は副音声を，D-MAC 方式というビジネス情報を文字放送できる音声多重方式を採用していた。しかしヨーロッパ大陸の衛星放送では，D2-MAC 方式という，ヨーロッパのケーブルテレビの周波数帯に合うように二つの音声チャンネルしかない方式を採用していた。
（11） 最初の一般向けデジタルビデオテレビ放送は，1994年6月，アメリカでのディレクTV の放送開始によって始められた。このヒューイ社によるビジネスは，アメリカで衛星放送を始めようとする3回目の試みであり，視聴者はゆくゆくは150チャンネル以上提供される番組を見るため，小型衛星パラボラアンテナとデジタル受信装置を購入するか，貸し出しを受ける必要があった。
（12） 本稿の執筆時点（1994年6月）では，MAC 方式導入の指令に代わる新しいテレビ技術の指令はまだ草案の段階で，閣僚理事会に1994年以降に提案されるものとされていた。

参考文献

Cawson, A. (ed.), *Organized Interests and the State: Studies in Meso-Corporatism,* Sage Publications, London, 1985.

Cawson, A., "Meso-corporatism and industrial policy: The anatomy of a successful initiative," *ESRC Corporatism and Accountability Newsletter,* November, 1986.

Cawson, A., Morgan, K., Webber, D., Holmes, P. and Stevens, A., *Hostile Brothers: Competition and Closure in the European Electronics Industry,* Clarendon Press, Oxford, 1990.

Chippindale, P. and Franks, S., *Dished! The Rise and Fall of British*

Satellite Broadcasting, Simon and Schuster, London, 1991.

Drucker, P., Interview in *Wired,* 1.3, July/August, 1993.

Johnson, C., *MITI and the Japanese Miracle: The Growth of Industrial Policy 1925-1975,* Stanford University Press, Stanford, 1982.

Prentiss, S., *HDTV: High Definition Television,* 2nd ed., Blue Ridge Summit, Tab Books, PA, 1994.

Sharp, M. and Shearman, C., *European Technological Collaboration,* Chatham House Papers No. 36, Routledge for RIIA, London, 1987.

第6章

ヨーロッパ連合の政治体制が各国資本主義に与える影響

フィリップ・C・シュミッター

（1）はじめに

　単一ヨーロッパ議定書（SEA）は12の主権国家によって調印され，順調に批准された。マーストリヒト条約（ヨーロッパ連合条約）はそれほどに順調にはいかなかったものの，調印，批准された。この両者は，ヨーロッパの統合をいっそう推し進めることとなった。いまやこの統合のスピードや方向づけが変更されることはありえない。それではこのプロセスは，この地域の資本主義経済の機能にどのような影響を与えるのだろうか。本稿の主要なテーマは，以下のように簡潔に定式化することができる。

　　「ヨーロッパでは，独自の諸制度が各国の資本主義経済を長期にわたって支配してきたが，それが今では国際的な自由化と相互依存関係の高まりの中で危機にさらされている。例えばヨーロッパ連合（EU）といった地域レヴェルにおいて，こうした独自の制度を今一度結集させ，活性化させることができるのだろうか。」

　ヨーロッパは，単一ヨーロッパ議定書やマーストリヒト条約が向こう10年間で実施に移されるに従って，財・サーヴィスの生産と資本と労働の利用の面で，比較的同質的で一つに収斂した基準や行動様式を形成しながら，21世紀に向かっていくのだろうか。あるいは加盟15カ国，あるいは将来の加盟国も含めたヨーロッパ連合の国々は，この未だかつてない挑戦に応えず，今ある国境線の内側に存在する，それぞれの固有の制度をあえて多額の負担を払いながら維持してゆくのか。もしくはたとえ豊かな国であり続けるとはいえ，発展する世界経済で重要な役割を果たすことを拒否することになるのだろう

か。

　この問いへの回答は以下の二点にどう答えるかに依存している。第一に，ヨーロッパでは様々なガヴァナンス・メカニズムによって歴史的に異なった各国資本主義が生まれてきたが，そのメカニズムの統合をどう理解すべきなのか。そして第二に，15のEU加盟国がお互いに合意したいくつかの事項が将来，どのような影響力を持つと予想すべきなのか。

（2） ガヴァナンス様式

　本稿では第一の問題にはあまり触れない。著者たちは『資本主義経済を統治する』において，産業部門のガヴァナンス様式の多様性をかなり詳細に類型化し，それが何故，如何に各国に特有の様式をとるのかを考察した。(1) またガヴァナンス様式を類型化し，なぜそれらが採用されるのかを検討した。研究者によってガヴァナンス様式の命名が混乱していたり，各様式の形成と存続を説明する要因が曖昧なところがあるが，とりあえず資本主義のガヴァナンス研究には以下のような合意があると思われる。

1．資本主義経済の効率性やパフォーマンスは一つの型の交換メカニズムに帰着するのでなく，またそれをモデル化すべきでもない。すなわち市場メカニズムだけに要因を求めてはいけないのである。
2．多様なメカニズムや制度的取決は，どれもある程度ガヴァナンスに関係している。ルールを作ったり制裁を課したりすることにより，関係アクターの行動を潜在的に調整できるのだ。
3．市場対政府もしくは市場対ヒエラルキーという，よく知られた二分法は，「中間的な」ガヴァナンス形態の認識によって補完されなければならない。後者は前者ほど短命だとか，偶発的だというわけではない。
4．あるメカニズムが他と比べて効率的であるとか望ましい，という先験的な根拠はどこにもない。というのもあるメカニズムのパフォーマンスは，そのメカニズムが置かれている具体的な空間的，機能的文脈に大きく依存しているからである。
5．ある所与のタイプのガヴァナンス・メカニズムが選択され，継続し，適

応して行くことを，単一の要因（技術，消費者の嗜好，国際競争など）だけで説明することはできない。
6．言い換えると，複雑な歴史過程で特定のガヴァナンス・メカニズムがいったん選択されると，自らを制度化する傾向があって，その初期条件が変化したり消滅しても存続する傾向がある。
7．この歴史的に説明できるメカニズムの起源に加えて，国家という主権を持った政治単位は空間的な差異化を行い，法，習慣，伝播によって，セクターや職業の違いを超えて類似したガヴァナンス・メカニズムを形成し，更にその国独自の「政策スタイル」を発展させる傾向がある。

　このような広く承認された命題以外に，いまなお論争の的となっている根本的な問題も多い。最も見解の分かれるのは，ヨーロッパ（具体的に言うと西ヨーロッパ大陸）は，非市場，非国家の非常に濃密で柔軟な「中間」メカニズムの集合が果たす役割によって特徴づけられる，という命題だろう。その根拠は無数にある。ギルドのような「前資本主義的」な制度が存続していること，リベラルで個人主義的なイデオロギーが不完全であること，大規模な世界大戦が繰り返されてきたこと，組織された労働者と社会民主主義政党が強力であること，工業化の過程で階級の違いによって分断された社会で，秩序を維持する必要などである。
　特に資本，労働，職業のアソシエーション，社会集団の間のネットワーク，企業同士の連合，そして特に生産者と政府双方に属しているプライヴェート・インタレスト・ガヴァメントなどが，ヨーロッパでは他の先進工業国と比べて，はるかに重要な役割を持っている。例えば，アメリカでの「企業・政府間関係」について教科書を著わす場合，労働組合や雇用者団体の存在を無視したり，労働組合を障害や目障りなものとして記述することができ，実際そういう記述がよく行われているのに対し，ヨーロッパでは労働組合や雇用者団体が生産・流通システムで重要な役割を占めており，それらをアメリカでのようには無視することができないのである。
　この中間的な調整メカニズムをどのように呼ぶかは各研究者によって異なるが，これらの制度の役割については，研究者の間に概ね以下のような合意

がある。⁽²⁾

1．これらの中間的な調整メカニズムの制度は，その構成員を組織し，必要とあらば彼らに安定的かつ協調的な行動を強いることができる。競争圧力が個人や企業を共通のノルムや慣例から逸脱するように仕向けるにもかかわらず，そうできるのである。
2．これらの中間的な制度は，外部の交渉相手，すなわち労働力，原材料，中間財，配送システム，マーケティングなどの生産要素を提供する非メンバーと，比較的長期的な関係を結び，それを維持することを保障できる。
3．これらの中間的な制度は，政府と交渉して権限の譲渡に関する協定を結び，選ばれた特定の財を生産する。そうした財は団体のメンバーの利益となり，特定の公的目的に貢献する。

すべての中間的なガヴァナンス・メカニズムがこれらのすべての機能を果たしているわけではない。現にそうした行為は国ごとの文脈次第で，「取引を制限する行為」を禁じる競争政策や反トラスト法などに抵触する可能性がある。このような制度が他の地域よりも深く根差しているヨーロッパの中でさえ⁽³⁾，国やセクターごとにその制度には大きな相違がある。それがある種の競争力の違いとなって現れるが，この差はまさに単一ヨーロッパ議定書が「単一市場の完成」によって消滅させようとしているものである。

生産者と消費者の間にどんな集団的干渉も存在しないことこそが，最も効率的で優れたパフォーマンスをもたらす，と正統派は考えている。それに反してヨーロッパが現代の世界市場で競争上の優位を持っている原因は，間違いなく「媒介的な」中間者の役割に求められる。それは労働者の技能を向上させ，資源のフレクシブルな利用を促進し，情報を広め，研究開発のコストを分担し，長期的な視野に立つことを可能にし，しかも一般的に「多品種高品質生産」（ストレーク）を保証するのである⁽⁴⁾。この結論が持つ意味は明らかである。西欧諸国が，中間的なガヴァナンス様式という複雑かつ豊富なインフラを維持し続けることができれば，資源の賦存度，費用の構成，産業組織，

精緻な政治的妥協という点を考慮しても，西ヨーロッパはより規制が弱く，税金が安く，労働者の技能が低い北米や途上国と対等に競争できるのである。

更にこのことがヨーロッパの1992年の域内市場統合や，マーストリヒトで合意を見たいっそうの統合を達成する際の大きな障壁になっている。単一ヨーロッパ議定書こそが加盟12カ国間の階級，セクター，職業別の取決——特にプライヴェート・インタレスト・ガヴァメントの活動——に大きな脅威をもたらしているのである。国内の規制システムは職業団体や国，地方政府によるそれぞれ独自の取り扱いに依存しているが，ヨーロッパ全体で規範と基準を相互認証するという約束がなされたので，そうした様々な規制システムを競争させる道が切り開かれてしまったのである。経済取引を調整するための「筋違いの」半ば私的な取決は，その慣行が市民の健康やモラルを増進し，環境を守り，公平な競争を維持するといった高度に公的な目的のために必要であり，他の加盟国からの財・サーヴィスを差別的に取り扱わない限りにおいて許容される。そのためには，ヨーロッパ司法裁判所で説得力のある証明が行われなければならない。そうでなければ，市場による容赦のない評価（司法ではヨーロッパ司法裁判所が，1979年のディジョンのカシス判例で，最初にこの原則を打ち建てた）が，このような慣行の大部分を消滅させ，EUのあらゆるセクターにおける企業，個人，職業はすべて，そのうち一連の共通ルールの下で行動せざるをえなくなる。恐らくそうしたルールは最小限に競争制限を行い，最もコストを引き下げるようなものであろう。

マーストリヒト条約が批准，実施されつつある今，通貨同盟と統一通貨を実現するという約束は，競争力強化のための通貨切り下げといった，一国資本主義のやり方を守るために残されたわずかの手段の一つさえも，各国政府から完全に奪い去ることになる。またリフレ政策のためあえて財政赤字を維持するなどという「特異な」財政政策をとる政府の能力に，強力な足かせをはめてしまうかもしれない。

この二つの政策が予定通り実施された場合，歴史的伝統を持つ社会経済制度のいくつかが奪い去られてしまうかもしれない。そうした制度の多くは，ヨーロッパの「組織資本主義」の各国版を維持するのに重要な役割を果たしており，「多品種高品質生産」の各ニッチの中でうまく競争していく能力を支

えてきた。

　しかしこのような大規模な変化が起こる前に，政治的，法的な駆引が活発に行われるだろう。品質管理，参入障壁，生産数量規制，市場シェア，労働環境基準，価格水準，手数料設定メカニズム，トレーニングの基準など，従来から国内の経済主体に課せられている規制の維持を正当化するために，各国政府は血眼になって「高度に公的な目的」を探し始めるだろう。そればかりか完成した域内市場を急激かつ広範に自由化させれば，大量の欺瞞，不正行為，管理の失敗，その他の「投機的な」行動が発生するだけなので，EUは一定の権限を保持してこのような脆弱な市場に介入すべきだ，という議論を，EU機関自らが展開するだろう。

　この自らの権限を拡張しようとするEU官僚たちの努力は，特権的な地位を持っている資本家たちの，自企業を「不公平な」競争や地方での「無秩序な」規制から守りたいという利害と一致する。そしてそうなればなるほど，あの1992年市場統合という企ては当初の目的から逸脱し，加盟国の市場に大掛かりな再規制が導入されることになるだろう。プライヴェート・インタレスト・ガヴァメントは消滅するのでなく，EU指令を国内や地域で実施する機関として利用されることにより，あるいはヨーロッパ規模の独立団体という超国家的な存在に転換することにより，統合ヨーロッパで新しい意味を持つようになるかもしれない。

　このシナリオのうちどれが一番実現しやすいかを評価するために，まず単一ヨーロッパ議定書とそれを引き継いだマーストリヒト条約から，どのような政体ができ上がってくるのか考えてみよう。共同体機構が持つだろう権威の範囲や種類が明確になって初めて，経済を調整する国家的・超国家的メカニズムの将来像を考えることができる。というのは，セクター別の調整をめぐる今までの研究が示しているのは，その形成，実施，存続の可能性が政府の権威と密接に関連していることである。EUは今のところ，財・サーヴィス，人や資本の域内移動を管理するという究極的な能力を持っていないし，持とうとしたわけでもない。また直接強制的手段を発動する能力もなく，その機能はスポンサーとしての役割に限定されているか，政府間の合意事項に賛同してその実施を保証するという役割にとどまっているのである。

（3）現れつつある政治単位としてのヨーロッパの方向性

単一ヨーロッパ議定書が自らに課した，1992年12月31日までの統合の期限は既に過ぎてしまっている。当初予定されていた282個の指令の大部分は，委員会によって起草され閣僚理事会によって了承されている。実際には，例えば財政調和など，意見の相違がある重要問題が残っているが，「域内市場」は形式的には成功したといってもいいだろう。EU 指令の各国の法律への「移植」は遅れ，国ごとにばらばらに進行しているが，「1992年プロセス」が進行していないということはできない。それは1985年に条約が調印された際の予想を上回っているとさえいえよう。

1991年12月のマーストリヒト合意は EC の活動範囲を拡大し，通貨同盟と政治的協力という幅広い領域に対する権限を EC に与えた。この合意は，出現しつつあるヨーロッパ政体のゲームのルールと制度的権能をある程度明確にするのに有意義だった。それはその結果として成立した体制に新しい名称「ヨーロッパ連合（EU）」を与えさえしたのだが，この名称が生き残っていくかどうかは時間のみが明らかにするだろう。

単一ヨーロッパ議定書は忍び込むように訪れたが，マーストリヒト条約（ヨーロッパ連合条約）は大音声とともにやってきた。単一ヨーロッパ議定書は1985年に合意され，翌年調印されたが，専門家といわれる人たちでさえその重要性を認めてはいなかった。単一ヨーロッパ議定書には，既にローマ条約で規定していた事柄より踏みこんでいるものは少なく，またそれまで加盟国があまり効果のなかった統合プロセスを再生させるため，「厳粛に」合意事項に調印することを繰り返してきた過去があった。単一ヨーロッパ議定書に調印した各国政府は，同議定書の規定の意義全体について十分な理解があったわけではなく，また経済界や世論の前代未聞の反応も予見していなかった。

1992年12月のマーストリヒト条約は以上のプロセスの再吟味という性格を持ち，これに臨んで各加盟国はそれぞれの国家の立場を精密に定式化していた。マーストリヒト条約に先だって，非常に複雑な構造を持つ国家元首や閣僚による二国間協議が行われた。また条約に向けてヨーロッパ委員会と，経済通貨同盟および政治同盟という二つの政府間協議会（IGCs）から，「白書」

や草案などが絶え間なく提出されていた。これをめぐって「注意深いエリート」である専門家たちは騒然としていたが，他方で世論があまり盛り上がらなかったことは驚くべきである。明らかに単一ヨーロッパ議定書は，「猪肉から銀行まで」（フィナンシャル・タイムズ紙）全般に関わっていて，一般人の日常生活にはるかに大きくかつ直接的な影響を与えることを運命づけられていた。他方，マーストリヒト条約は「製品，サーヴィス，資本と人」の移動よりも制度の改革に焦点が当てられていて，政府機関，圧力団体，政党や加盟国の社会運動によって表明されるような影響を与えるまでには，いくらか時間がかかる。長期的にマーストリヒト条約はヨーロッパ政体の将来を形成するのに貢献するだろうが，短期的にはEC／EUへの支持を高めることには結びつかないだろう。

　マーストリヒト条約の「実務上の」主要な達成は，通貨同盟に関する条項である。1972年にいわゆる「ヘビ」が造られ，1979年に加盟八カ国，後に九カ国がヨーロッパ通貨制度（EMS）を創設した。それ以後，これをめぐって相当の政府間協力が行われてきた。だが通貨統合はローマ条約がもともと意図していた範囲を越えるものになった。ヨーロッパ通貨同盟（EMU）がそれまでと違うのは，単にそれが極めて野心的な目的を実現する明確なデッド・ラインを決定（特定多数決による共通通貨の創造）したからだけではなく，この目的を新しい共同体の制度を創出することを通じて達成しようとするからである。それはヨーロッパ中央銀行制度（ESCB），更に十分な資源と能力を備えたヨーロッパ中央銀行（ECB）である。しかもこの条項は，参加各国がマクロ経済上のパフォーマンスを収斂させないと達成できないような，かなり詳細な条件を明確に定義している。加えてマーストリヒト条約は非常に強い言葉で，ヨーロッパ中央銀行が加盟国政府から完全に独立した地位を占めるということを明記している。その結果として，民間利害を調整するための重要な組織が，EUの政策決定の中心に据えられることになった。この先例が十分強固に確立されて機能したなら，同様のやり方がヨーロッパ証券取引監視委員会，ヨーロッパ鉄道管理局，ヨーロッパエネルギー局，ヨーロッパ航空管制ネットワークなどの設立に応用されるだろう。

　仮に通貨の問題だけに限定して議論したとしても，加盟国は2001年までに

国家主権に関わる権限を「プール」することになる。具体的には自国通貨の発行権，財政赤字を出す権利，資金を好きなだけ調達する権限，金利水準，通貨供給量，為替レートなどの決定，独自のマクロ経済運営を行うことなどである。もちろん「オプト・アウト（自発的な脱退）」や「イーズ・アウト（強制的な脱退）」を規定した条項は，ある国がこの制度への参加を拒否したり，他の国々がある参加国を脱退させるという具合に使うことはできる。しかしある政府が前者を利用してその国独自の制度を保護しようとするのかどうか，また特定多数決によって後者を利用して，特定の産業の利益を守るために外国を差別待遇する国や，財政赤字を続ける加盟国を追放できるのかどうかは，まだ不明といわざるをえない。

　とはいえ，いったんいくつかのEU加盟国が1996年のEMU第三段階に入った時には，そのうちのある国が後戻りして自国通貨を発行したり，有効需要の調整や排他的なマクロ経済運営を行い，自国産業の市場での競争力を向上させるといったことを想像することは難しい。既に述べたとおりこの超国家的なマクロ・レヴェルでの固定化によって，産業構造調整や輸出振興の任務がメゾ・レヴェルに移行するという間接的な効果が訪れるかもしれない。これまでこのメゾ・レヴェルで，各セクター固有のナショナルなガヴァナンス・メカニズムが働いてきたのだ。

　マーストリヒト条約はまた，いままで扱ったことがなかったり，長らく政策が行われず休眠状態になっていた諸分野（公衆衛生，教育，消費者保護，ヨーロッパ・レヴェルでのテレコミュニケーション，運輸，エネルギー政策の促進，中小企業への支援など）で，閣僚理事会が特定多数決による議決を使ってイニシアティヴを取るように方向づけている。また条約は環境保護，産業政策，エネルギー計画および税制に関する事項への関与については，全会一致という，より厳しい条件を定めた。これら大部分の政策分野は，各国で厳しい規制や公然とした調整の対象となっているのである。もしこれらの分野での権限を強化しようとすれば，EUは投票権の範囲と実施条件に制約されながら，これらの既存の取決を大幅に間接的に利用することができる。

　表6-1では，EC機関の権限が各種の分野で拡大していくダイナミクスを描写してみた。リンドバーグとシェインゴールドが「土台作りの期間」（1950年

表6-1 ヨーロッパの政策領域と権限のレヴェル：1950年－2001年

1＝政策決定のすべてが国家レヴェル
2＝政策決定の一部がECレヴェル
3＝政策決定は国家とEC双方のレヴェル
4＝政策決定のほとんどがECレヴェル
5＝政策決定のすべてがECレヴェル

I．経済分野	1950	1957	1968	1970[a]	1992[b]	2001[c]
1 財とサーヴィス	1	2	4[d](3)	4(3)	4	4
2 農業	1	1	4	4	4	4
3 資本移転[e]	1	1	1	1	4	4
4 人，労働者[f]	1	1	2	2	3	4
5 運輸	1	2	2	3(2)	2	3
6 エネルギー[g]	1	1	1	1	2	2
7 通信	1	1	1	1	2	3
8 環境[h]	1	2	2	2	3	3
9 地域開発[i]	1	1	1	1	3	3
10 競争	1	2	3(2)	3(2)	3	3
11 産業[j]	1	2	2	2	3	3
12 短期金融	1	1	2	2	2	4
13 外国為替，融資	1	1	3(2)	4(2)	2	4
14 税制	1	1	3(2)	3(2)	2	3
15 マクロ経済[k]	1	1	2	3	2	4
II．社会文化分野	1950	1957	1968	1970	1992	2001
1 労働条件	1	1	2	2	2	3
2 保険医療	1	1	1	1	2	2
3 社会保障	1	2	2	3(2)	2	2
4 教育と研究	1	1	3(2)	3(2)	3	3
5 労使関係	1	1	1	1	1	3
III．政治体制的問題	1950	1957	1968	1970	1992	2001
1 司法と所有権[l]	1	1	1	2	3	4
2 国籍[m]	1	1	1	1	2	3
3 参加	1	1	2(1)	2(1)	2	2
4 警察と治安維持[n]	1	1	2(1)	2(1)	1	2
IV．国際関係，対外安全保障	1950	1957	1968	1970	1992	2001
1 貿易交渉	1	1	3	4	5	5
2 経済軍事援助	1	1	1	1	2	4
3 外交，IGOメンバーシップ	1	1	2(1)	2(1)	2	4
4 防衛，戦争	1	1	1	1	2	3

a この評価の出典は：1950-1970，Leon Lindberg and Stuart Scheingold, *Europe's Would-be Polity* (1970: 67-71)。そこでの1970年の評価は，「既存の条約上の義務と，後の政策決定に基づいて決められた義務をもとに算出した。」

b 既存の条約上の義務と，後の政策決定に基づいて決められた義務から求められた，単一ヨーロッパ議定書により算出。ここと，以後の列のスコアは，Centre for Advanced Studies in the Behavioural Scienceに1992年3月に在籍していた1992年の評議会の参加メンバーの独自の評価に基づく（参加者は，Geoffrey Garrett, Peter Lange, Gary Marks, Philippe C. Schmitter, David Soskice）。

c 想定される条約の義務と，加盟国での批准を想定した，マーストリヒト協定による帰結の推定。
d 括弧の中のスコアは，LindbergとScheingoldがつけた元のスコアを，1992年の評議会参加者が1992年3月に事後評価した結果を表している。
e LindbergとScheingoldにはなかった項目であり，1950－70については，著者の推定に基づく。
f LindbergとScheingoldにはなかった項目であり，1950－70については，著者の推定に基づく。
g LindbergとScheingoldにはなかった項目であり，1950－70については，著者の推定に基づく。
h LindbergとScheingoldでは，「自然資源の開発と保護」と定義づけられていた。
i LindbergとScheingoldにはなかった項目であり，1950－70については，著者の推定に基づく。
j LindbergとScheingoldでは，「経済開発と計画」と定義づけられていた。
k LindbergとScheingoldでは，「反循環政策」と定義づけられていた。
l LindbergとScheingoldにはなかった項目であり，1950－70については，著者の推定に基づく。
m LindbergとScheingoldにはなかった項目であり，1950－70については，著者の推定に基づく。
n LindbergとScheingoldでは，「公衆衛生，安全，治安の維持」と定義づけられていた。

　から1970年）について測定した方法を用いて，私は1992年末の単一ヨーロッパ議定書のインパクトと，2001年までにマーストリヒト条約が与える影響とを推定し，付け加えてみた。
　表6-1のスコアは次のことを証明している。1950年には各国固有の権限だったもので，現在何らかの形でEC／EUに属するようになっていないものはない。当然これは経済の分野では最も明白である。だが1992年から2001年の間には，政治体制や外交・安全保障などの極めて微妙な分野にも，4（EUレヴェルでたいていの政策決定が行われる）や5（EUレヴェルですべての政策決定が行われる）といったスコアがつけられている。しかしながら輸送，エネルギー，通信という共通市場の核となる三分野では，目立った遅れがみられる。新機能主義の立場からみると，これらの三分野が全体として他の重要な政策分野での相互依存性を促進することから，本質的に他に先行するように思われる。しかし表6-1のスコアによれば，これらの領域は1970年まではほとんど手がつけられていない上，ようやく1992年までに「一部の意思決定がEUレヴェルで行われる」という段階に至るとされている。エネルギーも各種の産業に関係し，とりわけ空間的制約から自由な商品と考えられるが，保健，社会保障，政治参加，警察，公安といった事項同様，基本的には2001年でも各加盟国に委ねられるべきと判断されているのだ！
　これから大きな前進が見込まれているのは，単一ヨーロッパ議定書の結果としての労働力の移動，EMUの必然的結果としての貨幣と信用，外国為替と融資，マクロ経済政策立案など，および外国への経済的・軍事的援助の調整，外交的イニシアティヴ，国際機関への参加と対外安全保障に関することがら

などの分野である（これはマーストリヒト条約の政治統合と統合防衛政策についての条項を積極的に捉えようとする見方を根拠とする）。

1992年と2001年のスコアは，「1992年協会」のメンバーによる五つの独立した評価の最頻度を採ったものである。それゆえこのスコアは評価者の間のいくつかの重要な相違を覆い隠している。例えば最も見解が分かれているのは競争政策である。大多数の評価では「3」(各国と連合レヴェルで分担して意思決定が行われる）が与えられていたが，一人が「5」(2001年までにEC／EUに委譲される）としていたのに対し，他の一人は「2」(主として各国レヴェルで扱われる）にしていた。今世紀末に人と労働力の移動，経営者の権利と労使関係，国籍と投票権，法と公安，防衛と戦争に関する意思決定の中心をどこが担うのかについても相違がみられた。しかし全般的な方向性については見解の相違はなく，各国へ主導権が戻るといった「後戻り」は，わずかしか予想されていない。

しかしヨーロッパ政体の将来の姿について思い描くとき，2001年時点でのECやEUの活動範囲に関する考察からは，マーストリヒト条約の最も重要な特徴を捉えることはできない。それらは制度と意思決定方式に関する，非常に難解な規定の中に隠されているのである。マーストリヒト条約は最初の段落（A条）で，ヨーロッパ連合（EU）という新しい組織の設立を謳っている。それはその後の条項で定義を与えられていないが，ある意味で野心的で包括的な存在であると考えられている。なぜならその組織はヨーロッパ共同体（EC）を含み，「諸政策と協力の形態によって補足される」からである。ローマ条約の最初の部分を繰り返しながら，マーストリヒト条約は加盟国に「ヨーロッパの人々がますます密接に連合」することを求める。[6]

そしてこの条項に，「諸決定は可能な限り市民に近いところで行われる」という条項が加えられる。これは「補完性」(Subsidiarity) という，最新のキー・ワードに間接的に言及しているのである。[7] 言葉を換えると，補完性の機能がどのようなものであれ，EUは分権的な政体になるはずだということである。そこではおそらくほとんどの意思決定が中央政府機関以外で行われ実施に移される，ということである。この条項はEUの制度がいくつかのレヴェルを持つことを示唆し，地域，地方，県といった下位の行政機構の方が国

家よりも好ましいかもしれないことを暗示している。一般的に，このようなシステムは「連邦制」と呼ばれているが，イギリスはマーストリヒト条約がこの言葉を含むことに対して反対してきた。

ところが反面，このEUについての一般的な規定は，他のいくつかの点で「国家のような」色彩を呈する。例えばEUは新しい「ヨーロッパ連合市民権」の創造を謳い，「世界の舞台でのアイデンティティを確立」したり，「社会経済的結合」を強め，「共通の実績（acquis communautaire）を完全に保持し，発展する」（Art. B）ことを主張したりする。そのために「行動の一貫性と連続性を確保するための単一の組織」を設立することを確約し，特に将来「外交，安全保障，経済，開発政策でEU全体として行動する」（Art. C）ことを呼びかけている。仮にこのような大風呂敷を信用して注記を無視すれば，一つの超国家的国家が形成されつつあると結論づけたくなるが，それは誤りである。

むしろマーストリヒト条約の複雑で，必ずしも一貫性が保れていない規定から生じてくるのは，新奇でおそらくかつて全く予想されていなかった体制だろう。極めて皮肉なことに，EU官僚は予想外の事態の成り行きに常に注意を払い，そのことを自らの権限の拡張に利用することについては非常に長けているが，その彼ら自身の努力の結果として，彼らが望む形態のヨーロッパ政体が破壊されたのである。なぜならマーストリヒト条約は，まさに多様性の制度化への道筋をつけたからである。すなわちこれによってヨーロッパにおける相対的に独立した多様な取決への扉が開かれたのだ。それは単一の中央集権的機構によって調整されることがなく，それぞれ独自の法令，役割，資源，参加者を持ち，それぞれに異なった意思決定のルールによって運営されるという性格を持っている。もちろん委員会が確固たる共同体，単一政策と共同歩調を擁護し，自らの求心的役割を維持しようと努力することは疑うべくもない。だがそれは形成されつつあるヨーロッパ政体を取り巻く外部条件が変化している中では，決して容易ではないだろう。

マーストリヒト条約は，偏った奇妙な取決をいくつか潜在的に抱えている。例えばそれは「第三段階」で，加盟国政府からだけでなくEUからも完全に独立したヨーロッパ中央銀行の設立を呼びかけている。1990年まで，イギリ

スのような主要国を含む加盟数カ国が参加しないままにEMSがスタートした時，金融政策は気まぐれなEC幾何学〔問題ごとに参加国の組み合わせが変わること〕の先駆けとなった。本稿執筆時点で，ギリシャ，ポルトガル，スペイン，およびイタリアは将来の参加を公約しているが，現在のところ完全な形でそれに参加しているわけでない。マーストリヒト条約によると，「第三段階」でのヨーロッパ中央銀行の設立は，七カ国以上の賛成による特定多数決を持って成立してしまう。経済パフォーマンスが収斂に必要な基準を満たさない国は一流の経済ではないとされ，意思決定に参加する権利を失うのである。イギリスは特別な適用免除を求め，第二段階を「脱退」することができる。

　社会政策もまた，マーストリヒト条約で急場の手直しが承認された分野である。ここでも問題の根底は，イギリスの非妥協的な立場にあった。イギリスの保守党政府は，「サッチャー革命」によって国内では破壊されていた労働者の権利と福祉の保証を，ヨーロッパ・レヴェルで再度導入するということに反対していた。この問題はぎりぎりになって次のように取り繕われた。それは望むならば，イギリスの不参加という，少ない定足数による特定多数で決定される政策へ他の11カ国が参加できる，というものだった。条約付属文書でも，調印国は「EU機関，手続き，方法」を用いることを公約しているものの，ヨーロッパ社会保障体制（European Social Regime）のようなものを創設して，共通の年金制度や失業保険基金を運用するのかという点については，曖昧なままである。いずれにしてもこれまでにない前例ができ，それが他の問題にも適用されるかもしれない。

　例えば外交政策の分野で条約は「組織的な協力」を呼びかけているが，それは正式なEU機関やローマ条約の枠外に置かれている。更に条約は，ブリュッセルに新しい恒久的な「政治的指導者によって構成される政治委員会」という，一種の外交担当部局の萌芽的な機関を設立することを決めている。条項はそれに「EU委員会が完全に結びつけられる」（Art. J.8）としているが，その管轄下にはないようにするという。それと並行するように，加盟国は防衛問題について話し合うために，1954年から存在している西欧同盟（WEU）を通じて議論を続けるようになった。西欧同盟は自発的な新規加盟

国を受け入れ、やがて EU の防衛部門を担当することとなるだろうが、それと既存の EU 機関との関係は意図的に非常に曖昧に規定されているように思われる。

このようなマーストリヒト条約の不均等性と不統一性の萌芽は、次のように他にも見ることができる。

1. 新しい地域諮問委員会が、国内の諸地域（特定はされていない）からの代表で構成される（Art. 198a）。これは「経済的社会的結合」（Annex I, Protocol 15）のための基金を大幅に増額するという約束とともに、国家レヴェルの団体を経由しない影響力の流れを作り上げる可能性がある。
2. ヨーロッパ議会には新たに重要な権限がいくつか与えられた。すなわち調査委員会の設立権限（Art. 137b）、EU 委員会に具体的なイニシアティヴをとることを求める権限（Art. 137a）、ヨーロッパの市民や「法人」から陳情を受ける権利（Art. 137c）、独立したオンブズマンを指名する権利（Art. 137d）、そして最も重要なこととして、ヨーロッパ議会が広範な問題に関して複雑な共同決定（codecision）の手続きに入ることができる権利である。この権利によって、ヨーロッパ議会は閣僚理事会の決定に対して異議を唱えることができ、絶対過半数の一致があれば、たとえ全会一致の理事会決定に対しても拒否権を行使することができるのである（Art. 189b）。
3. EU 加盟国はヨーロッパ議会と各加盟国議会を召集し、新しい代表議会（Conference of the Parliaments）を必要に応じて組織して、会合を開くことができる。
4. EU 全体での警察の協力機構として（Europol）が創設される。また正式名称はないが加盟国の政府高官から成る「調整委員会」も作られ、それには難民の権利、入国ビザの条件、出入国管理、麻薬取引、経済上の不正行為、刑事、民事裁判での司法機関間の協力、テロリズムなどといった高度に政治的な問題について提言を行う権限が与えられている。

ヨーロッパ中央銀行に関する規定が与えるだろう間接的な効果の他に、マ

ーストリヒト条約でプライヴェート・インタレスト・ガヴァメントに最も直接的に近似したものは，11加盟国による社会政策への「自発的参加」の合意である。その目的は，「雇用の増大，生活水準と労働条件の向上，適切な社会的保護，労使間の対話，雇用の維持を目的とした人的資源の開発，そして排除との戦い」であると規定している。これについて加盟国は「各国の異なった慣行，特に契約上の関係における各国の多様性に留意した」手段のみを実施することに合意している。しかしそれと同時に，「EU 経済の競争力を維持する必要性」を尊重するとしている（Annex I, Protocol 14, Art. 1)。条約はこのような矛盾をはらんだ要請を実現するための手段を，特定多数決で決定するとしている。その上で重要な事柄については，全会一致の合意が必要であるとされている（Arts. 2.2 and 2.3)。

　更に続く記述で，マーストリヒト条約は媒介的なガヴァナンスの形態を二点にわたり間接的に暗示している。そのうちの一つは次の条項である。「指令の実施に関して，加盟国は労使から共同の要請があれば，それをこの二者に委任することができる。」そしてもし二つの社会的パートナーが合意すれば，「関係する加盟国は，当該指令によって規定されている事柄の実施を保証するために，いつでも必要な措置を講じるべく要請されている」（Art. 2.4)。要するにこの条約によって各国政府は，資本と労働を代表する団体間でどのような実施手段が合意されようとも，そのために尽力するという約束を条約によって行ったのである。(10)とはいえ各国政府は，それで自らの責任をとらなくてもすむようにされているわけではない。

　二つ目の規定はいっそう「ネオ・コーポラティスト」的な色彩を帯びており，EU の意思決定手続きにおける重要な技術革新を示している。EU 委員会は労使の間の「対話」を促進することを約束していて，社会政策へのイニシアティヴを立案する際には，彼らからの「バランスの取れた支持」を得られるようにすると明言している（Art. 3.1)。そのためいかなる提案も理事会に提出する前に，あらかじめこれらの社会的パートナーと調整を行うという（Art. 3.2)。この条項は労使に彼らの間の私的な集団的合意を形成することによって，共同体の行動をあらかじめ決定する機会を与えたのである（Art. 3.3)。(11)もし9カ月以内に労使がそのような合意に至ることになれば，その合

意事項は各加盟国の既存の慣行に従って実施されるか,「加盟国の共同の要請により」,理事会決定によって EU 指令に転換することができる。

　マーストリヒト条約では,これについて奇妙な脚注が加えられている（これは条約で唯一の脚注である）。それによると「11の参加者」は,私的なルートを通ることの政治的意味をどうやら理解していたようである。その留保は,そのような合意を直接実施すること,この義務をゆくゆくは国内法に反映させていくこと,あるいは実施のため関係する法律を改正することについて,各国政府の側は義務を一切負わないと主張している。(12)

　これらの項目すべては,EC/EU の「制度性」を高めるのに重要な貢献をすると思われることから,リストには載せられなかった。一部は明らかに政治的に忘れ去られることになっていて,他のものは若干の厄介者としてのみ残るだろう。わずかにプライヴェート・ガヴァナンスへ扉を開くことになるかもしれない条項がどうなるかは,ヨーロッパの経済界が階級レヴェルやセクター・レヴェルの交渉を始める意思があるかどうかにかかっており,彼らがそうしようとする兆しはあまりない。そればかりか,頂上団体であるヨーロッパ産業連盟（UNICE）がヨーロッパ労働組合連合（ETUC）に,「社会的パートナー」間の事前協議と交渉の問題について合意を図ろうとしたとき,いくつかの下部組織は直ちにこの行動に対して異議を申し立て,その条項は無効であり,国内レヴェルでは効力を持たないと宣言したのである。(13)

　しかしこのようなマーストリヒト条約の特徴は,ヨーロッパ政体の代表システムと,その内部における意思決定の諸段階の双方で,複雑性を大きく高めることになった。多様な非政府アクターが,つねに有力というわけではないにしても,EC/EU との恒常的な関係を結び,いっそう集団的な調整を行って EC/EU の政策を形成しようとするだろう。加盟国内でいくつかの国が結束すればそれは以前にも増して,EU の内外で独自のやり方をとると説得力を持って脅迫できるようになる。各国は全会一致の拒否権発動や,特定多数決での拒否権発動を通じて EU の最終決定権を主張することに抵抗を感じるようになるだろう。

　同様に,この不公平や不統一の可能性は加盟国の役割を,依然閣僚理事会に優越性を与えている公式の条文の表現を越えて制限するかもしれないが,

それは単に全加盟国が望んでいたり，緊急に法令化が必要である案件の処理についてさえも，審議通過を妨げる集団に譲歩したり，代償を払ったりする必要があるからである。いくつかの場合このような半独立の組織体の力は，単に対案によって審議を妨害したり，承認を遅らせたりしたくらいだった。しかしヨーロッパ議会がEU指令の審議の引き延ばしだけでなく，新しく拒否権まで持つようになったことは，特により力の弱い組織体がどのようにしてそれと協力していくか学ぶことができるなら，決定的に重要になってくるかもしれないのだ。

マーストリヒト条約はヨーロッパの政治統合の軌道を変え，各国や超政府的なアクターにはこれまで不明であったり望まれてもいなかった，幅広い，不回避ではない様々な可能性に道を開いたのである。それによってヨーロッパ連邦主義者たちが長い間望んでいた，一貫したチェック・アンド・バランスのシステムではなく，もっとハイブリッドな取決の発展が促進されることになるかもしれない。そうなれば，加盟国，特定の産業セクター，国内の政治団体，そして超国家組織がそれぞれ自分自身の責任事項を取捨選択し，その後になって初めてそれぞれがお互いに両立しうるかどうか考えるということになる。これは喩えて言えばこういうことになろうか。当初，「ヨーロッパ」は各国民国家から地域間協力という「軽食」に誘われて着席し，次に超国家的な官僚から中央集権的ガヴァナンスという「フルコース」に招かれていた。すると突然気がつくと，彼女はいろいろな料理人たちが用意した「アラカルト」方式のディナーの前に座っていたのだ。そこでは料理人たちは，共通の諸問題をうまく取り扱うための多様で，それぞれ魅力的な取決でゲストの食欲をそそろうとしているのだ。

（4）介入の条件

しかしマーストリヒト条約はそれ自体，強制力を持つような文書でなく，今からヨーロッパが組織改革のために会合をもつ1996年までの間に何が起こるか分からない。フィナンシャル・タイムズ紙のデイヴィッド・マーシュは，EUに課されたディレンマを以下のようにうまく説明している。

「1990年代の残りの期間のEUの課題は，自らの拡大をどう調整し，現

在の加盟国間の利害と機会の微妙に調整されたバランスを崩さずに，外からの期待にどう応えるかということである。」[14]

本稿では簡略化のために，以下の四点（内部条件二つと外部条件二つ）に焦点をしぼって議論を進める。それらはヨーロッパ政体の形態を決定するこの期間に働く最も重要な要因だと思われるのだ。

1　政策遂行能力
2　政治化
3　EU 拡大
4　域外安全保障

1．政策遂行能力

いわゆる「民主主義の赤字」ほどうるさく言われてきたわけではないが，EEC／EC は長い間「政策遂行能力の赤字」に苦しんできた。政策遂行能力が十分でないということは，超国家的な規制や指令への確実な服従を引き出せないということであり，それは共同体の活動範囲と効率性の限界をはっきりと示している。その原因は明白であって，共同体は超国家的な規範を実施する場合，各国政府と地域の機関にほとんど全面的に依存しているからである。[15] 報告されている違反行為（訴訟件数で分かる）の数が常に増加しているだけではない。EU／EC の政策が政策領域を拡大させ，特定の企業や社会に直接関わるような微妙な規制や分配の問題を対象とするようになってきている時に，「選択的逸脱」（すなわち「特定の義務をごまかす」こと）へのインセンティヴが加速度的に強くなっていくだろうということは，想像に難くない。将来このような共同体の決定事項に従わないことが，共同体の活動全体の正統性を大きく揺るがすことになりかねない。

これまでのところ概して，加盟国政府は「条約は履行されねばならない」という規準に従って義務を遵守しているようである。しかし地方自治体については，そうは言えない。行政上の仕事が急速に増加しているにもかかわらず，委員会は予算と人員を増やすことに反対されている。そこで今後委員会は政策の実施で，国内の機関にますます依存するようになるだろう。そのため国レベルのガヴァナンスを回避して，地方・地域政府が進んで EU のプ

ログラムに参加するような，代表，助成，責任の関係を作り出すことが委員会にとって魅力的になっているのだ。言うまでもなく，加盟国政府はこのような動きに異議を唱えるだろう。もっと言えば加盟国政府は，自分が競争相手国に騙されたり，自国権力の独占的な代表を妨害されないようにするために，委員会（あるいはその他の比較的独立した EU 官僚）が今以上の権能を持って，アクターのパフォーマンスを直接監視して違反者を処罰する方が好ましい，と考えることさえありうる。ともあれ私の推測では，この政策遂行に関する共倒れの戦いの帰結として，EC／EU は超国家としての特質を得ることを強力に推し進め，その過程で，既存の国家および地域機関の行動を統制するか，比較的独立して自立したヨーロッパ行政機関を設立することにより，ネットワーク，同盟関係，連合，そしてプライヴェート・インタレスト・ガヴァメントに依存することに興味を覚えていくだろう。

2．政治化

　以前から新機能主義者は，波及効果が生じ，超国家政府の権威が高まると，統合過程がますます問題を孕んでくるだろう，と予見していた。統合によりますます多くの集団が影響を受けるようになるにつれて，政策の焦点はいっそうブリュッセルに集まってくる。なぜ世論一般，特に政党や社会運動が今までこのことにさほど大きな関心を示してこなかったのか。国内議会で承認される法や規制のほぼ半数が EU の法規の国内法への翻訳であるという状態であるのに，なぜそれがほとんど一般に知られていないのだろうか？[16]

　「望ましい」シナリオによれば，政治化のタイミングと内容は，EU 官僚と彼らと利害を共にする集団によってコントロールされるはずだった。各国政治家が超国家機構に反対するため，EU 官僚は貿易の拡大，取引費用の軽減，物価の低下，人々のさらなる移動，地域補助金などといった政策から利益を受ける民衆へ直接働きかけることになるはずである。それによって，人々は勃興しつつあるこの超国家の中心母体へよりいっそうの資源と権限を移すことを主張するようになると思われた。しかしマーストリヒト条約後の現在の状況では，これと全く反対のことが生じ，予想もしなかった帰結をもたらしつつある。

加盟12カ国すべてが厳粛に合意したEC条約の批准は，今や初めて非常な困難に直面している。いままで共同体の問題に関心を寄せず，それに黙って従っていた政党や社会運動が異議を唱え始め，マーストリヒト条約に反対することによって国内での不人気を挽回しようとしている。更にマーストリヒト条約は，次のような非常に多様な反対を招いてしまった。ドイツでは尊敬されている通貨の消滅，イギリスでは社会立法の「脅威」，アイルランドでは妊娠中絶や旅行の自由，フランスでは地方選挙での外国人の投票権，スペインでは地域補助金消滅の可能性，デンマークでは拡大ヨーロッパが果たす外交政策・安全保障政策への漠然とした不安などである。

　加えてマーストリヒト条約の批准が，加盟12カ国の議会決議とデンマーク，アイルランド，フランスでの国民投票を経た現在においても，EUの追加資金をどこから捻出するかとか，それらを加盟国間でどのように分配するかという微妙な問題がある以上，政治化は止まりそうにない。EUの概算によると，マーストリヒトの公約を満たすだけで30％の予算増が必要となり，常に配分を受けることなく予算を負担しつづけてきたドイツからは，これ以上その役割を続ける気はない，という明確な意思が示されている。[17]

　繰り返して言うと現段階では，EC／EU問題に対する世論の無関心が最終的に消滅し，この問題が政治的論争の中に巻き込まれていくかどうかは，依然定かではない。ヨーロッパ議会選挙の投票率はまだ国内選挙より低く，そればかりか低下しさえしている。候補者のヨーロッパでの活動内容は，あまり選挙の当否を左右していない。極めて特化した領域で活動している団体だけが，EU官僚制の複雑な人的関係を理解して，事前にそれとの交渉に参加しているにすぎない。一般の団体や個人については，せいぜいヨーロッパ委員会での討議に事後的に参加するか，ヨーロッパ議会や閣僚理事会などでの各国政府の投票などを介して参加するにとどまっている。単一ヨーロッパ議定書とマーストリヒト条約の枠組みの中で，ヨーロッパ議会は次第に政治的に重要な役割を果たすようになってきたものの，議会が政治的責任のメカニズムを担っているのではなく，それどころかヨーロッパ市民を象徴的に代表することすら，まだできていない。

　もし大規模な政治化が起きれば，その影響は新機能主義者の予想とはくい

違ったものとなるだろう。主権が超国家機構へ決定的に委譲される動きが強まるのではなく，そのような結末を恐れた国家主義者を勢いづかせる結果となってしまう可能性がある。そうなれば統合を目指す努力全体が水泡に帰すということはないにしても，より国家連合的な解決が図られる可能性がある。そのもとでは，各国独自に既存の取決の自律性が保護され，市場自由化と規制緩和の効果が薄められるかもしれない。あるいはEUの問題にまつわるいっそうの議論や争いは，多数の地域，あるいは分野別の独自の取決を求める要求の噴出へと発展し，それはまたそれで異なる権限や参加者をそれぞれ持つヨーロッパ機関の乱立へと導くことになりかねない。この帰結は，どんな地域と職業集団が関係するかに従って，私が「共同統治」や「共同管理」と呼んだものになってしまうだろう。[18]

3．EU拡大

EEC/EC/EUが新しい加盟国を迎えていこうとしているのは，共同体の成功の印である。あらゆる意味で停滞状態にあった時でさえ，それは新しい加盟国を引きつけることに成功していたのである。しかしながら共同体の拡大問題は，あたかも統合プロセスの明白な一部分であるかのように，それ自体はほとんど理論的に扱われていなかった。次々と新規加盟国を受け入れることでルールや政策に質的変化が起きているにもかかわらず，基本的にそれは偶発的な事件としてしか理解されてこなかった。更に新規加盟は加盟国によりこれまで作られてきた共同体の義務全体（有名な「共同体の実績」acquis communautaire）を受け入れることを意味しているので，新規加盟のコストは常に上昇している。加盟をためらっている期間が長ければ長いほど，自国がこれまで意思決定に参加してこなかった多くの政策を受け入れなければならなくなるのだ。

ところが加盟への行列は伸びている。共同体の「拡大」について審議は，単一ヨーロッパ議定書での義務が履行され，マーストリヒト条約の新しい公約が守られることで，共同体の十分な「深化」が実現するまで中断されることになっていたのだから，もはやこの問題を引き延ばす言い訳はない。まずEFTA諸国（および，トルコ，マルタ，キプロスといった特異なケースとと

もに)，そして東欧の旧コメコン諸国という更に問題を抱えた国々(旧ソ連の共和国は言うまでもなく)などの加盟をめぐる「ブロック交渉」が，共同体の未来に影を落とすことになるだろう。旧ユーゴスラビアからいくつ独立国が成立するか，また旧ソ連の共和国のうちいくつがヨーロッパの基準を満たすかによるが，将来の加盟国の数だけでも30から35カ国は存在し，それは現存のEC/EU機関の存続を脅かすだろう。いくつかの国が完全加盟を果たしただけでも，彼らは理事会の投票制度，EU委員，代表委員，ヨーロッパ裁判所の裁判官の数，更に，ヨーロッパ委員会の委員長の選出方法についてさえ変更を迫るだろう。

参加「第一陣」の国々は，間違いなく共同体の所得水準の平均を上げ，共同体の予算に貢献し，加盟国内の「北欧・ドイツブロック」を強めることになるだろう。このブロックは一般的に，財政支出に占める福祉の割合が高く，国際経済に深く依存し，安定した金融政策をとり，公共政策に対して各種団体が大きな影響を与えている。ところが「第二陣」以下への拡大は，異なる問題を提起するだろう。例えばチェコ，スロバキア，ハンガリー，ポーランドといった加盟に値するとされている国々でさえ，加盟国の利害の不一致を増大させ，共同体の「経済的社会的結合」を深めるための限られた資源に過大な負担を与えることになる。それらの国は政治的に安定しているとはいえず，民主主義も不安定で，共同体の内部プロセスにどのように取り込んでいっていいのか想像することが難しい。しかしこれらの国々が富の再分配や補助金を求め，既存の「南部ブロック」と共同歩調を取ることは間違いない。

ヨーロッパの国境線が画定され，EC／EUへの加盟が承認された国の数，種類，範囲がはっきりするまで，地理的定義が曖昧な「ヨーロッパ」をどのような種類の政体が統治するのか，予想することは難しい。一つだけ明らかなのは，EU拡大への圧力が非常に強いので，それにうまく対処できなかった場合，重大な結果を招くということである。東欧と旧ソ連の経済社会が崩壊して難民が西欧へ押しかけてくる可能性を考えると，これらの国の安定は西欧の安全保障の要めになっている。

私は次のように予想している。おそらくEUは，新しく自由化した国や新しくできた国のために新しい形の「半加盟国」というような加盟形式を用意

するだろう。それによってこれらの国々は、ヨーロッパ政治の中央意思決定機関に参加することなく、業種別あるいは地域別の多様な組織がそれぞれ特定の経済，社会，環境問題を扱う枠組みの中に迎え入れられる。つまりEU拡大は、共同体を共同統治的な形式に向かわせるようである。

4. 域外安全保障

ヨーロッパ統合のプロセスは、初めからNATO（北大西洋条約機構）による政治的・軍事的安全保障にただ乗りすることができた。しかしレーガン政権下に合衆国のヘゲモニーが衰退し外交政策が転換されたために、ヨーロッパが大西洋同盟に引き続き依存すべきかどうかという問題を投げかけた。そして冷戦の終結、ワルシャワ条約機構の解体、東西ドイツの再統一、そしてソ連の崩壊によって、国際関係の様相は根本的に変化した。NATOの継続と、削減された形でアメリカ軍が引き続きヨーロッパに駐留することについては、短期的にはコンセンサスがある。しかし長期的には、この地域は独自の安全保障制度を必要としている。

このような世界変動の時代において、どのように発展していくかを理解するためには、地域統合の理論はほとんど役に立たない。1954年にヨーロッパ防衛条約が否決され、直接の政治的軍事的なヨーロッパ統合は不可能となったことが明らかになり、この問題は表舞台から姿を消した。NATOでいかなる「統合」の努力（兵站システム、戦略計画、兵器共同開発など）がなされても、それは無視されたり重要とは受け取られなかった。実際、軍需品の調達を初めとしたすべての公的調達は、貿易自由化のプロセスから除外されてきた。中立国であるアイルランドの加盟は、EEC／ECが安全保障の分野には全く関係しないという、広く信じられている観念を再確認させた。[19]

だが歴史的には、ヨーロッパ的な「国」の概念と国民統合の中核は、「主権者」の自立した防衛能力の発展と、その目的のために特別に編成された各国独自の軍隊によって形作られてきた。徴税、徴兵、国境線の画定、人的移動の規制、科学技術の振興、あるいは公衆の教育・保健に関する政策など、すべてがこの優先事項を反映している。EUが自前の軍隊を持たないまま、自らの規範の遵守を監視する能力がなく、逸脱行為に対して強制力を発動せずに、

正当かつ有効な超国家機関になることが想像できるだろうか？　協調行動や共同統治が続いて行く可能性は，共同体の多様な職務が集団的に果たされるかどうかにかかっている。だが共同体の政策の実施は，完全に各国政府や国内機関に依存しており，それらは確かに超国家的な司法機関によって監視されてはいるが，この機関自体もその力を各国と国内の法廷の協力にほぼ頼っている。意思決定の構造が非常に分散されているままでは，連合制度がどのようにして強制力を行使する機関をしっかりコントロールするのか，全く想像できない。むしろそのような役割は，もっぱら各加盟国の手に委ねられるだろう。その場合，もちろん各国が特定の脅威に対して連合を組んで対処することは考えられるが。

　これらが何を意味するかは明らかである。今やヨーロッパの安全保障が既成事実とは考えられず，新しい脅威は既存のNATOの枠組みや，二国間の枠組みで回避できないとすれば，安全保障のためには超国家組織に類似した存在が形成されねばならない。仮にEC／EU加盟国内で「多元的安全保障共同体」が確立されたとしても，それはヨーロッパの境界の外側では無力なのだ。更に他の外部変数である加盟国拡大を考慮に入れなければならない。おそらく安全保障の分野でEC／EUが何をすべきかは，加盟国それぞれが安全保障問題の将来をどう考えるかによって様々であり，これは東欧で何が起きるかに依存している。もし西側からの援助とともに，完全加盟や部分加盟を組み合わせた共同体の拡大によって，バルト海からアドリア海と黒海にまたがる地域を経済的，政治的に安定させることができれば，国家形成の力を伴うヨーロッパ統合軍を創設する必要性は低下し，その代わりに全欧安保協力会議（CSCE）ヨーロッパ審議会，西欧同盟（WEU）などの緩やかな形の集団安全保障や政治協力の形態と，新しいNATOが安全保障の任務を果たすだろう。

　だが反対に，東欧と旧ソ連における市場と政治の崩壊に対処するためには，単なる取り繕いでは十分ではないといった事態も想定できる。重大な安全保障上の脅威は，例えば中東や北アフリカなど，予想もしなかったところから出現するかもしれない。どちらにしても地域統合のプロセスすべてが危機にさらされるだろう。ヨーロッパ諸国は国益だけに基づいた利己主義的戦略に逆戻りするかもしれないし，潜在的な紛争を力で解決することが再開される

だろう。そうなれば単一のアクターによる覇権か，力による均衡メカニズムでそれを押さえ込むことになるだろう。

（5）ヨーロッパにおけるガヴァナンス形態の将来を考察する

　既存のガヴァナンスのメカニズム，特に様々な団体の特権的な地位に基づくメカニズムや，プライヴェート・インタレスト・ガヴァメントの権威に基づくメカニズムは，今や国内レヴェルでは明らかに危機に直面しており，超国家レヴェルでも単一ヨーロッパ議定書やマーストリヒト条約によってわずかな力を与えられているにすぎない。前者の特に悪質な事例，例えばイギリス牛乳販売協会の例などのいくつかは恥ずべきものとみなされ，それらの団体の権限が奪われることになった。[20] ドイツの同職組合と手工業会議所のようなあまり目立たないが強固な存在は，特にその力が地域市場への影響にとどまっている場合，手が触れられないまま生き残っていくだろう。[21]

　「相互認証制」は，強固な自治メカニズムが機能している職業へ影響を与え始めている。これまで EU は，資格認定を調整することで共同体内部のそれぞれの職業を統合しようとした。しかしそれを断念した共同体は，弁護士，会計士，技術者，測量技師，医師などの資格認定制度を作り上げる過程で，結果的にヨーロッパ・レヴェルのプライヴェート・インタレスト・ガヴァメントのさきがけをもたらした。高等教育学位認定制度の指令は，1988年に承認され，91年に施行された。その制度は各国の認定機関に対抗するものではなく，特定の条件をつけ，いくつかの大きな適用除外を認めつつ，認証機関に対して他の EU 諸国の学生を認めるよう求めただけだった。結果として EU は，特定の職業資格の最低基準を定めただけで，その実際の認定権と営業許可権を各国の機関（国家機関か民間団体にかかわらず）に一任したのである。

　これとは反対に，超国家レヴェルでの最も印象的な実験が今や忘れ去られようとしている。それは実際，歴史的には唯一，真のヨーロッパ・レヴェルのプライヴェート・インタレスト・ガヴァメントの実例だった。それは鉄鋼業の問題である。それはある意味で，かつての市場の好ましい状態に助けられて成立したともいえ，またある意味では単一ヨーロッパ議定書が推進する

自由化,規制緩和の被害者だともいえる。鉄鋼が長期的に生産過剰だった1974年から80年の間,はじめ共同体は自主的な生産削減を行おうとした。この試みが失敗したとき,閣僚理事会は「重大な危機」を宣言し,ヨーロッパ鉄鋼産業連合 (EUROFER) は,「カルテル中のカルテル」となり,価格統制と生産量割当を使って,産業のリストラの中心的な役割を果たすよう促された。この EC レヴェルでの活動が促進されたのは,ECSC 設立条約によって上級機関 (後の EC 委員会) に例外的な権限が与えられていたことと,この産業の企業が既に一国レヴェルのガヴァナンスの取決によって十分組織されていたためであった。それでも政府が補助金を与え続けるのをやめさせたり,企業の「抜け駆け」的な行動を防ぐのは非常に難しかった。

　鉄鋼業の例は EC による市場管理の成功例とはみなされていないし,誰もこの政策を継続したり再度実行したりしようとは思わない。[22] 化学繊維の生産調整ではより緩やかなネットワークの構造が採用された。それは EC がこの分野で特別な超国家的権限を持っていなかったことと,この部門の企業が国内で十分に組織されていなかったことに起因している。[23]

　単一ヨーロッパ議定書によって強力に推進されたプライヴェート・ガヴァナンスは,「標準化」,すなわち技術的な規格の決定である。単一ヨーロッパ議定書は,この問題への「新しいアプローチ」を奨励していた。EU は,各国の専門家間の長期にわたる合意形成と国際条約を通じて,所与の製品を細部まで厳密に規定するという方法を取らなかった。その代わりに,「基本的条件」に限定した規制や指令を公布するだけにとどめ,残りを私的な活動に委ねたのである。この大部分は EU レヴェルの委員会を舞台に行われ,それは加盟国レヴェルの団体から構成されていた。

　中でも最も目立って尊敬を集め,近年とりわけ精力的に活動しているのが,ヨーロッパ標準化機構 (The Comité Européen de Normalisation, CEN) とヨーロッパ電気技術標準化機構 (The Comité Européen de Normalisation Électrotechnique, CENELEC) である。それらの他にも,いくつかの部門で新しいヨーロッパ標準化機関が多数設立されたが,それらには民間企業や公営企業がメンバーとして参加している。例えばヨーロッパ通信基準研究所は,各国の電話会社,民間ユーザー,通信機器メーカーによる合弁会社であり,

ヨーロッパ全体の通信ネットワークを互換性のあるものにすべく努力を重ねている。ここで決められた規格は，例えばそれが各国で立法化されるというような意味で法的拘束力を持つものではないかもしれない。だがメーカーが域内市場へアクセスするには従わなければならないので，その意味で実際には不可欠のものである。そしてある委員会や協会にヨーロッパ規格を決める半権力が与えられるかどうかを決定するのは，EU委員会だけなのである[24]。それに対する反論がないわけではないが，マジョーンは「域内市場の完成に伴い，規制は更に強化される」というユニークな議論を行った[25]。単一ヨーロッパ議定書の制定以前，ローマ条約に特定の条項がなかったときでさえ，ECは環境保護の分野だけで既に200に上る規制を制定していた。それと同種の実例では，食品や飲料の品質基準を制定して消費者を保護する共同体レヴェルのそれを制定しようと努力した例がある。これは例えば，「真正の牛肉」「狂牛病」「無認可ホルモン」「放射線照射食品」，ボツリヌスやサルモネラといった中毒症などがたびたび加盟国間で問題になってきたことから分かる[26]。

　これまで見てきたようにマーストリヒト条約は，EU委員会や閣僚理事会が通貨同盟，社会政策，消費者保護，公衆衛生，教育，環境基準などの分野でイニシアティヴをとり，ヨーロッパ全体にまたがる通信，交通，エネルギーのネットワークを促進することを明確に規定している。共同体のこれらの活動が必ず民間のネットワーク，連合，団体，あるいはインタレスト・ガヴァメントに必ずしも大きく依存しなければならないというわけではないが，その大部分が加盟国内の公的規制に大きな影響を与える分野なのである。EUがこのような活動を行っていく際には，取引費用を軽減したり正統性や同意を得るために，自らの権限をそういった機関に委譲することも考えるだろう。しかし委員会から新しい指令が出され，理事会で承認されるたびに明らかになっていくのは，規制が少ない域内市場を作り出すためにはたくさんの規制が必要であるという，マジョーンのパラドックスの正しさなのである。

　マジョーンの見識は，加盟国の政策決定のスタイルを超国家レヴェルに投影してみることだけにあるのではない。EUの予算と人材が限られているために，規制がEU官僚の権限の範囲と程度を拡張する，比較的安価で痛みを伴わない方法になる，とマジョーンは観察している。行政の直接的なコスト

は主に各国政府に負担が回り，間接的なコストは企業に，また最終的には消費者に転嫁されることになる。今日，彼ならおそらく喜んで次のようなコメントをするだろう。ヨーロッパの「可変的な幾何学」と，マーストリヒト条約で最終的に盛り込まれた「不統一」によって，官僚たちのこのような戦略の遂行が更に容易になり，彼らの影響力がもっと広範な機関に広がっていくことになるのだ。

「しかし，これは説明の単なる一部に過ぎない。もう一つの重要な要素は，輸出を志向する多国籍企業であり，そうした企業がEU内外の諸国において一貫性がなくますます強化される規制から逃れることに関心を持っている点である。共同体の規制はこれを廃止するか，少なくともそのリスクを減らすことができる。」[27] 言い換えると，大企業の資本家には，EU官僚と一緒にやっていくインセンティヴがあるかもしれないのである。商品のサイクルが短くなり，研究開発の費用が高騰していく中で，技術的な規格や互換性のための標準は，競争力を決定づける重要な要素になってきている。これらをコントロールすることができる企業や国家は優位に立つことができる。ヨーロッパ全体が統一され自らの規制を課すことができるときにのみ，ヨーロッパはそうした規制を競争相手国である日本やアメリカを排除するのに利用することができるし，相手が自分たちに同じことをすることを避けられる。[28] またヨーロッパのメーカーは，製品に対する「一度限りの」認証を得ることによって取引費用を節約することができ，加盟国やその地方政府が彼らにそれぞれの規格を強制するような状況を避けることができる。

ヨーロッパの企業はEU委員会の表裏を知りぬいているため，以前から特権的に委員会に密接なアクセスをしてきた。彼らは今後，EUの規制が他のどの場所よりも「技術的」で「非政治的」なものになっていくだろう，と信じる十分な根拠を持っている。特に採用される規格については，委員会はメーカー自らが提供した情報にほぼ全面的に依拠しているために，企業はなおさらそう期待できるだろう。[29] 域内市場でのみ操業している中小企業は，域内市場が国家や地域による保護主義規制を覆し，またそうした規制を監視し実施してきたネットワークや業界団体の権限が弱体化することに，警戒の念を抱くだろうことは疑いない。しかし中小企業がそれを止めるだけの政治力を

持っているとは考えにくい。

(6) 結論

　将来EUの制度がどうなってゆくのかを予想するとき，問題を二つの競合する組織原則の間の対立として捉え，そのそれぞれが社会における利益代表と政策形成の異なった様式を反映したものと解釈するのは，魅力的である。権力単位がそのカヴァーする地域と人口を拡大させ，その構成が社会的，経済的にますます異質になってゆけば，支配者と被支配者はますます専門化された仲介者に依存して，相互の意思疎通や共同の意思決定の実行にあたるようになる。政府と市民を間接的に結合するメカニズムは，「領土の原則」か「職能の原則」のいずれかである。政党，団体，運動組織，ネットワーク，顧客，名士の団体，様々な政府のレヴェルなどといった多様な仲介者が，これらのどちらかの原則に基づいた地盤を持ち，権力に対してそれぞれの利害を代表する。近代的政体の形式を規定するようになったのは，この領土と職能に基づく地盤と，それに伴う権力と責任の諸関係なのである。

　台頭しつつあるヨーロッパ政体についても同様である。それは二つのバイアスから出発する。つまり，(1)領土上の利害を各加盟国の政府を通じてのみ代表すること，(2)国境を超えたヨーロッパ・レヴェルの利益団体を通して，職能代表の発達を特権的に取り扱うこと，の二つである。ジャン・モネたちによって採用された新機能主義の戦略は，前者を（将来消え去るかもしれないとしても）世界システムの不可避の性格であると考えて，後者の上に段階的にひっそりと築きあげようとしたのである。当初それは成功を収めたものの，この戦略はいくつかの理由のために失敗し，1960年代半ばから80年代初めまでの「政府間主義」の時期には，職能の利害でさえ大半は国家のチャンネルを通じて伝達され，実現されたのだった。それ以後，EC／EUの中では，いろいろなレヴェルでの地盤と権威は大きく変化して，現在の不確実性を招いてしまった。(30)

　1992年以降の統一市場で，中間的なガヴァナンスの制度が生き残って発展するためには，公共政策が深く「セクター化」されるといった形で，職能の原理が支配的にならなければならない。EU委員会の基本的な行政機構は23

の総局から成り立っていて、それぞれに相当の独立性があり、各セクターを代表している。確かに、これは中間的なガヴァナンスの発展を促進するだろう。(31)しかしEUROFERのような、セクターを基盤にして危機管理しようとする努力は、特に成功したというわけではなく、このような政策に対する熱意はもはや見られない。ユーレカ95での高品位テレビ・プロジェクトのような、ある特定のセクターの競争力を強化しようとする積極的な振興政策〔コーソン論文参照〕でさえ、その欠陥を露呈しているのである。委員会の内部でさえ、「垂直的政策」の提唱者と「水平的政策」の提唱者との間には大きな断絶がある、と伝えられている。前者はEUの予算と規制を特定部門の競争力を高めるために使うべきだという立場を取っているのに対し、後者はどのような支援も特定産業や製品をターゲットにはせず、あくまで一般的なインセンティヴ（および競争政策という形でのディスインセンティヴ）の枠内に収めておくべきだ、という立場を取っている。

関与しているEU委員の個性や、彼らを選んだ加盟国政府の影響力（理事は政府の利害を代表すべきではないのだが）を一応別にすれば、この官僚内部の（高度にイデオロギー的な色彩を持った）争いの帰結が、介在要因のうち次の二要素によって決まってくるだろう。(32)その第一は、委員会による直接の政策遂行能力がどの程度限られていて、委員会が各国の諸機関へどれだけ依存していくのか、という点である。公的な規制機関や民間の自主的規制機関は、将来EU官僚の信頼の置ける協力相手になるのだろうか。あるいはEU官僚は、ヨーロッパの主要企業や企業連合などと直接交渉するようになるのだろうか。第二の要素は、域外安全保障の文脈である。競争力強化のためのヨーロッパ全体での統一的な産業政策は、アメリカと日本から激しい反発を受けることになるだろう。GATTやその他の場所でのこうした抗議によって、グローバルな貿易体制は危機に陥るかもしれず、「新世界秩序」が作られている微妙な現局面での、EUや加盟国の政治的な立場に影響を与えることすらあり得るので、そのリスクは非常に大きいと思われる。

これらに対抗的に働くような傾向は、共同体政策の地域化であろう。これまでのところ、その兆候は大きくはない。社会・構造基金が単一ヨーロッパ議定書によって倍増された上に、マーストリヒト条約でさらなる増額が見込

まれているが、その総額は大した額ではない。更にマーストリヒト条約に「地域委員会」の規定が盛り込まれ、委員会と地方政府による代表制を通じた直接的な結びつきが、近く拡大する予定であるにもかかわらず、今のところそれはまだインフォーマルなままにとどまっている。「EU拡大」によって、EC/EU内の地域的な不平等はいっそう鋭敏に感じられるようになるだろう。東欧諸国が将来加盟すれば、共同体内の経済パフォーマンスの格差が広がり、現に地域振興支援を受けている国と援助金をめぐって争うようになる。このような援助要求に対して、ギリシャ、ポルトガル、スペイン、アイルランドがどのように反応するのだろう。また裕福な北ヨーロッパの国々は、平等化のための資金移転を行う意欲を喪失するだろう。こうしたことは1992年以降、セクター化と地域化のどちらが優勢になるのかを決める最も重要な変数に影響を与えることになるだろう。

「政治化」も、もう一つの重要な要素である。EC/EUでの意思決定が、さらなる議論を引き起こすことは避けられない。そうした議論が増えれば、国内や地域の垣根をこえた階級、セクター、職能集団の間の連帯が強くなり、それらの団体が特別な例外措置を求めるようになるだろう。あるいは反対に、モノ、人、資本の移動が自由化される結果、全般的に不利となった地域が、ヨーロッパ政治の焦点になったりするだろう。言うまでもなくこの二つが同時に生じると、一番危険な状況が作り出される。例えば、地域やグローバルな競争によって大きな悪影響を受けている産業が、少数の地域、県、地方などに偏って存在している場合である

もっともこのような傾向のうちどれが支配的になるか、マーストリヒト条約がようやく批准された現在の段階で判断を下すことはできない。しかし1990年代にセクター化が再び保証されたとはいえ、このことによって今ある国家レヴェルの取決や、超国家的な取決が保証されるというわけではない。これまで主張してきたように、プライヴェート・インタレスト・ガヴァメントは、セクターを調整する方法の一つに過ぎないのであり、簡単に建設し、維持できるようなものではないのである。調整費用の軽減という観点や、政策に影響を与えるという見返りなどの点から考えても、この自己調整的なメカニズムは、社会的ネットワークが既に存在していることと、公的機関によ

る支援が存在していることが前提になっている。

あるセクターの問題解決にあたり，もし EU 官僚がヨーロッパ・レヴェルのプライヴェート・インタレスト・ガヴァメントが重要であると考え，加盟国政府もそう認めた場合であっても，各加盟国レヴェルでこれらの産業の利害の組織のされ方が違うことを考慮しなければならない。例えば乳業や会計士といった例外を除き，既存の業界団体が EU レヴェルでの取決に参加できるようになるには，自らの構造を大きく改革しなければならない。このような変化を企画し，実現することは非常に複雑かつ困難である。既存の各国のプライヴェート・インタレスト・ガヴァメントが自分たちのメンバーの統制力に大きな違いがあり，それらに依存することは危険でもある。そのため EU は，自主規制団体に政策遂行の権限を渡してしまうのでなく，アメリカ式の監督委員会を通じて規制を直接実施する方向に進むだろう，と予想される。

このような機関の選定は将来，「補完性」の原則に従って行われることになっている。（注7）で述べた通り，マーストリヒト条約に公式に挿入された規定では，加盟国政府によっては十分には実行できないことであるとか，共同体レヴェルで行うことで規模の経済による利益が見込まれる行動のみが EC/EU に属する，としている。言うまでもなく，十分に実行できるかどうかの判定や，規模の経済や外部経済性を測定する基準は，まだ決着していない政治的な，そして法的なプロセスに委ねられている。だが次のことに注意しなければならない。この概念は今まで，特にドイツ，オランダ，ベルギー，オーストリアで，国内基準を制定したり補助金を創設したり，その実施を特別な場合，半公共団体や地域，セクター別の団体に任せることを正当化するのに使われていた。

しかし現在の用法は，この言葉のより分権的で統一されていない解釈を暗示している。それには「最良の統治者はほとんど統治しない」という自由主義的な考え方さえ含まれている。補完性原理は，政策遂行の権限を最終の受益者に近い，指定されたエージェントに譲り渡すことが公共の利益をもたらすというイデオロギーから，政府介入を規制緩和することや，国家の独自性を最大限主張するためのイデオロギーへと変わってきた。更にカトリック社会主義のもともとの考えでは，中間団体の役割が強調されてきたのだが，こ

の観念の世俗化された形態では,政治的分業を地域中心に行うことや,国家を頂点にした集合体のみに焦点が当てられているのである。しかしこの流行語の使い方をめぐるイデオロギー論争は,まだ終わってはいない。その「古典的」な意味合いが復活し,この言葉がセクターや職能を調整するために,公的機関から民間組織へ権限委譲が行われることを正当化する目的で利用されることも考えられるのだ。

現実の地域統合が,単一ヨーロッパ議定書やマーストリヒト条約等の公的な国家間の合意に従って行われる程度が大きければ大きいほど,そしてその合意内容が各国経済間の違いを解消し,その間の交換を調整する方法として,「相互認証」と「域内市場競争」にのみ依拠する程度が大きければ大きいほど,セクター・レヴェルでの調整とガヴァナンスは,もはやヨーロッパでは明るい未来を持っていないことになる。それらは市場の競争圧力や,民間企業の間にいっそう広範なヒエラルキーが形成されることによって除去されてしまうだろう。EC/EUに参加しないことを決めた国でのみ,このようなインフォーマルな共謀,集団での調整,そしてプライヴェート・インタレスト・ガヴァメントが存続すると思われる。

しかし地域統合に対する新機能主義のアプローチでは,統合過程は複雑であってフォーマルなものではない,と絶えず主張されてきた。それは国内利害団体と超国家官僚との間の交流だけでなく,国民国家や国内政治組織の性質自体の変化にも関わっている。統合の結果というのは,形成されつつあるものや予期しない様々な結果の産物であって,合理的な意図や明確な合意事項の産物ではない,と考えられている。

言い換えると,新機能主義的アプローチと戦略は,緩やかで動かし難い「ヨーロッパ市民社会」の形成を前提としている。この観念に潜む(必ずしも常に明言されるわけではない)前提にあるのは,政府間交渉や法律の立案の分野だけではなく,現在の国境線にまたがる階級,セクター,職業ごとの横断的な分断を結びつけ,それらを民間団体,運動や各企業の中での共通のインフォーマルな活動様式へと統合することこそが,長期的には経済統合と政治統合を結びつける有効な手段だ,ということである。そしてヨーロッパの(主に大陸の)資本主義が数々の歴史的な特殊性を持っていることを考えるなら,

正式のルールや市場の圧力にもかかわらず，媒介的なセクターのガヴァナンスは，この進化する市民社会の中で常に支配的であることはないとしても重要な役割を果たし，他の国々や世界の諸地域に対するヨーロッパの競争力を強化し続けるであろう。

(1) Hollingsworth, Schmitter, and Streeck (1994)を参照。
(2) Schmitter (1990) 他のタイポロジーやアプローチは，Hollingsworth and Lindberg (1985), Campbell and Lindberg (1991), Kitschelt (1991)を参照。
(3) この見方の起源は Shonfield (1965)にある。
(4) この理論の定式化は，Sorge and Streeck (1988)を，また発展は Streeck (1989)をそれぞれ参照されたい。「フレキシブル・スペシャライゼーション」という Piore and Sabel (1984)のよく知られた理論は，ガヴァナンス・メカニズムの中心的な役割を認識していない。この理論の修正については Trigilia (1986)を参照されたい。
(5) またマーストリヒト条約にわずかに先立って，EFTA 諸国（オーストリア，フィンランド，アイスランド，リヒテンシュタイン，ノルウェー，スウェーデン，スイス）との協定が成立し，ヨーロッパ経済地域（EEA）が結成されていた。それは単一ヨーロッパ議定書の規定のほとんど（すなわち，EC の規定の大部分）を加盟19カ国すべてに適用する一方で，農業，漁業，エネルギーや工業への補助金の扱いなどの微妙な問題を未決定のまま据え置くことにしていた。そのためヨーロッパ経済地域の設立は当初，加盟国拡大についての意思決定を先送りするためだと見られていたのである。だが長々とした交渉の結果，合意に辿りついて成功したと評価されたとき，それは当初想定したように通貨統合と政治統合が終わるまで EU 加盟国拡大の問題を先送りするという当初の目的を果たすことはできなくなっていたのである。そのときオーストリアとスウェーデンはすでに加盟の申請を行い，フィンランドとスイスも同様な意思表明を行い，ノルウェーでも国内で EU 加盟の議論が行われていた。その間単一ヨーロッパ議定書の制定はヨーロッパ司法裁判所との問題で難航していて，また加盟19カ国すべての議会での承認を得るにも手間取っている。
(6) この条項の重要性は，それが珍しく「国」でなく「人々」に言及していること，また将来既存の国家によって全国レベルで規定されるものでない形

態に，選挙の地盤が移行していく可能性を示していることにある。いうまでもなく「ヨーロッパ」の範囲を定義する努力は，この基礎となった条約や後の改正のどちらでも一切行われていない。

(7) これについては他の条文(Art 3b)で定義されている。それによると，「独占的な管轄分野に属さない事柄については，それが加盟国によっては十分に目的を果たすことができず，また規模の経済の点でより好ましい効果をもたらすという場合，共同体は補完性の原則に基づき行動をとることができる。」「十分に」ということを誰が定義づけ，またどのような基準で規模の経済や外部経済性を計るのかは，政治的プロセスに委ねられているのである。補完性のこのような曖昧さについて特に興味深い議論が Gretschmann(1991) で行われている。

(8) 「共同体の実績」は，EC（現在の EU）で最も神聖視されてきた概念の一つである。それは ECSC の設立以降蓄積された義務のすべてをさし，それらは無数の条約や交換公文に組み込まれている。これまでのところ EC/EU に加盟を申請する国は原則として，それによって定められた義務を履行する責任を引き受けるよう求められている（実際の加盟交渉においては，その一部の履行を遅らせることが可能なのだが）。この仕組みには加盟申請をした国が，自らに都合がよい義務のみを果たそうとすることを防ぐ意図があると考えられている。

(9) 例えば F 条では，「連合は民主的手続きによる政府をもつ，加盟国それぞれの国としての独自性(national identity)」と「加盟国共通の憲法上の伝統に基づく基礎的権利」を「尊重する」と謳われている。

(10) 以下の段落（Art. 2.5）は，例えば明白に他の EC 諸国の生産者を排除するということがないような「条約と矛盾することなく，更に厳格な予防措置」を導入したり維持することをどの加盟国にも認めることで，民間ガヴァナンスに向けた政策上の隙間を空けている。

(11) この政策立案者に義務づけられた，利害関係者との事前の調整は，Vernehmlassung という名でスイスで創案され，「立憲制度化」されていた。

(12) 慈善団体との協力宣言（Annex II, Protocol 22）の中にもまた，参加者が社会政策に関わる際には仲介者を通すことを強調するという，奇妙な「コーポラティスト型の補完性」という項目が見出されるのである。

(13) イギリスの CBI は「コーポラティスト構造の再構築と，政府が歓迎しない労働組合の強化」を恐れ，最も強く抗議した。「CBI はヨーロッパ協定から退出するかもしれない」とまで報道されたのである（*Financial Times,*

November 11, 1991)。
(14) "A bumpy ride on the roller-coaster" *Financial Times*, December 18, 1991, Section III, p.1.
(15) Seidentopf and Ziller (1988), Azzi (1985).「政策遂行の困難」については，Schaefer (1991)を参照。
(16) Lodge (1989)。ジャック・ドロールが，10年以内には法律の80％がECから生まれると予測したとき，サッチャーはそれに脅威を抱いていると表明した (*Financial Times*, July 25, 1988)。
(17) 例えば，"Brussels faces united German opposition on budget increases" *Financial Times*, February 22-23, 1992; "EC faces long war over budget" *Financial Times*, March 3, 1992; "Germany and Italy express concern about Delors budget" *Financial Times*, March 17, 1992; "Germany will resist EC revenue plans" *Financial Times*, March 24, 1992.
(18) 更に広範な帰結の可能性についての説明は，私の "Interest, Powers and Functions: Emergent Properties and Unintended Consequences in the European Polity" を参考されたい。
(19) そのためECが，世界で最初の「偉大な文民権力」(国際政治のいろいろな場面で活躍できる単位であるが，その行動が軍事力を背景にしたものではない)になろうとしているという見方もある。Pinder (1991)を参照。この解釈の起源はどうやらDuchêne (1973)のようである。
(20) "UK milk board submits plan to become coop" *Financial Times*, April 15, 1992．この記事は，確立するのに2年かかった「プールされた価格による単一の共同組合」への移行が「乳業業界，MAFF (所轄官庁)，そしてEC」との間で議論されなければならないことを明らかにしている。

　イングランドとウェールズの牛乳販売協会は，オランダ，オーストリア，スイスのやり方と似た方法で形成された，民間ガヴァナンスの典型例である。市場の失敗に対抗する形で1930年代に設立されたこの半官営の中間団体は，最近解散するまで50年以上にわたって，牛乳の価格と品質を管理する任務を担っていた。この件については，Grant (1985)を参照されたい。また，Streeck and Schmitter (1985)の中のFranz Traxler, Peter Farago, and Frans van Waardenの章も参照されたい。
(21) Streeck (1989); Grote (forthcoming).
(22) 1980年代にEUROFERの製鉄部門でも民間ガヴァナンスを促進し，ステンレス鋼の市場を支配しようとする「Zクラブ」をひそかに黙認した委員会

は，最近そのセクターにおけるカルテル化に批判的になってきた。委員会は1990年7月にはZクラブへの調査を開始し，1991年4月には入札談合の容疑で，委員会は建設資材用鉄の主要製造業4社の事業所と二つの業界団体を家宅捜索したのである。"Inquiry signals changes in Commission's steel policy," *Financial Times,* April 15, 1991.

(23) Kennis (1991, 1992).
(24) 私にとって不案内な Euronormalization については，Pelkmans (1992) によった。
(25) Majone (1989).
(26) Vogel (1991).
(27) Majone (1989).
(28) この「新しい」形の国際競争の事例研究は Cawson(1992)を参照されたい〔この研究の結論の一部は本書に収録〕。コーソンは，ユーレカ95のHDTV（高品位テレビ）プログラム（このプログラムは英仏海峡トンネルに次ぐ規模の開発・投資予算がつけられたものであるが）は，ECの民間ガヴァナンスが，価格の統制，投資の統制，および輸入制限を用いた既存の産業のリストラを通じて行われるだけでなく，製品規格の設定，公的な補助金，公共財へのアクセスの制限を通じて新興の技術を発展させるという，新しい形を取っていることを明らかにしたのである。コーソンはこのアプローチの重大な欠点や間違いをいくつか指摘したのであるが，もしこのアプローチが成功したなら，他のハイテク分野においてヨーロッパの競争力を高めるEC独自のアプローチのプロトタイプとなった可能性があった。
(29) 私はヨーロッパ・レヴェルでの規制に大企業が興味を持っているという，Darden (1991) のケース・スタディから多くを学んだ。ダーデンは，ECの中でおそらく最も重要な業界団体である Counseil Européen de la Fédération de l'Industrie Chimique (CEFIC)に焦点をあてた。この研究は環境保護団体からのCEFICの権限を拡大する要求に，CEFICがどのように応えていったのかを解明した。環境保護団体は各国の企業でなく，大きな多国籍企業から直接資金を集めようとし，また特定の問題に関して事前の議論を重ねるための特別なタスク・フォースを設立するため，これを求めたのである。CEFICは共同体の法律の優位性を利用した。すなわちECの環境基準がより厳格な国内基準を排除したり，あるいは先取りしたりしていたことを十分に活かしたのだ。CEFICはEC全体の基準の策定を行う機関になることを提案し，ヨーロッパでのクロロフルオロカーボン生産を中止する政策の実施で，

自らが重要な役割を担うことを提案したのである。ダーデンによれば，CEFIC は古典的コーポラティストが言う，非自発的メンバーの行動をコントロールすることができる「頂上団体」というよりは，多元主義的な機関か，圧力団体のように行動したと結論づけた。しかしながら GATT 交渉や標準化の策定などの一部の分野では，CEFIC は独占的で，公的に認められ，更に代替不可能な仲介者としての機能を果たしたのである。CEFIC は，メンバーであるかどうかにかかわらず，すべての生産者を拘束することができる (allgemeinverbindlich) の規定によって意思決定ができるが，それは EC に国家としての能力が欠如していることによって限界づけられている。EC の力の変化によってのみ，CEFIC は最も有名なドイツの VCI (ヨーロッパで最も影響力があるセクター別プライヴェート・インタレスト・ガヴァメント) の例に近づくことができるのだ。Jacek (1991) も参照のこと。

(30) マクロ・レヴェルのユーロ・コーポラティズムの失敗についての簡単な説明は，Schmitter and Streeck (1991) 参照。

(31) セクター化を強める EC 委員会の行政機構については Peters (1992) 参照。

(32) EC の予算の大部分を占めているにもかかわらず，私は共通農業政策 (CAP) の現状を見過ごしていた。"comitology" によって毎年の介入価格を決めるという制度は，生産者団体が価格決定に密接に関与し，またその実施にあたっていくらかの責任を負うという点で，プライヴェート・インタレスト・ガヴァメントの特徴をある程度持っているのである。しかしほとんどのプライヴェート・インタレスト・ガヴァメントと違い，CAP は規制するためでなく分配するために運営されている。将来 CAP を改革し，またそれが農民への福祉政策の一環としての補助金制度に変わったなら，現在の制度にまつわる全体の政治的利害の仕組みは大きく変わることだろう。

(33) その成功のための厳しい前提条件についての議論は，Streeck and Schmitter (1985) 参照。

(34) 補完性の意味の変化について，私はウォルフガング・ストレークの教示を受けたことに感謝する。

(35) まず，オーストリアが，次いでスウェーデンそしてフィンランドとスイスが，EC への完全加盟の意志を明らかにしたことは，現存の土着で最も豊饒なガヴァナンス様式がやがて消滅するかもしれないことを示している。それらの国が EEA 憲章を批准するだけで多様な一門，ネットワーク，連合，団体およびプライヴェート・インタレスト・ガヴァメントが絶滅の危機に瀕してしまうかもしれないのだ。我々社会科学者は，社会現象をそれが消滅しかかっ

ているときに初めて発見し命名するということを，ここでもまた行っているのかもしれない。
(36) ウィリアム・ウォレスは，最近，二つの並行した統合プロセスを区別することを提案した。「インフォーマルな統合は意図的な政治的決定の刺激がないまま発達した，集中したパターンの相互作用によって成り立っているが，それは市場，技術，コミュニケーション，ネットワーク，そして社会変化のダイナミズムによって推進されているのである。一方，フォーマルな統合は，インフォーマルな流れを促進するか，阻害したり，流れを変えたりする規則や規制の枠組みの変化から成り立っている。インフォーマルな統合は継続したプロセスであり，個人がそれぞれの利害関係に基づき，無数の取引を行うことから無自覚に沸き上がってくる流れのことである。それに対してフォーマルな統合は不連続である。その意思決定，交渉，条約はそれぞれバラバラに進んでいく」Wallace (1990)を参照。

参考文献

Azzi, C. ed., *L'Application du Droit Communautaire par les états membres,* European Institute of Public Administration, Maastricht, 1985.

Campbell, John L. and Leon Lindberg, "The Evolution of Governance Structures," in J. Champbell, J. Rogers Hollingsworth and Leon Lindberg, (eds.), *Governance in the American Economy,* Cambridge University Press, Cambridge, 1991, p. 11

Cawson, Alan, "Sectoral Governance and Innovation: Private Interest Government and the Eureka HDTV Project," Paper presented to the Conference on Private Governments, Public Choices, Universita di Trento, Trento, June 10-12, 1992.

Darden, Keith A., "Organized Capitalists in Disorganized Capitalism," *Seminar paper,* Stanford University, Department of Political Science, October 31, 1991.

Duchêne, François, "Europe's Role in World Peace," in R. Mayne, (ed.), *Europe Tomorrow,* Fontana/Collins, London, 1973.

Financial Times, July 25, 1988; April 15, 1991; November 11, 1991; December 18, 1991; February 22-23, 1992; March 3, 1992; March 24, 1992; April 15, 1992.

Galtung, Johan, *The European Community: A Superpower in the Making,*

Universitetsforlaget, Oslo, 1973.

Grant, Wyn, "Private Organizations as Agents of Public Policy: The Case of Milk Marketing in Britain," in P. Schmitter and W. Streeck (eds.), *Private Interest Governments,* Sage, London, 1985, pp. 182-196.

Gretschmann, Klaus, "The Subsidiarity Principle: Who Is to Do What in an Integrated Europe?" in *Subsidiarity: The Challenge of Change, Proceedings of the Jacques Delors Colloquium,* European Institute of Public Administration, Maastricht, 1991, pp. 45-61.

Grote, Jürgen, "Small Firms in the European Community: Modes of Production, Governance and Territorial Interest Representation in Italy and Germany," in J. Greenwood, J. R. Grote, and K. Romit (eds.), *Organized Interests and the European Community,* Sage, London, (forthcoming).

Hollingsworth, J. Rogers and Leon Lindberg, "The Governance of the American Economy: The Role of Markets, Clans, Hierarchies and Associative Behavior," in P. Schmitter and W. Streeck (eds.), *Private Interest Governments,* Sage, London, 1985, pp. 221-54.

Hollingsworth, J. Rogers, Philippe C. Schmitter, and Wolfgang Streeck, *Governing Capitalist Economies: Performance and Control of Economic Sectors,* Oxford University Press, New York, 1994.

Jacek, Henry J., "The Functions of Associations as Agents of Public Policy," in A. Martinelli (ed.), *International Markets and Global Firms: A Comparative Study of Organized Business in the Chemical Industry,* Sage, London, 1991, pp. 145-88.

Kennis, Patrick, "Industrial Re-structuring: the Case of the Chemical Fiber Industry in Europe," *EUI Working Paper,* No. 86/91, 1991. *Social Construction of Industries: A World of Chemical Fibres,* Campus/Westview, Frankfurt, Boulder, 1992.

Kitschelt, Herbert, "Industrial Governance Structures, Innovation Strategies, and the Case of Japan: Sectoral or Cross-National comparative Analysis?" *International Organization,* 45: 1991, 453-93.

Lodge, Juliette, "The Political Implications of 1991," *Politics* 9:38, 1989.

Majone, Giandomenico, "Regulating Europe: Problems and Prospects," *Jahrbuch zur Staats - und Verwaltungswissenschaft,* 3: 159, 1989.

Pelkmans, Jacques, "A Political Economy of EC Technical Regulation,"

Paper presented at the ECSA Workshop on "The EC After Maastricht," Chicago, March 26-27, 1992.

Peters. B. Guy, "Bureauctratic Politics and the Institutions of the European Community." in A. Spragia, (ed.), Euro-Politics, Brookings Institution, Washington, 1992, pp. 75-122.

Pinder, John, *European Community. The Building of a Union,* Oxford University Press, Oxford, 1991.

Piore, Michael and Charles Sabel, *The Second Industrial Divide,* New York, Basic Books, 1984.

Schaefer, Guenther F., "The Rise and Fall of Subsidiarity," *Future* 23: 1991, 685-86.

Schmitter, P.C., "Sectors in Modern Capitalism: Models of Governance and Variations in Performance," in R. Brunetta and C. Dell'Aringa (eds.), *Labour Relations and Economic Performance,* Macmillan, London, 1990, pp. 3-39.

Schmitter P.C. and Wolfgang Streeck, "Organized interestes and the Europe of 1992," in N.J. Ornstein and M. Perlman (eds.), *Political Power and Social Change,* AEI Press, Washington, 1991, pp. 46-67.

Seidentopf, C.H. and J. Ziller (eds.), *Making European Policies Work: The Implementation of Community Legislation in the Member States,* Sage, London, 1988.

Shonfield, Andrew, *Modern Capitalism,* Oxford University Press, Oxford, 1965.

Sorge, Arndt and Wolfgang Streeck, "Industrial Relations and Technology Change: The Case for an Extended Perspective," in R. Hyman and W. Streeck (eds.), *New Technology and Industrial Relations,* Basil Blackwell, London, 1988, pp. 19-47.

Streeck, Wolfgang, "On the Social and Political Conditions of Diversified Quality Production," Paper presented at the conference on "No Way to Full Employment?" Wissenschaftszentrum-Berlin Für Sozialforschung, July 5-7, 1989; "The Territorial Organiation of Interests and the Logics of Associative Action: the Case of Handwerk Organization in West Germany," in W. Coleman and Harry J. Jacek (eds.), *Regionalism, Business Interest and Public Policy,* Sage, London, 1989, pp. 59-94.

Streeck, Wolfgang and Philippe Schmitter (eds.), *Private Interest Government Beyond Market and State,* Sage, London and Beverly Hills, 1985.

Trigila, Carlo, *Grande partiti e piccole imprese,* Il Mulino, Bologna, 1986.

Vogel, David, "Protective Regulation and Protectionism in the European Community: The Creation of a Common Market for Food and Beverages," Paper presented at the Biennial Conference of the ECSA, George Mason University, May 1991.

第7章

相互依存の時代におけるヨーロッパの政治経済

ピーター・A・ホール

（1） いくつかの基礎：四つの理論的アプローチ

　この30年間に，ヨーロッパの政治経済について文字通り何千という書物や論文が発表されてきた。これらの文献の多くは問題の一部を分析したり，限られた事例に焦点を当てたものだったが，次の二つの中心的な課題をめぐって議論を戦わせてきた。それはそれぞれの国の経済パフォーマンスや，経済政策の相違点および類似点をどのように説明するのか，という問題である。この論文もこの相違点と類似点に焦点を当てて，現在までの研究の概観を行う。

　この課題にこれまで経済学者は様々な回答を与えてきたし，経済モデルも政治経済の研究でますます重要になってきている。政治経済学者の研究が経済学者の研究と違うのは，経済政策と経済パフォーマンスを説明するにあたって，最も広い意味での「政治的」な変数を考慮しなくてはならない，という彼らの主張にある。この「政治的」という概念には，社会的・政治的制度，政治家の指向，国民的文化・準国民的文化を作り上げる，多面的な社会的構築物が含まれる。政治経済学研究の核心は，「政治経済」を，経済それ自体をこえた行動範囲を包含するような広い領域として理解する，という点にあるのだ。政治経済学は，経済政策と経済パフォーマンスは広義の政治経済の組織に大いに依存していると主張する。この分野の中心問題の一つは，どのように「政治経済の組織」を説明するかということである。

　研究分野としてのヨーロッパの比較政治経済学は1960，70年代に登場した。この時期の研究は次にみるように，四つに区別することができる。それらは

相互に排除せず，影響を与え合い，同時に複数のアプローチに貢献した学者もいる。どのアプローチも，いくつかの重要な点で利点を持っている。しかもこれらのアプローチの違いによって，この分野における現在も依然として重要な研究課題がどこにあるかが示されてもいるのだ。私はここでこれらのアプローチを，一国政策類型分析，ネオ・コーポラティズム分析，新制度主義分析，労働組織分析と名づける。

1．一国政策類型に基づく分析

　ヨーロッパ政治経済の比較研究は18世紀初頭に既に存在したが，現在の研究はアンドリュー・ショーンフィールドの大著にまで遡れるだろう。彼の『現代の資本主義』(1965)は，この書物が著された当時の雰囲気を伝えている。ケインズ主義の最高潮の時にこれを著したショーンフィールドは，工業国が達成した未曾有の高成長率の原因を，「混合経済」の発展とフランスの計画に代表されるような，積極的な経済管理の形態に求めた。

　この見解は今日では古臭く見えるかもしれないが，ショーンフィールドは更に進んで，工業国における経済組織と政策形成の類似点と相違点についての考察を深めた。これは今日からしても，最も洞察に富んだ研究だと言える。私はショーンフィールドを「一国政策類型論」の先駆者と考える。というのは彼が，経済政策と経済実績の差異が生まれてくる理由を，政策担当者が自国の歴史と文化に密接に結びついた価値観を持っていることに求めたからである。

　ショーンフィールドに従って，数多くの研究者がこの種の一国固有の政策スタイルによって，ヨーロッパ各国の経済政策の立案や実績を説明してきた (Richardson and Jordan, 1982; Hayward, 1976; Blank, 1978)。これらの分析では政治経済の組織が重視されているとはいえ，それらが基本的な決定要因とみなしているのは，政治アクターと経済主体の態度やその指向の違いであるように思われる。

　こうした分析の最大の利点は，しばしば文化的な，一連の態度変数を捉えて利用することができる，ということである。これらの変数は，政治経済全般にわたって広範な影響を与える。この分析は，アクター自身の行動と結び

ついた世界観と意味の点から行動の違いを説明できるというところが強みなのである。

この分析の限界は主に，独立した変数を特定することが困難であるところにある。原因となる変数を明らかにしようとしても，それらはたいていの場合，結果と全く無関係というわけではない。しかもこれらの理論は政策の形態自体に焦点を当てているが，その複雑性自体が，それらの特徴を他国にも適用できるような共通の変数に還元することを，非常に困難にしている。この分析の準文化的な性格が，その強みと同時に弱みともなっているのだ。

2．ネオ・コーポラティズム分析

ヨーロッパの政治経済学的研究に多大な影響を与えた第二の理論的アプローチは，「ネオ・コーポラティズム」概念をめぐって形成された。ショーンフィールドやその他の論者がちょうど1960年代の輝かしい経済成長に鼓舞されたように，ネオ・コーポラティズム分析は，ヨーロッパの経済成長が高インフレと高失業率によって中断した時期に広がった。このアプローチの大きなメリットの一つは，先進国でなぜインフレや失業を相対的にうまくコントロールできた国があったのか，を説明できたことである。

このアプローチをとる学者は一般的に言って，様々な政治経済をネオ・コーポラティズムに近い国とそうでない国とに分類し，ネオ・コーポラティズム的な取決が経済と政治に与える影響を評価する。ネオ・コーポラティズムというのは一般に，社会経済的な政策形成プロセスの一つであって，そのプロセスでは，中央の生産者組織の代表者が交渉を通じて賃金水準を決定し，この決定が政策の形成と実施に強い影響力を持っているということである。古典的なネオ・コーポラティズムの組織という点での前提は，高度に中央集権化した生産者集団が存在していることである。ある国家がどの程度「ネオ・コーポラティズム」であるのかは，中央レヴェルで団体交渉がどれだけ行われているかや，中央集権的組織が存在しているかによって定義される。

ネオ・コーポラティズム研究は比較政治経済学の研究にいくつかの点で貢献した。第一にこの研究は，特定の経済的結果をアクターの態度の変数ではなく，組織という変数と結びつけた。それによって我々の眼を政治経済の組

織のあり方に注目させることになった。第二に，この研究は労働組合運動の分析に集中し，第三に政治経済の全国レヴェルにおける交渉を重視した。これらは1970年代および80年代初頭に，ヨーロッパ政治経済の大多数の研究で中心的な変数となったのである。

　加えてネオ・コーポラティズム・アプローチは，数多くの研究課題を提起することになった。ネオ・コーポラティズム体制が発展した理由を説明しようとする研究者の中には，政治経済の組織を説明する更に一般的な理論を提出する者もあった (Cameron, 1978, Katzenstein, 1985, Rothstein, 1992)。またネオ・コーポラティズム体制の建設や維持に，国家がどのような役割を果たすのかを分析する研究者もあった (Lange, 1984, Pizzorno, 1978, Panitch, 1980)。

　その後ネオ・コーポラティズム・アプローチの基本的な公準に対して，重大な修正が加えられてきた。経済的成果と労働組合運動の中央集権化との関係が，それほど単純ではないことを示す研究も現れた。労働組合の中央集権化が進んでいたり，分裂したりしているときなどの極端な場合の経済パフォーマンスは，労働運動が中程度に組織された場合よりも良いことがある (Calmfors and Driffill, 1988, Soskice, 1990)。また社会民主主義政党が政権にあるときにのみ，ネオ・コーポラティズム的調整がうまく機能することを指摘した研究もある。中央集権的労働組合が社会民主主義的政権に参加したり，保守政党が分裂した労働組合運動を統括する時，優れた経済パフォーマンスが確保される (Garrett and Lange, 1989, Alvarez et al, 1991)。以上の研究は政権党の性格や目的と政治経済の組織の間に，重要な相互の影響があることを示唆している (cf. Schmidt, 1982)。

3．新制度主義分析

　第三の理論的アプローチである新制度主義分析は1980年代に発展し，ネオ・コーポラティズム分析と同じく，経済政策とその実績の差異は政治経済の組織の違いによる，と主張した。しかしこのアプローチは，経済政策とその実績に影響力を与える組織変数の内容を更に広げて，労働の組織だけでなく国家や資本の組織をも含めるようになった。こうしてこれらの分析の多く

は，政治学での「新制度主義」に連なっている。

このアプローチをとる研究者は，産業への資金供給の構造を形作る諸制度によって企業活動や公共政策の担当者の選択肢の幅が影響を受ける，と主張した(Zysman, 1983, Hall, 1986)。さらにこれらの研究はそれぞれの国家の構造が，経済パフォーマンスに影響を与える目的で実施される政策の種類に反映している，と指摘した。例えば中央銀行の相対的独立性が金融政策の在り方や，財政政策と金融政策の間の調整方法や，賃金交渉の性格に影響を与える，と彼らは主張するのだ(Scharpf, 1991)。この点については最近になって，中央銀行の独立性に関する研究文献が大量に現れるようになった(Goodman, 1992; Cukierman, 1992)。

新制度主義者の研究は，比較政治経済の研究に次のような三つの重要な貢献を行った。第一に，経済政策と経済成果に影響を与える政治経済の諸制度の性格について，我々の視野が拡大された。第二にこれらの研究は，金融制度が企業行動，経済政策，経済のパフォーマンスにどのような影響を与えるのかに我々の注意を向けさせた。第三にこれらの分析の結果，政治経済の複合的な制度的特徴の間の相互関係をモデル化する必要性が認識されるようになった (Scharpf, 1991, Hall, 1994)。

4．労働組織分析

1970，80年代になると，第四の種類の研究が発展した。その多くが労働社会学の職場レヴェルの分析に鼓舞されていたために，これを私は「労働組織分析」と名づける。この立場の研究者たちを結びつけるのは，労働と産業がどのように組織され，それが大量生産体制の衰退とともにどう変化するのか，といった共通の問題関心である。他の三つのアプローチとは違ってこれは労働組織自体と，それが経済成果にどう貢献するか，という点に焦点を当てている。

この分析の出発点は次のような主張である。1960年代の高度経済成長は，いわゆる「フォード主義的生産体制」の発展によって可能になったが，それは半熟練労働者が標準化された商品を大量生産する体制だった。この生産体制は，高水準の総需要を確保するためのケインズ政策と，規制された団体交

渉を通じて労働平和を確保するような労使関係の二つに支えられていた。これらはいずれもが，大量生産企業が直面する不確実性を軽減させることになった。(Aglietta, 1982, Boyer and Mistral, 1978, Noel, 1987, Marglin and Schor, 1990, Howell, 1992a,b)。

だが労働組織分析の研究を刺激したのは，むしろそうした諸条件が1970年代までに崩壊したという観察だった。1970年代の経済的困難を最もうまく切り抜けた企業の多くは，たいてい小企業だったのである。それらの小企業はハイ・テクと熟練労働を利用して，より専門化した比較的少量の商品を生産していた。こうした生産方式は「フレクシブル・スペシャライゼーション」であるとか「多品種高品質生産」(DQP)と名づけられた。ますます多くの企業が生産を再組織しているが，それはこの方法によって生産をフレクシブルにできるからである (Piore and Sabel, 1984, Streeck, 1992)。

この研究の根本的な貢献は，企業組織，企業間関係，労働組織が経済パフォーマンスに与える影響に，我々の注意を向けさせたことにある。企業はサプライヤー，競合企業，公権力，労働力と関連しているが，経済成果にとっては，その企業のミクロ・レヴェルでの様々な行動が，政治経済のマクロ的構造の多様性と同様に重要なのである。またこれらの研究の多くは，地域レヴェルの社会的制度的条件も，ナショナル・レヴェルの制度と同じく企業活動にとって重要である，と論じている。

（2）1980年代と1990年代の政治経済

1．環境の変化

これまで概略を示した四つの理論的アプローチが企てられたのは基本的に1980年代初頭であり，その理論の多くはもともと1960，70年代の展開を説明しようとしたのである。周知のとおり，第二次世界大戦から1974年のオイル・ショックまでの期間，ヨーロッパで比較的高い経済成長率が達成されたことが，この時期の大きな特徴である。しかし70年代後半に入るとそれが一転し，インフレ率と失業率が上昇してしまい，経済の低成長時代を迎えることになった。当初，70年代の経済状況は，ヨーロッパ経済が戦後30年間の安定した経済政策と経済成果の傾向から一時的に逸脱したにすぎず，まもなく元の安

定成長に戻るだろうと思われたのだが，実際にはそうはならなかった。ここ10年間のヨーロッパは大きな混乱を経験しており，ヨーロッパ政治経済の研究者に大きな課題を提供している。1980，90年代という新たな環境での経済政策と経済のパフォーマンスを説明するために，どのようにこれまでの理論的枠組みが修正されねばならないのだろうか。

これまでの基本的枠組みにどのような修正がなされたのかをみる前に，ここ10年間の主な政治経済の展開を少し振り返っておこう。ショーンフィールドが1960年代半ばに有名な著書を発表して以来，あるいはこの研究の基本的概念の多くが1970年代に構築されて以来，ヨーロッパの経済と政治は劇的に変化した。そうした変化の契機には，次の二つの根本的な経済的展開があった。

経済の第一の変化とは，1974年までとは違って，低成長率と高失業率が持続していることである。国による差異はあるが，1975年以降のヨーロッパの平均GDP成長率は，75年までの20年間と比べれば，ほぼ半分に下がった。また平均失業率は，それまでの時期の約3倍となった。

第二の顕著な経済変化は，国外からの財と資本の流入に対してヨーロッパ経済が更に開放されたことである。ヨーロッパ各国経済の多くはもともと相対的に開放的だったし，貿易量も長い年月の間に増加してきていたが，輸出入の対GDP比率は最近急速に増大し，今ではヨーロッパの諸大国でも過去最高水準にある。現在，輸出入はたいていの国でGDPの三分の一程度に上っている。自由な資本の流入も，ユーロ・マーケットの拡大と1980年代初頭の為替管理の広範な廃止と結びついて近年ますます発展しており，その影響も大きいものがある。

これらの新しい発展の結果，政治的にも大きな変化が起きている。経済成長率の低下によって歳入が減っているにもかかわらず，高い失業率のために社会給付が増大するために，大部分の国の財政は深刻に圧迫されている。悪化した経済はヨーロッパの選挙民に広範な不満をつくりだし，それはとくに政府の実績に向けられた。このために政権交代が頻繁に起きるようになった。

この劣悪な経済パフォーマンスの当然の結果として，1980年代になると多くの政府は経済的，政治的に成果を収めるための新たな原理を求め，全く新

しい政策の実験を試みはじめた。こうして1980年代になると，それまで長い間培われてきた経済政策のパターンに大きな変化が訪れた。完全な解決法を発見した政府はないものの，1980年代の終わりまでには大体の傾向が明らかになってきた。

　第一に，賃金について全国レヴェルでの団体交渉を確保するネオ・コーポラティズムの努力は，ヨーロッパ全域で動揺することになった。イギリス，イタリア，スペインといった国では元来ネオ・コーポラティズム的な交渉の組織的条件が弱いが，賃金の低落傾向に不満を持つ一般組合員の反対にあって，これらの国は自発的な賃金抑制を行う努力をいちはやく放棄した。ネオ・コーポラティズムのための組織的基盤が強固だったスウェーデンのような国でも，1980年代後半になると中央レヴェルの賃金交渉が放棄されはじめた。その理由は民間セクターの組合と，力量をつけた公共セクターの組合の緊張関係が高まったことと，雇用者側が生産の再組織化のために賃金のフレキシビリティを更に追求したためだった（Pontusson and Swenson, forthcoming）。

　第二に，ヨーロッパ各国政府は次々と伝統的な経済介入の手段を放棄し始め，市場の自由な動きを強調する戦略に好意的になった。その結果として，公企業の広範な民営化，保護されていた資本市場の規制緩和，企業への伝統的な補助金の削減，労働市場の数多くの規制緩和が行われた。国際的なレヴェルでは，この方向は1985年の単一ヨーロッパ議定書によって基礎づけられた。この議定書は，財，資本，人のヨーロッパ共同体内の国境を越えた自由な移動によって特徴づけられる単一市場を創設し，域内貿易の多くの障壁を除去するためにECを強化するものだった。

　第三に，1980年代になると，雇用増大と成長促進のためにケインズ政策が有効であるという信頼が全般的に消失し，各国政府はケインズ政策を放棄しはじめた。この背景にはいくつかの原因がある。1970年代後半と80年代初期，ケインズ主義の拡張政策は経済成長を維持するのに効果がなくなったとみなされた。ヨーロッパ経済はますます開放的となり，ケインズ政策の効果が輸入増加によって薄められた。ケインズ政策にともなう財政赤字も，通貨投機を引き起こした。これは為替レートを安定化させる努力を無効にし，多くの

国はインフレ圧力に脅かされるようになった。

　その結果，1980年代終りには，経済政策の背後にある政策目標の伝統的な優先順位が変化した。1970年代にはヨーロッパのたいていの政府は，雇用水準の維持にマクロ（ディマンド・サイド）経済政策を使い，インフレ対策に主として所得政策を利用するミクロ（サプライ・サイド）経済政策を使った。しかし1990年代までに各国政府は，マクロ経済政策をインフレ対策に使い，雇用増加はミクロ経済政策に依拠するように変わってきた。つまりマクロ経済政策は経済成長の手段としては放棄され，財政金融政策はかなりの程度デフレ指向になったのである。政策担当者の関心はサプライ・サイド政策に移り，それが経済成長率と雇用を増加させる手段として期待されるようになった。

　この展開は一国レヴェルで起こったことだが，企業レヴェルでも一連の変化があった。低経済成長と国際競争の激化はヨーロッパの企業にも深い影響を与えた。厳しくなる経済の環境にうまく対処するため，企業も新しい形態の企業構造，労働組織，生産などの幅広い実験を行った。

　現在（1994年時点），企業レヴェルで行われている試みは政府ほどにはまだ研究されていないが，いくつかの試みが重要になっている。第一に，単一ヨーロッパ市場に呼応して，多くの企業が生産を合理化し，国際市場と結びつこうとするようになった。それには外国企業と合併するケースや，以前は競合相手と見られていた企業との新しい形態の企業間協力を発展させることなども含まれている。第二に，企業がパート・タイム労働者に依存する割合が大きくなってきた。企業はそうした労働者の社会給付負担金を支払わなくてもよく，パート・タイム労働者の職務保障は不安定である。そして多くの企業は，それまで企業内部で行っていた作業を下請けに出しはじめた。下請企業との既存の関係は即応性フレキシビリティを最大限に引き出すべく，再編成されつつある。

　企業内の労働組織も，ハイ・テクが利用できるように変えられつつある。この再編には高度の熟練労働が必要なので，多くの企業は労働力の訓練を行い，熟練労働者を引き止めておく補償制度を提供しようとしている。企業の中には一枚岩的な部局をより分権化して，独立採算化する企業も出てきた。

それによって新しい形態の操業を実験することを容易にしたり、現場労働者と経営を緊密に結びつけることが目指されているのだ。

ヨーロッパの企業レヴェルでも事実、停滞もみられる。しかし企業戦略、生産慣行、企業間関係は現在変化しつつあり、しかもこの変化は政治経済に広範な影響を与えるだろう。このために労使関係が不安定になるケースもある。また新しい国際的な関係と企業レヴェルでの様々な実験が行われているので、伝統的な一国モデルの政策は限界につきあたっている。こうして従来の経済政策が再検討されることが多くなった。どの国の政府も、どういう種類の政策をとれば、新しい企業戦略を有効なものにできるのか、模索しているのだ。

2．比較政治経済学の四つの現代的アプローチ

1980年代と90年代の新しい発展は、これまで概略を示してきた現代の比較政治経済学の理論的アプローチすべてに課題を提起している。研究者はこの初期のアプローチの洞察を新しい状況に対して有効に応用してきた。その結果、彼らの努力によって次の四つの優れたアプローチが生まれた。これらのそれぞれは、かつてのアプローチに起源があり、最近の発展に対する独自の展望を持っている。

① **セクター別ガヴァナンスメカニズム** この研究はネオ・コーポラティズム論に起源をもつが、1980年代に現れた「メゾ・コーポラティズム論」によって現在のアプローチへと発展した。ネオ・コーポラティズム理論に触発された学者たちは、生産者がいかに組織されるかを更に詳しく調べた結果、セクターごとに使用者と労働組合の組織がかなり異なっていることを発見した。しかも公的資源や権力がセクターの代表に譲渡されるとともに、セクター・レヴェルで活発な交渉が行われていることを発見した。これらの現象は「メゾ・コーポラティズム」と名づけられた。多くの研究はそれがセクターの行動にどのように影響するかを調べはじめた（Cawson, 1985, Wilks and Wright, 1987）。メゾ・コーポラティズム論をこえて、特定のセクターの企業間関係をより一般的に理論化しはじめた研究者もいる。彼らの目的は、企業間関係が企業行動にどのような影響を与え、どのように

経済パフォーマンスにつながるのか，ということを明らかにすることだった。ある有力な研究は，この取決のことをセクターの「ガヴァナンス・レジーム」と呼んでいる (Campbell et al., 1991; Hollingsworth et al., 1993, Hollingsworth and Boyer, 1993; Fligstein, 1990; Schmitter, 1990)。

　セクター・ガヴァナンスのメカニズムの研究文献は，比較政治経済研究に次のような貢献をした。第一にこの研究が示唆したことは，産業セクター内の企業間関係を説明するのに，市場競争といった教科書的な概念は有効でない，ということである。各市場にはそれぞれ独特の制度的配置があるだけでなく，企業の方も他の企業と多様な関係を作っていて，単に競争だけでなく，賃金規制，訓練，製品開発，ロビー活動といった協力の形態を広げている。第二に，公的権力の政策は，全国レヴェルであれ地方レヴェルであれまた地域レヴェルであれ，産業内関係に重大な影響を与えるということである。最後にそれらは，セクター・レヴェルの企業と他の企業，労働運動，国家を結びつける，諸関係のこの幅広い網の目が，企業が追求する戦略およびその成功に甚大な影響を持っていることを示したのだった。

　このアプローチの研究が直面する主なディレンマは，セクター・レヴェルの諸関係のうちで，企業戦略と経済的成果に最も影響を与える変数を決定することが困難であることだ。とはいえこの研究は市場競争と伝統的に結びついた概念をこえて，我々の企業間関係の概念を拡張させた。今も彼らは自分たちが作り上げた企業間関係の概念を，社会学的な形で洗練していく作業を続けている。

② 分権的調整　現在の研究の第二は，ヨーロッパで現在起きている企業構造と戦略上の変化から示唆を得ており，フレクシブル・スペシャライゼーション論の初期の研究に直接基礎を置いている。この研究はその他のアプローチの多くとは対照的である。これ以外の研究は制度的構造が行動に与える影響を強調するが，分権的調整論はこうした構造が考えられている以上に柔軟であることを示している。この見解では戦略を決定するのは構造ではなく，逆に戦略こそが構造を究極的に決定する。同様にして従来の研究では長期的な制度的枠組みこそが，ヨーロッパ諸国がとる調整径路を決める重要な要因とされてきたが，この種の分析ではその枠組みが大きく崩れつ

つあることが示されている。この見方を提唱する学者たちは，ヨーロッパにとって調整の道の選択が大きく開かれていることを強調する (Sabel and Zeitlin, 1996)。

この研究では，ヨーロッパの企業レヴェルで行われている実験の多様性が強調される。彼らの議論によれば，ヨーロッパの経営者は新たな課題に直面し，時には当該セクターや国の長年の慣行に抗しながら，極めて多彩な経営戦略を採用しようとしている。このような実験の混乱の中から，まだ知られていない，新しい生産方式や経済組織が出現することが期待されている。

この研究の第一のテーマは，未来のヨーロッパ経済の姿に最も関係する発展が，極めて分権化された形態をとることを証明することである。それは現在多くの企業が下請けや小企業を利用して，意図的に代替的な生産様式の実験をしているためなのだ。こうした企業の課題は広範な実験を進めるだけでなく，その結果を効率よく監視して，実験から体系的に学習することである。このように今起きているのは，単なる実験ではなく，ヨーロッパ産業における新しい監視および学習システムの発展なのだ (Sabel, 1993)。

この研究の第二のテーマは，「調整」である。企業は生産および販売に必要な数多くの活動を行っているが，彼らはこれをどううまく調整するかが，現在企業が直面している根本的課題だ，という。今や調整の伝統的な組織形態が限界に達し，変更が加えられている。下請け，新しい形態の現場組織，新しい経営方法が拡がり，ヨーロッパにおける経済活動の基本的手法が根本的に変わる可能性がある。そしてそれはヨーロッパ経済の活動全般に影響を与える可能性を持っている (Sabel, 1992; Sabel et al., 1997)。

このアプローチには次のような利点がある。まずそれは他のアプローチ以上に，ヨーロッパ経済が根本的な移行過程にあるとみている。そして各企業内部で起きている変化に着目することによって，経済の変容の中心を直接に分析することができる。しかも経営者が学習して自分が今まで活動してきた諸制度を変更する能力を強調することは，人間の創造力をどう理解するのかということと関わるし，また資本主義の特徴である「創造的破壊」のプロセスとも呼応する。彼らは調整それ自体を重要と考え，企業活動を調整する新しい手法の模索に焦点を当てているので，プリンシパルとエージェントの関

係，監視，集団行動に関する研究に関連を持つ，有益な発見の手段を提供している。

この研究の主要な限界は，分析の核心にある根本的な非決定性からくる。この分析は，現在，企業が多様な実験をしていることは認識しているものの，どのような企業形態，企業間組織が実際に現れ，それが経済成果にどう影響するのかについては，わずかな予測しかしていない。つまり，この研究はいま変化しているヨーロッパ経済の性格については多くのことを教えてくれるが，そこから出てくるものについてほとんど教えてくれない。とはいえ彼らは，無視できない過程に我々の関心を引きつけてくれるのである。

③ **多様な資本主義論**　第三の注目すべきアプローチは多様な資本主義論と呼ばれている。このアプローチの分析単位は国民国家にあるので，多様な資本主義論の枠組みはそれが発展してきたネオ・コーポラティズム論および新制度論分析と同じである。しかし多様な資本主義論は，一つの国民経済の政治経済を特徴づける多様な制度的枠組みが相互作用し，独特の型の結果を生む過程に焦点を当てているところに特徴を持っている。まさにその理由で，この研究の主眼は，資本主義にはそれぞれに特有の諸組織の配置をもった，固有の多様性があることを指摘することなのである（Albert, 1991; Soskice, 1990, 1991）。

この分析に属する優れた研究の一つは，「調整された市場経済」（ドイツ，日本，スウェーデン，ノルウェー，スイス，オーストリア）と「自由主義市場経済」（イギリス，合衆国，カナダ，オーストラリア）を区別している。調整された市場経済では，雇用者は賃金，訓練制度，研究その他について綿密なネットワーク組織を持っている。経営者と労働者は長期的雇用関係を持っており，金融資本は企業に長期的な資源あるいは「忍耐強い」資本を提供する傾向が強い。

これと対照的に自由主義市場経済では，雇用者の側には自分たちの行動を調整する中央集権的権力を持った組織がない。雇用者は短期的雇用契約に依存する傾向があり，レイオフが比較的容易である。そして金融市場の構造も違っていて，資本供給は短期的な収益性やキャッシュ・フローに依存する傾向がある（Soskice, 1990, 1991, 1993）。

この議論によれば，上記のような特徴を持った組織的組み合わせが，特定の企業行動を促進させたり他を制限したりする。例えば為替レートの上昇に直面した結果，製品の価格が上昇すると国外市場での利潤を減少させるが，調整された市場経済における企業は労働者をレイオフせずに，マーケット・シェア確保のため価格を抑え，利潤低下を容認する傾向がある。彼らが長期の融資を容易に得られることが，この戦略を実行可能にしている。これに対して自由主義市場経済の企業は，資本家の利潤への要求に直面していてレイオフも容易なので，市場から撤退したりマーケット・シェアの縮小を甘受するといった傾向がある。

　同様にしてこの研究は，政治経済の組織によってさもなければ実現しなかったはずのある種の集団行動が実現する可能性がより高くなる，と主張する。この典型例の一つは，労働力の訓練の分野である。自由主義市場経済には有効な職業訓練を提供し，メンバーである企業が熱心にそれを行うような経営者団体はほとんどない。労働者が技能を別の企業に持っていくことが容易なので，企業は自社の労働者に職業訓練を行うインセンティヴを持っていないのである。調整された市場経済においては，雇用者団体はしばしば職業訓練を実施する資源と力を持っている。メンバーは職業訓練に貢献しなければならないし，労働者がある企業を去って，自分の熟練を別の企業に売るなら，彼らが不利益を被ってしまうような賃金体制を強制される。その結果として生まれるのは，ファインゴールドとソスキスによって「低熟練均衡」国と「高度熟練均衡」国と名づけられているものである。

　これは非常に有望な議論である。それは当初はネオ・コーポラティズム分析を修正することから発展した。その前提になったのは，賃金の調整が労働組合と同じく雇用者団体によって影響を受けることがある，ということである (Soskice, 1990)。これは極めて重要な洞察だった。後の研究でソスキスらは，1980年代の制度主義的分析を深めることに成功した。彼らはゲーム理論と新しい組織の経済学に始まる幅広い分析枠組みの助けを借りて，企業間関係と労働，資本，財市場を形づくる多面的な制度的枠組みが，どのように相互に影響しあって，特定の企業戦略や，特定の一国の経済的成果を生むのかについて，更に厳密な描写を行っている。

このモデルの直面する主なディレンマは，この分析をどのように様々な国民経済に普遍化できるのか，ということである。最初の分析の多くは，日本・ドイツとイギリス・合衆国との比較に頼っていた。現在，日本とドイツの相違を明らかにすべく研究が進められている。これらの国の政治経済は微妙に異なった方法で同じ目標を達成した，と思われるからである。しかしフランスやイタリアのような混合形態がたくさん存在し，これらは既存のモデルに簡単には当てはまらないのである。

　このモデルが様々な制度的変数の間の相互依存効果を強調すること自体，各変数の明確な効果を孤立化させるのが難しいので，モデルを一般的な形で他の国々に適用できないということである。それにもかかわらずこの分析は，潜在的に多くの国の在り方に適応できるような，重要な一連の命題を提起しているのだ。

④ 相互依存の文脈における連合理論

　最後に経済的調整，とくに経済政策を解明することを目指す第四のアプローチが近年力を得てきている。この理論では政策を，社会的連合もしくは政治的連合の変化する利益と要求に対する対応であるとみなす。このアプローチは政治学で相当の歴史のあるものだが，1980年代になって蘇生した。これを代表するピーター・グルヴィチ（1986）の議論は，経済政策は何より経済セクターを代表する連合への対応であり，これらの連合は国際経済の変化への対応として形成され，また再形成される，というものだ。彼の主張は，国際経済の変化が国内の経済セクターの利害を変化させ，そしてそれが，政治連合の形成を可能にするということである。

　国際経済の変化が，いかに主要な経済セクターやアクターの利害を変えるのかを説明する理論を展開している学者も，最近登場してきている。ロゴフスキー（1990）は，貿易自由化が有名なサミュエルソン・ストルパー的に国民経済の比較優位を変化させ，土地，労働，資本の中で最も豊富な要素を有利にするという。フリーデン（Frieden, 1991）は更に議論を敷衍し，金融自由化は貿易自由化とは違った仕方で主要な経済セクターに影響を与えると主張している（cf. Garrett, 1991）。その前提となるのは，特定の経済政策を要求する国内政治の諸勢力の組み合わせが，国際経済の変化に対応して組み替

えられるだろうということである。古い連合は分解し，新たな政治連合が形成されるというのだ。

　この種の分析は，説明変数として政治経済の制度的構造にあまり関心を払っていないが，これらの制度的構造を転換させる政治的意志がいかに形成されるのかを理解する手段をいくつか提供している。国際的依存関係が国家の政策作成者の能力に与える影響や，経済全体への影響に集中する分析とは対照的に，この分析は国際経済の中でのセクター別の変化の影響に我々の注目を集めた。

　さしあたりこの分析の主な限界は次の点だろう。こうした諸セクターの利害の変化が，どのように経済政策や制度的改革につながるのかを正確に明らかにすることが難しいのだ。彼らには利害の決定に関する厳密な理論があるが，政治理論はまだ貧弱である。しかしこの分析の大きな利点は，経済の連続性ではなく変化を理解する能力にある。この研究は政治経済の組織に関心を持つ研究者にとって非常に価値のある，制度的変化についてのある理論を暗黙のうちに前提しているのだ。

（3）結び

　以上の展望を私なりにまとめてみよう。第一に，各国の同質的な行動を促す，国際的なレジームによって支持された強大な市場からの圧力にもかかわらず，今なお，こうした市場の力に対して各国が反応する方法には重要な違いがある。

　第二に，各国の反応のこうした違いの多くは，少なくとも部分的には，各国の政治経済の組織の違いに由来する。したがって，比較政治経済学の基本的な公準の一つは，現在でも依然として有効である。

　第三に，本論文でみてきたこれらの分析は，様々な国がとる調整経路の相違を指し示しているが，これは一つがその他よりも優れているということを必ずしも示唆するものではない。ドイツの政治経済の構造は，ある種の集団行動を可能にするが，その構造によって可能になる実験の幅を狭くする点では，代償を支払わねばならない。逆に，イギリスやフランスの経済には，ある種の対応をするために必要な制度的能力が欠けているが，ドイツ企業やド

イツ社会が持たない柔軟性を持っている。この点において，一つのモデルが他のものよりも明確に優れていることを示唆することはできないだろう。

　第四に，これらの分析には，政策形成に関するいくつかの明確な含意がある。ヨーロッパ全域で，経済政策の担当者は教育，訓練，労働力への指導を通じて国民の「人的資本」を高める方法を探している。これは全く正しい。しかしながら私の議論が提示するのは，政策担当者は国民の「社会的資本」を高めることにも関心を持たねばならないということである。制度的なインフラストラクチャーへの関心が必要なのだ。これによって諸企業の生産的で集団的な行動が可能になる。我々は政策のインパクトをその直接の目的から考えることに慣れている。しかしながら，特定の一連の政策の最も重要な結果の多くは，それらが長期的にどのような社会組織を形成するか，あるいは破壊するか，ということにある。というのも，将来の政策の成功が依存するのは，社会組織だからである。

　最後に，経済的な行動の条件となる制度的なインフラストラクチャーが変化しないわけではないことを忘れてはならない。特に現代のような時代には，これらは変化しやすいように思われる。これらの変化の中には，熟慮された設計を通じて起きるかもしれない。例えば企業や社会組織が自らの構造を新たな環境に適応させたり，政府が国内レヴェルと国際レヴェルにおいて新しい組織を発展させるといった場合のように。その他の変化は，社会的緊張の思いもよらない結果であるかもしれない。例えば高レヴェルの失業とあらゆる市場での競争の激化が，長期的に存在してきた諸制度を変化させるといった場合のように。我々の直面する次の問題は，制度の変化と柔軟性のこうしたプロセスを理解することである。

　こうしたプロセスすべてにおいて，政治が重大でありつづける。国家は経済の中で最も強力なアクターであり，しかもより広く社会的利益を代表する唯一の組織でありつづける。したがって政府は調整プロセスにおいて，将来も重要な役割を果たすよう期待されよう。更に政府の活動は他の多くの組織と同様に，社会的正義や社会的適正さといった概念によって条件づけられるが，これらの概念はしばしば経済的合理性の論理と衝突する。経済的パフォーマンス以上のものがここでは問題になっている。というのも政治経済の諸

制度は，権力と資源の主要な社会的利害集団の間での分配を固定するからである。したがって，こうした諸制度をとりまく，もしくは制度を変えさせる挑戦が，より広い政治的抗争をつくり出し，それによって調整経路が条件づけられ，それに諸国家は究極的に従わざるをえなくなるだろう。

参考文献

Aglietta, M., *Regulation and Crisis of Capitalism,* Monthly Review Press, NY, 1982.

Albert, Michel, *Capitalisme contre Capitalisme,* Seuil, Paris, 1991.

Alt, James and Kenneth Sheplse (eds.), *Perspectives on Political Economy,* University of California Press, Berkeley, 1991.

Alvarez, Michael et al., "Government Partisanship, Labor Organization and Macroeconomic Performance," *American Political Science Review* 85, 2, June 1991.

Anderson, Jeffrey, "When Markets and Territories Collide: Thatcherism and the Politics of Regional Decline," *West European Politics,* April 1990.

Aoki, Masahiko, *Information, Incentives and Bargaining in the Japanese Economy,* Cambridge University Press, 1988.

Aoki, Masahiko, "Toward an Economic Model of the Japanese Firm," *Journal of Economic Literature* 28, 1990.

Armstrong, Philip et al., *Capitalism since 1945,* Basil Blackwell, Oxford, 1991.

Beer, Samuel H., *Modern British Politics,* Faber, London, 1965.

Berger, Suzanne (ed.), *Organizing Interests in Western Europe,* Cambridge University Press, NY, 1982.

Berger, Suzanne, "The New Politics of Convergence', Paper presented to the Workshop on A New Europe, Cambridge, MA, December 1992.

Blank, Stephen, "Britain: The Politics of Foreign Economic Policy, the Domestic Economy, and the Problem of Pluralistic Stagnation," in Katzenstein (ed.), 1978.

Boyer, Robert, *The Regulation School: A Critical Introduction,* Columbia University Press, NY, 1990.

Boyer, Robert (ed.), *La Flexibilité du Travail en Europe,* La Découverte,

Paris, 1986.

Boyer, Robert (ed.), *The Search for Labor Market Flexibility,* Clarendon Press, Oxford, 1986.

Boyer, Robert and Jacques Mistral, *Accumulation, Inflation, Crises,* PUF, Paris, 1978.

Boyer, Robert, "New Directions in Management Practices and Work Organisation," Paper presented to the OECD Conference on Technical Change as a Social Process, Helsinki, 1989.

Calmfors, Lars and John Driffill, "Centralization of Wage Bargaining," *Economic Policy,* April 1988.

Cameron, David, "The Expansion of the Political Economy," *American Political Science Review,* 1978.

Cameron, David, "Social Democracy, Corporatism, Labor Quiescence and the Representation of Economic Interest in Advanced Capitalist Society," in Goldthorpe (ed.), 1984.

Campbell, John L. et al. (eds.), *Governance of the American Economy,* Cambridge University Press, NY, 1991.

Cawson, Alan (ed.), *Organized Interests and the State,* Sage, Beverly Hills, 1985.

Cawson, Alan and J. Ballard, *A Bibliography of Corporatism,* European University Institute Working Paper, 1984.

Coleman, William, *Foundations of Social Theory,* Harvard University Press, Cambridge.

Cox, Andrew (ed.), *The State, Finance and Industry,* Wheatsheaf, Brighton, 1986.

Cukierman, Alex, *Central Bank Strategy, Credibility and Independence,* MIT Press, Cambridge, 1992.

Daley, Anthony (ed.), *The Mittrrand Era: Policy Alternatives and Political Mobiliation in France,* New York University Press, NY, 1996.

DiMaggio, Paul and Walter Powell (eds.), *The New Institutionalism in Organizational Analysis,* University of Chicago Press, Chicago, 1991.

Eichengreen, Barry, "Should Maastricht Be Saved?," Princeton Papers in International Finance, 1993.

Elbaum, Bernard and William Lazonick (eds.), *The Decline of the British*

Economy, Oxford University Press, NY, 1986.

Evans, Peter *et al., Bringing the State Back In,* Cambridge University Press, NY, 1985.

Finegold, David and David Soskice, "The Failure of Training in Britain: Analysis and Prescription," *Oxford Review of Economic Policy* 4, 3, 1988.

Fligstein, Neil, *The Transformation of Corporate Control,* Harvard University Press, Cambridge, 1990.

Frieden, Jeffry A, "Invested Interests: The politics of National Economic Policies in a World of Global Finance," *International Organization* 45, 4, Autumn, 1991.

Fulcher, James, *Labor Movements, Employers and the State,* Clarendon Press, Oxford, 1991.

Garrett, Geoffrey, "Internationalization and Economic Policy in the Industrial Democracies, 1962-1988," in Helen Milner and Robert Keohane (eds.), *Internationalization and Domestic Politics,* Cambridge University Press, NY, 1996.

Garrett, Geoffrey and Peter Lange, "Government Partisanship and Economic Performance: When and How does 'Who Governs' *Matter,"* *Journal of Politics* 51, 1989.

Garrett, Geoffrey and Peter Lange, "Political Responses to Interdependence: What's Left for the Left," *International Organization* 45, 4, Autumn, 1991.

Golden, Miriam, "The Dynamics of Trade Unionism and National Economic Performance," *American Political Science Review* 87, 2, June 1993.

Golden, Miriam and Jonas Pontusson (eds.), *Bargaining for Change,* Cornell University Press, 1992.

Goldthorpe, John A. (ed.), *Order and Conflict in Contemporary Capitalism,* Oxford University Press, NY, 1984.

Goodman, John, *Monetary Sovereignty,* Cornell University Press, Ithaca, 1992.

Gourevitch, Peter A., *Politics in Hard Times,* Cornell University Press, Ithaca, 1986.

Graham, Andrew and Anthony Seldon, *Government and Economies in the Postwar World,* Routledge, 1990.

Granovetter, Mark, "Economic Action and Social Structure: The Problem

of Embeddedness," *American Journal of Sociology* 45, 3 (1985).
Grant, Wyn (ed.), *The Political Economy of Corporatism,* Macmillan, London, 1985.
Hall, Peter A., *Governing the Economy,* Oxford University Press, NY, 1986.
Hall, Peter A. "Pluralism and Pressure Politics," in Peter A. Hall, Jack Hayward and Howard Machin (eds.), *Developments in French Politics,* Macmillan, London, 1989.
Hall, Peter A., "Central Bank Independence and Coordinated Wage Bargaining: Their Interaction in Germany and Europe," *German Politics and Society,* Winter 1994.
Hayward, Jack, "Institutional Inertia and Political Impetus in France and Britain," *European Journal of Political Research* 4, 1976.
Hayward, Jack and Michael Watson (eds.), *Planning, Politics and Public Policy,* Cambridge University Press, Cambridge, 1975.
Herrigel, Gary, "The Case of the West German Machine-Tool Industry," in Katzenstein, 1989.
Hicks, Alexander, "Social Democratic Corporatism and Economic Performance," *Journal of Politics* 50, 1988.
Hollingsworth, J. Rogers et al. (eds.), *Comparing Capitalist Economies,* Oxford University Press, NY, 1993.
Hollingsworth, J. Rogers and Robert Boyer (eds.), *The Social Embeddedness of Capitalism,* Oxford University Press, NY, 1993.
Howell, Chris, *Regulating Labor,* Princeton University Press, Princeton, 1992a.
Howell, Chris, "The Contradictions of French Industrial Relations Reform," *Comparative Politics,* January 1992b.
Howell, Chris, "Whatever Happened to the British Model of Industrial relations," in Richard Locke and Kathleen Thelen (eds.), *Rethinking the Boundries of Labor Politics* (forthcoming).
Iverson, Torben, "Trends Away from Corporatist Intermediation and The Logics of Consenual Wage Regulation," Paper presented to the American Political Science Association, September 1992.
Katzenstein, Peter J. (ed.), *Between Power and Plenty,* University Wisconsin Press, Madison, 1978.

Katzenstein, Peter J., *Small States in World Markets,* Cornell University Press, Ithaca, 1985.

Katzenstein, Peter J., *Policy and Politics in West Germany,* Temple University Press, Philadelphia, 1987.

Katzenstein, Peter J., *Industry and Politics in West Germany,* Cornell University Press, Ithaca, 1989.

Kern, Horst and Michael Schumann, "New Concepts of Production in West German Plants," in Peter Katzenstein (ed.), *Industry and Politics in West Germany,* 1989.

Kern, Horst and Charles Sabel, "Trade Unions and Decentralized Production: A Sketch of Strategic Problems in the West German Labor Movement," in Marino Regini (ed.), *Labor Movements Toward the Year 2000,* Sage, NY, 1991.

Knetter, M, "Price Discrimination by US and German Exporters," *American Economy Review* 79, 1, 1989.

Kurzer, Paulette, *Business and Banking,* Cornell University Press, Ithaca, 1993.

Lange, Peter, "Unions, Workers and Wage Regulation: The Rational Bases of Consent," in Goldthorpe (ed.), 1984.

Lange, Peter et.al., "The End of Corporatism? Wage Setting in the Nordic and Germanic Countries," in Sanford Jacoby (ed.), *Work and Society,* Oxford University Press, NY, 1995.

Lane, Christel, *Management and Labour in Europe,* Edward Elgar, London, 1989.

Lash, Scott and John Urry, *The End of Organized Capitalism,* Polity, Oxford, 1987.

Lehmbruch, Gerhard and Philippe Schmitter (eds.), *Patterns of Corporatist Policy-Making,* Sage, Beverly Hills, 1982.

Levy, Jonah, "Tocqueville's Revenge: Delemmas of Institution-Building in Post-Dirigiste France," Ph.D. Dissertation, Department of Political Science, M.I.T., 1994.

Leon Lindberg and Charles Maier (eds.), *The Politics of Global Inflation and Stagnation,* Brookings, Washington, 1985.

Lipietz, Alain, *Le Monde Enchanté,* La Découverte, Paris, 1983.

Locke, Richard, "The Demise of the National Union in Italy: Lessons for Comparative Industrial Relations Theory," *Industrial and Labor Relations Review* 45, 2, January 1992.

Locke, Richard, *Rebuilding the Economy*, Cornell University Press, 1994.

March, James and Johan Olsen, "The New Institutionalism: Organizational Factors in Political Life," *American Political Science Review*, Sept. 1984.

Marglin, Stephen and Juliet Schor (eds.), *The Golden Age of Capitalism*, Oxford University Press, NY, 1990.

Marsh, David, *The New Politics of British Trade Unionism*, Macmillan, London, 1992.

Matzner, Egon and Wolfgang Streeck (eds.), *Beyond Keynesianism*, Edward Elgar, London, 1991.

Maurice, M., et al., *The Social Foundations of Industrial Power*, MIT Press, Cambridge, 1986.

Nelson, Richard and Sidney Winter, *An Evolutionary Theory of Economic Change*, Harvard University Press, 1982

Noel, Alain, "Accumulation, Regulation and Social Change: An Essay on French Regulation," *International Organization*, 1987.

Ostrom, Elinor, *Governing the Commons*, Cambridge University Press, NY, 1990.

Panitch, Leo, "Recent Theorizations of Corporatism: Reflections on a Growth Industry," *Biritish Journal of Sociology*, 1980.

Piore, Michael and Charles Sabel, *The Second Industrial Divide*, Basic, NY, 1984.

Pizzorno, Alessandro, "Political Exchange and Collective Identity in Industrial Countries," in Colin Crouch and Alessandro Pizzorno (eds.), *The Resurgence of Class Conflict in Western Europe since 1968*, Macmillan, London, 1978.

Pontusson, Jonas and Peter Swenson, "Employers on the Offensive: Wage Barganning, Pay Practices and New Production Strategies in Sweden' (forthcoming).

Putnam, Robert, *Making Democracy Work*, Princeton University Press, Princeton, 1992.

Regini, Marino, "The Conditions for Political Exchange: How Concertation

Emerged and Collapsed in Italy and Great Britain," in Goldthorpe, 1984.

Richardson, Jeremy and W. Jordan (eds.), *Policy Styles in Western Europe*, Allen & Unwin, London, 1982.

Rogowski, Ronald, *Commerce and Coalitions*, Cornell University Press, Ithaca, 1990.

Rothstein, Bo, "Labor Market Institutions and Working Class Strengh," in Sven Steinmo et al., *Structuring Politics*, Cambridge University Press, NY, 1992.

Ruberry, Jill, "The UK Production Regime in Comparative Perspective," Paper presented at the WZB, Berlin, July 1993.

Sabel, Charles F., "Moebius-Strip Organizations and Open Labor Markets: Some Consequences of the Reintegration of Conception and Execution in a Volatile Economy" in Pierre Bourdieu and James S. Coleman (eds.), *Social Theory for a Changing Society*, Westview, Boulder, 1991.

Sabel, Charles F. "Studied Trust: Building New Forms of Cooperation in a Volatile Economy," in Frank Pyke and Werner Sengenberger (eds.), *Industrial Districts and Local Economic Regeneration*, International Institute for Labor Studies, Geneva, 1992.

Sabel, Charles F., "Large Firms and Small: Where They are in Europe Viewed from Where they Were," Paper presented to the Conference on Cooperation and Competitibeness, Lisbon, October 1993.

Sabel, Charles F., "Learning by Monitoring: The Institutions of Economic Development," in Neil Smelser and Richard Swedberg (eds.), *Handbook of Economic Sociology*, Princeton University Press, Princeton, forthcoming.

Sabel, Charles F., "Flexible Specialization and Reemergence of Regional Economies," in Paul Hirst and Jonathon Zeitlin (eds.), *Reversing Industrial Decline*, Berg, Oxford, 1989.

Sabel, Charles F. and Jonathon Zeitlin (eds.), *World of Possibility*, Cambridge University Press, Cambridge, 1997.

Sabel, Charles F. et al., "Making Money Talk: Towards a New Debtor-Creditor Relation in German Banking," in John C. Coffee et al. (eds.), *Relational Investing*, Oxford University Press, NY, forthcoming.

Scharpf, Friz W., *Crisis and Choice in European Social Democracy*, Cornell University Press, Ithaca, 1991.

Schmidt, Manfred, "The Role of the Parties in Shaping Macroeconomic Policy," in Francis Castles (ed.), *The Impact of Parties,* Sage, Beverly Hills, 1982.

Schmidt, Vivien, "An End to French Economic Exceptionalism?," mimeo.

Schmitter, Philippe, "Still the Century of Corporatism," *Review of Politics* 36, 1974.

Schmitter, Philippe, "Sectors in Modern Capirtalism: Modes of Governance and Variations in Performance," in Brunetta and C. Dell'Aringa (eds.), *Labour Relations and Economic Performance,* New York University Press, NY, 1990.

Schmitter, Philippe C. and Gerhard Lehmbruch (eds.), *Trends toward Corporatist Intermediation,* Sage, Beverly Hills, 1979.

Shonfield, Andrew, *Modern Capitalism,* Oxford University Press, NY, 1965.

Soskice, David, "Wage Determination: The Changing Role of Institutions in Advanced Industrialized Countires," *Oxford Review of Economic Policy* 6, 4, 1990.

Soskice, David, "Skill Mismatch, Training Systems and Equilibrium Unemployment: A Comparative Institutional Analysis," in K. Abraham and F. Padoa-Schioppa (eds.), *Mismatch and Equilibrium Unemployment.*

Soskice, David, "Reinterpreting Corporatism and Explaining Unemployment: Coodinated and Non-coodinated Market Economies," in R. Brunetta and C. Dell'Aringa (eds.), *Labour Relations and Economic Performance,* Macmillan, London, 1991.

Soskice, David, "Innovaton Strategies of Companies: A Comparative Institutional Explanation of Cross-Country Differences," Paper presented at the WZB, July 1993.

Sorge, Arndt and Wolfgang Streeck, "Industrial Relations and Technological Change," in Richard Hyman and Wolfgang Streeck (eds.), *New Technology and Industrial Relations,* Blackwell, Oxford, 1988.

Streeck, Wolfgang, *Social Institutions and Economic Performance,* Sage, Beverly Hills, 1992.

Streeck, Wolfgang and Philippe Schmitter, *Private Interest Government,* Sage, Beverly Hills, 1985.

Swenson, Peter, *Fair Shares,* Cornell University Press, Ithaca, 1989.

Swenson, Peter, "Bringing Capital Back in, Or Social Democracy Reconsidered," *World Politics* 43, 4, July 1991.

Thelen, Kathleen, *Union of Parts,* Cornell University Press, Ithaca, 1991.

Thelen, Kathleen, "West European Labor in Transition: Sweden and Germany Compared," *World Politics,* October 1993.

Thelen, Kathleen, "Beyond Corporatism: Toward a New Framework for the Study of Labor in Advadded Capitalism," (forthcoming).

Turner, Lowell, *Democracy at Work,* Cornell University Press, Ithaca, 1991.

Wilensky, Harold, *The 'New Corporatism,' Centralization, and the Welfare State,* Sage, Beverly Hills, 1976.

Wilks, Stephen and Maurice Wright (eds.), *Comparative Government and Industry Relations,* Oxford University Press, Oxford, 1987.

Winkler, Jack, "Corporatism," *European Journal of Sociology,* 1974.

Ziegler, Nicholas, "Knowledge Bearing Elites and Industrial Performance in France and Germany," Harvard Center for European Studies Working Paper, 1994.

Zysman, John, *Governments, Markets and Growth,* Cornell University Press, Ithaca, 1983.

Zysman, John, "How Institutions Create Historically-Rooted Trajectories of Growth," *Industrial and Corporate Change* (forthcoming).

Zysman, John and Laura Tyson (eds.), *American Industry in International Competition,* Cornell University Press, Ithaca, 1983.

訳者解説

　本書は1980年代に欧米で発展した政治経済学の概要を紹介する目的で，訳者たちがこの分野の重要な論文を独自に選んで翻訳したものである。

　現在多様な意味で使われている「政治経済学」の詳しい語源と語義については後に触れるが，それは80年代初めの欧米政治学界における「国家論の復権」によって開始された，政治学の研究者による経済分析のことを意味している。この分野は80年代に急速に成長し，多くの成果が刊行されてきた。またこの分野の研究者たちの幾人かは合衆国クリントン政権のブレーンとなり，実際の経済政策策定にも発言力を持っていた。その影響を受けて近年日本でも政治学，経済学で政治経済学的アプローチや新制度論（new-institutionalism）が急速に成長している。経済学の分野では1996年に「進化経済学会」が結成されたが，その多くの会員が技術進歩や経済変化をめぐる制度の分析に関心を持っている。また政治学では1998年に「日本比較政治学会」が創設されている。本書はこの新動向の基本論文を紹介することをめざしている。

　経済の研究として見たとき，まだ新しいこの分野の研究の特徴は，現代の理論経済学のような精緻な理論化にはない。それは旧来政治学，経済学が行ってきた，各国の条件や歴史的経緯を無視した抽象的な概念化を厳しく批判し，これに対して制度についての各国の実情を調査し，各国比較によって理論を構成する実証的な方法にある。このような研究手法は「多様な資本主義論」などの，柔軟で現実に即した現代経済像を生み出してきた。そのため本書は編集方針として，純理論的な論文は収録しないことにし，具体的な比較分析の手法が理解できるような概論的な実証研究を紹介し，読者が実例を通じて研究方法を体得することを目指している。論文の選定にあたり，欧米の代表的な研究者で，各章の著者でもあるピーター・ホール，フィリップ・シュミッター，ピーター・カッツェンスタイン，アラン・コーソンに面会して議論を行い，本書が紹介として妥当であるという評価を受けている。

（1） 政治経済学の起源

　現在「政治経済学」の名称のもとに多くの著書が出版され，また大学の科目名にも数多く存在し，その内容も千差万別であるために，この言葉の意味はきわめて漠然としている。そのためこの長い歴史を持つ術語の語義を振り返ることから始めて，本書の構想を明らかにしたい。

　「政治経済学」の原語 political economy という言葉は，17世紀初頭のフランス語 economie politique に由来するといわれている。それは OED によれば，もともと「物質的富を増大させることを目的に国家の資源を管理する，技術あるいは実践的な学問」を意味していた。ユグノーの乱で戦死したフランス人アントワーヌ・ド・モンクレティアンは，重商主義的な政策提言を行った著書『政治経済学概論』*Traité de l'oeconomie politique* を1615年に出版している。その後も同旨の著作の刊行が相次ぎ，「長い間フランス人は政治経済学の知識で令名を馳せた」（ジョン・シンクレア『書簡集』，1830）とさえ言われるようになった。それは中央集権的国家の形成と，商業的富の蓄積が国力の源泉とみなされる歴史的背景の中で生まれた新しい知識の分野で，現代から見ると，学問としては経済学ではなく，広義の政治学・法学の一部だった。

　この言葉は経済学発祥の地となった18世紀のスコットランドで受容され，大学の講義で使われるようになった。当時のスコットランドの大学での政治学・法学講義では，通常第一部に狭義の法学，政治学である自然法論，統治形態論がとりあげられた後，第二部に police, あるいは political economy が置かれた。英語で初めてこの言葉を著作名として使ったのもスコットランド人ジェームズ・スチュアート（*An Inquiry into the Principles of Political Economy*, 1767）だった。彼はこの著作で政治経済学を技術 art と考え，「政治経済学の偉大な技術とは，まず人々のさまざまな精神，マナー，習慣，慣習に適応し，その後に一組のより新しく有用な諸制度を導入できるように，これらの政策環境を整え直すことである」と書いている。

　内容からみて「政治経済学」は，この時点ですでに独立した理論体系としての経済学という性格を持っていたが，それは政策研究，歴史研究を含んで

いた。また同国人のアダム・スミスは『諸国民の富』(1776) で、「政治経済学は人々に多くの収入と必需品を提供するとともに、国家の公共サーヴィスにとって十分な歳入を提供するという、二つのはっきりした目的を持っている」と定義している。この経済学の最大の古典自体、スミスがグラスゴー大学在職中に行った法学講義の第二部から発展したものだった。このようにもともと「政治経済学」は、富の増加を目指す政策とその原理を研究する一種の政策技術、あるいは政策科学のことを意味していた。これをこの言葉の第一の意味としておこう。

　経済学が学問的内容を整えるにつれ、19世紀になるとこの言葉は現代の「経済学」に近い意味で使われるようになってきた。幾何学のような演繹的な論理によって経済学の体系をつくりあげ、現在に至る理論的な経済学の基礎を築いたといわれるイギリスのデイヴィッド・リカードの主著は、*Principles of Political Economy, and Taxation* (1817) だった。19世紀初頭の同国人の経済学者マカロックは「政治経済学とは交換価値を持ち、人間生活に必要か、有用か、少なくともふさわしいような商品や生産物の生産、分配、消費を規制する法則を研究する科学である」(1825) と定義している。ここではこの言葉は現在の「経済学 economics」と同等な意味を持っている。これを「政治経済学」の第二の意味と呼んでおく。

　他方でこのような純粋科学化への批判も始まった。同時代イギリスの古典派経済学に反対したフランスの経済学者シスモンディは、リカードのような演繹的科学から、総合的視野で経済問題を考える政策学としての古い語義に帰るべきだと主張した『政治経済学新原理』*Nouveaux principes d'économie politique* (1819) を発表した。このような批判を意識しながら、J. S. ミルは政策論を含んだ科学の体系として『経済学の原理』*Principles of Political Economy* (1848) を書き、それは19世紀経済学の標準的テキストとして広く読まれた。これに対してカール・マルクスは『資本論』の前身となった自著を、『経済学批判』*Zur Kritik der politischen Ökonomie* (1859) と名づけた。この段階では「政治経済学」は、第二の意味へと内容をシフトしながら第一の意味の痕跡を残した、経済学と呼んでいい新興の学問を指示する言葉として使われていた。しかし19世紀後半に現代経済学の基礎である「限界革

命」が行われ，また自然科学の厳密性と専門性をこの分野でも確立したいという希望が高まるにつれて，以前の経済学のあり方から訣別しようという考えが広まった。その結果 J. S. ミルの著作を引き継いで，19世紀末から20世紀の30年代までイギリス経済学で広く参照されたアルフレッド・マーシャルの主著は，『経済学原理』 The Principles of Economics (1890) と題された。この economics という新語と，専門的科学としての経済学が定着するにつれて，political economy は表舞台から退場した。

　しかし第一の意味と第二の意味の対立は消え去ったわけではなかった。たとえばドイツ経済学の歴史学派は，歴史や政策と不可分のものとして経済学を考え，「抽象的な理論」としての経済学を批判した。この段階ではすでに歴史的な用法のずれというより，形成されつつある幾何学的，普遍主義的な理論に対する反発によって経済学の反主流派が形成されていたのである。他方で理論物理学などの，自然科学をモデルにした純粋科学の理想を追求する経済学者たちは，その方法的厳密性を，体系の公理的な構成法と数学の導入に求めることになった。そして説明方法が数理化，単純化されることで，それは政策研究や歴史研究から分離した。さらに行動主義政治学などの，実証科学としての独立を目指した20世紀初頭の現代政治学の形成によって，経済研究と政治研究の体系的分離が行われ，「政治経済学」という言葉が指示していたまとまりが学問的に消滅することとなった。

　この過程は一般的には近代的な研究の社会的な特徴である，アマチュアから職業人に研究の主体が移っていく，「科学の制度化」に伴う専門化の一環だったが，そこに問題がなかったわけではない。なぜなら「政治」と「経済」は別々の実体ではなく，「社会」という同一の対象の二つの機能に過ぎないからである。この二つを分離して研究する個別の科学が成立するのは，デカルトが主張したような，研究の対象を分割してそれぞれを研究するという「分析の方法」による学問の発展だが，この「分析」の方法自体，研究対象が，結果の合成が可能であるという線形の因果性を持っていることを前提としている。たしかに巨視的世界，とくにニュートン物理学の対象となった物理的世界の落体運動などの現象は，このような性格を持っていた。しかし自然界にはたとえば気象現象のように，非常に身近でありながら線形ではない現象

の方がむしろ多数である。社会現象が線形である保証はどこにもない。純粋な経済理論と純粋な政治理論の結果を総合するだけで，精確な社会現象の像が得られると確信する理由はないのである。

またとくに「純粋理論」としての経済学という観念の背後には，普遍的な一般原理の存在に対する信仰がある。それは同一の条件であれば同一の現象が繰り返される，単純な巨視的物理的世界については妥当するだろう。しかし「社会」が歴史を持つ以上，歴史過程を考慮する必要がある。現在の状態がそこにいたった過去に依存するという経路依存性 path-dependency は，社会に限ったことではない。たとえば熱力学的な物理系の状態がそうであり，それから見た宇宙進化は，エントロピーの増大という不可逆性を含んでいる。その点で，対象の歴史を考慮することなしに一般法則を追求することができるかどうかは，それ自体が証明を必要とする問題である。もしこれらの考え方が間違っているなら，「経済」，「政治」，「歴史」の相互関係を学問的にどう考えるかが，重要な課題になってくるのである。

（2）現代政治経済学の形成と本書の構成

1．現代の政治経済学

では現代の「政治経済学」という用語はなにを意味するのだろうか。それは以下のような意味で使われているといえよう。

第一に経済学の分野では，「政治経済学」はマルクス経済学，ネオ・マルクス経済学，それらに影響を受けた経済学的研究の別名という意味で使用される場合が多い。またこのような潮流と関連した，政策論や歴史的分析や制度的考察を含んだ経済学も，同じ名前で呼ばれている。これは日本ばかりではなく，英語圏でも同様なことがいえる。本書はこのような意味では，「政治経済学」という言葉を使っていない。とはいえこの用法は，「制度」「政策」「歴史」を経済の考察の中に加えなければならないと強調する点で，政治経済学の第一の意味を復活させようということでもあるだろう。

それでは政治学ではどうなのだろうか。ここでもこの言葉は複数の意味を持っている。第一に，それは political *economy* という意味で，「経済」に強調点を置いて使われることがある。それは実体としては，現代経済学の手法

である合理的選択論による政治現象の研究のことである。

　第二に *political* economy と，「政治」に強調点を置いた場合には，これとまったく反対の意味で，政治学の手法による経済現象の研究のことを意味している。それは政治が経済と分かちがたく結びついており，経済現象自体が広い意味での政治を含んでいるという考え方に基づいている。その見方が具体的に経済をどう解釈するかは，本書に収録された諸論文が実例分析によって示している。本書はこのような動向を紹介することを目指しているのである。

　後者の意味での「政治経済学」が始まったのは，1960年代からの「国家論の復権」と呼ばれる政治学の新展開によっている。この時期には福祉国家の発展の中で，経済を秩序づける国家の役割が再発見され，多元主義から国家論へと政治理論の強調点が転換したのである。この動向を歴史研究と各国比較分析の業績を回顧しながら総括した代表的な論文は，ピーター・ホールの第一論文でも触れられている，シーダ・スコッチポルの"Bringing the State Back in: Strategies of Analysis in Current Research" (Theda Skockpol et al. (eds.), *Bringing the State Back In,* Cambridge University Press, 1985に収録)である。この論文でスコッチポルは「説明概念としての国家の重要性」を，国家の自律性と目標達成能力，政治文化の形成，社会や階級との相互作用のそれぞれについて明快に主張している。本書は当初これを収録することも検討した。関心のある方はぜひ参照されたい。

　このような政治学の新動向を受け継いで，1970年代には政治経済学が発展することになった。それはとくに当時の状況の下で，経済政策の形成・執行過程における労働組合，企業団体などの社会的団体の重要性の認識が進み，またオイル・ショックとスタグフレーションという先進工業国を襲った経済危機の中で，新しい経済政策の模索が始まったことに対応している。とくに英米ではこの時期に産業の国際競争力を取り戻した西欧と，良好な経済的パフォーマンスを見せた西ドイツ経済に刺激されて，ヨーロッパ・モデルへの関心が高まった。また経済学からはネオ・マルクス主義のインパクトと，制度学派（ガルブレイス）の影響がこのような研究動向を支えた。文献としては，政策当局の違いを説明することに力点を置いた，ショーンフィールドの

先駆的な研究（アンドリュー・ショーンフィールド『現代の資本主義』1965）がアプローチの手本となった。

続く1980年代は、この分野の代表的な研究が発表された時期である。とくに各国比較の方法を政治学での国家論の展開に結びつけて，経済パフォーマンスの違いを論じる研究がこの時期に行われたといえる。それぞれの業績とアプローチの特色は，ホールの第二論文に大変手際よく紹介されている。

1990年代になると，技術，企業組織の変化，労働組合の弱体化，経済の国際化に伴い，政治経済学は再構成の時代に入ることになる。それは労働組合と企業の役割の再考察や，国家単位で経済パフォーマンスや調整の仕方を考えることへの疑問，新技術と新経営方法への着目，国際化の問題，アジア資本主義への注目など，多岐にわたっている。これについてもホールの第二論文で，執筆時点での諸動向が簡潔に描き出されている。

以上のような発展を紹介するため，本書は第一部に政治経済学の比較分析の出発点となった基本的な論文を収め，第二部に各論的に，国際競争力，技術開発，ヨーロッパ統合などの重要な論点に関する研究を紹介し，冒頭では現時点での理論的概観を行い，結論部分では研究の発展の学説史的な回顧を行っている。

著者であるピーター・ホール，フィリップ・シュミッター，ピーター・カッツェンスタイン，アラン・コーソン，ジェフリー・ハートは，政治経済学の国際的に有名な代表的研究者だが，ホール，コーソン，ハートについてはまだ翻訳がない。カッツェンスタインについてもアジアについての一部の研究が訳されているだけで，本書に収録された最も代表的な論文は訳されていない。コーポラティズムに関して論文訳があるシュミッターの論文は，最近のヨーロッパ統合についての彼の研究を代表している重要論文である。ロベール・ボワイエは現代フランス経済学のレギュラシオン学派のリーダーであり，ロジャー・ホリングスワースはアメリカ経済史を制度の観点から研究している代表的な研究者で，本書に収められた彼らの理論的概観はこの分野の最新の知見を集成している。以下読者の便宜のために，それらの諸論文の特徴をまとめ，また本書への収録を検討したが結局訳されなかったその他の業績のうちいくつかを紹介しながら，本書編集の意図を示しておこう。

2．経済パフォーマンスと各国比較

　初期の政治経済学の典型的な手法は，各国経済のパフォーマンスの違いをそれぞれの制度的，歴史的，文化的相違から捉え，類型を構成する各国比較分析だった。その典型的な議論では，市場，国家，社会のどれが経済活動を調整する役割を持っているのかという点から先進工業国経済を，自由市場が経済秩序の中心にある英米型，団体主義によって経済が特徴づけられるドイツ型，国家が大きな役割を果たしているエタティズム的なフランス型の三つに分類した。第一部の意図は政治経済学初期のアプローチの特徴を示している，コンパクトで代表的な論文を収録することで，その概観を実例によって示すことにある。

　本書の第2章にあたるホールの第一論文では，このような初期の政治経済学の成果が整理されている。同論文では制度に焦点を当てた各国比較分析という方法によって，国家機関と社会団体が経済を特徴づける役割を果たすことが議論されており，初期の政治経済学の典型的な姿を理解する上で有益である。1980年代後半からの日本経済論も，このような類型化の延長上で議論されていったのである。

　同論文の前半では，政治経済学の先行する研究が要領よくまとめられている。ホールは80年代に書かれたこの論文と，90年代の初めに書かれ，第7章におさめられた第二論文のそれぞれで，政治経済学の諸学説を詳細に紹介している。ホールはもともと政治哲学の研究者で，大学院時代にこの分野の研究を断念して現実の分析に向かい，カナダ出身でフランス語が得意という理由から，政治経済学的なフランス経済の研究に転じた。そのため彼は学説史的整理が巧みであり，この分野の概観を与えるという役割に最もふさわしい。この論文も学説整理の後，自説を展開する形で英米（自由市場的），ドイツ（団体主義的），フランス（エタティズム的）のそれぞれの特徴を，制度のあり方という点から明確に定義している。とくに制度という点では，直接的な国家による産業コントロールだけでなく，フランス研究者らしく金融機関の役割を重視している。ホールの論文は文体も明晰で理解しやすく，入門として読まれるにふさわしい性格を備えている。

また同論文では言葉としては登場しないが,「経済のガヴァナンス」という問題がこの時点から政治経済学の中心的な関心だったこともわかる。それはミクロ経済学が描くような,価格シグナルによる市場の資源配分機構に限定されることのない,経済秩序の形成メカニズム一般を意味する。その詳しい内容については第1章のボワイエ・ホリングスワース論文を参照されたいが,資源配分,投資決定,価格決定などの経済秩序が,現実の世界においては,市場だけではなく(もちろん市場の役割を否定するわけではないが),国家や社会的団体やそれらの間の妥協など,さまざまな社会的仕組みによって形作られているという考えは,政治経済学の最も基本的な命題である。経済のガヴァナンスを可能にする仕組みは,本書では調整様式と訳されているが,ある国の経済に特徴的な調整様式を国別比較分析によって発見することが政治経済学の初期の関心だったといえよう。

　しかし各国比較分析に限界があることは,初期の段階から研究者自身が自覚していた。学説史的な整理を得意とするホールに対して,第3章に収められた論文の著者カッツェンスタインは,研究の新しい動向に敏感で,この分野での先駆け的な役割を果たしてきた。同論文は政治経済学の手法による小国経済論として名高いが,政治経済学の各国比較分析の典型でもある。

　本論文で取り上げられた西ヨーロッパの小国は,安定した良好な経済パフォーマンス,高い競争力と高賃金が並存する稀有な例として,70年代以後一部の研究者の注目を集めてきた。多くの研究者がこの現象を説明しようとしたが,それは政治学的には「社会コーポラティズム」と名づけられてきた。それを説明する一つの方法は,「社会コーポラティズム」が小国に見られることに注目することである。政治体制,経済調整一般の特徴ではなく,経済的に世界市場に依存し,政治的につねに隣接する大国の脅威に曝されている「小国」という地政学的条件が,独自の良好なパフォーマンスの原因になっているというのである。カッツェンスタインはこの「小国経済論」の先駆者であり,西ヨーロッパ小国の特徴を政治経済学的な手法でわかりやすく解明した著書 (P. Katzenstein, *Small States in Western Europe,* Cornell University Press, Ithaca, 1985) を発表している。それは市場指向型で経済効率を重視する経済政策と,市場の動きがもたらす社会的犠牲を国家が補償する社会政策

が結合した,「市場型福祉国家」ともいえるユニークな体制であるとされている。本論文でも,この体制が簡潔に描写されている。

しかし本論文の眼目は,じつは小国独自の経済調整メカニズムを明らかにすることだけではない。カッツェンスタインは経済規模の小ささから世界市場に依存している小国が,これに対応するためにこの体制を創出したと考えている。小国型調整様式の中核には合意形成型の社会的統合が存在するが,これが外的条件によって促進されたことを,カッツェンスタインは同じ小国でありながら国家のあり方が対照的である,スイスとオーストリアの歴史と国家の制度的構成を詳細に議論することで説得的に示している。両国は外的条件のために,もともと異なった国家のあり方が収斂の方向に進んでいるのである。本論文は,国家による経済秩序の形成だけでなく,世界市場がそれぞれの国のガヴァナンスに与える影響を強調しているのである。

来日した際カッツェンスタインは,本論文について編者たちに,一国単位の分析では足らないことを示す意図があったことを語っている。「小国経済論」は,ドイツ語圏出身のアメリカ人という,研究者としての自らのメリットを活かすだけではなく,初期の政治経済学のアプローチを新しい方向へ進めることを狙って戦略的に取られた主題でもあったのである。ホールによれば,カッツェンスタインが何をしているかを見れば,学界の新しい方向がどこにあるかがわかるという。このような先駆者的なスタイルを保ちながら,90年代前半のカッツェンスタインはアジアの地域統合とその中での国家のあり方を研究し,その過程で日本研究も行った。90年代後半には経済や政治制度ではなく,「文化的アイデンティティ」に関心を示していた。

3．競争力と国家中心的アプローチ批判

本書の第二部は,第一部以後に展開した研究のうちで,それぞれの個別の主題を深く追求した論文を収録することで,政治経済学の射程を実例によって概観することを目指している。本書では広範に渡る研究テーマの中から,とくに(1)国際競争力と国家,社会 (2)国家を超えた産業別分析 (3)地域経済圏の三つを選択した。これは決して網羅的な紹介とはいえないが,政治経済学がどれほど異なった主題を扱い得るのかを知ることはできるだろう。

80年代に米国産業の危機が叫ばれて米国以外の地域の産業に関心が集まり，産業の国際競争力がどのような要因で決まるのかが盛んに議論された。第4章に収められたジェフリー・ハートの論文は，しばしば「明快過ぎる論文」といわれるが，良くも悪しくも両方の意味で政治経済学のこの問題へのアプローチの典型である。

　米国以外の地域の産業発展，とくに日本などの東アジア地域の国家については，今や古典となったチャルマーズ・ジョンソンの「開発国家」論がある。それは日本に関して国家機構のイニシアティヴを強調し，賛否両論の議論を巻き起こした。ハート論文はこのような問題に政治経済学の国家論によって回答を与えようとしている。本論文ではアメリカ，イギリス，日本，ドイツ，フランスの間での競争力の相違の原因を探求し，特に日本，ドイツの産業危機に対応する能力に注目している。

　「政治経済学の国家論」というのは，60年代にミリバントとプーランザスの論争から発展した国家論の新展開の中で形成されてきた，国家と個人，国家と市場の中間に位置する社会的組織化の次元である，「市民社会」という視点を吸収した国家観という意味である。ハートはこれを複数の指標によって定義された産業の国際競争力に適用し，国家機構の機能，政策ではなく，市民社会領域が関連する「国家・社会関係」が競争力を決めると結論している。その論旨はじつに明快であり，代表的研究というにふさわしいだろう。

（3）国別比較分析の限界と新しい比較枠組み

　ハートは一国を分析の単位として用いる点で，初期の政治経済学のアプローチを採用していたといえる。しかし現在急速に進む経済の国際化は，このようなアプローチの有効性に疑問を投げかけている。第一に，すでに早期にカッツェンスタインが提起したように，国際経済の動向は各国の政策選択に大きな影響を与えている。それは国際金融市場の発展による，近年のアジア経済の急速な発展と危機によって劇的に示されたといえるだろう。そればかりではなく現在では，国境を越える経済的調整の制度的枠組みが登場しつつある。第二部の二つの論文はこのような問題に取り組んでいる。

1．産業別ガヴァナンスと技術政策

ハートの分析が各国産業の技術力のいわば「マクロ」的な研究だとすれば，第5章のコーソン論文は特定の技術の形成過程を政治学的に詳細に追跡した，「ミクロ」的な研究である。コーソンはもともと国家ごとではなく，調整のあり方が国家を超えて産業別に類似しているという，メゾ・コーポラティズム論の代表的な研究者の一人である。コーソンは主著『憎み合う兄弟たち』(Alan Cawson et al (eds.), *The Hostile Brothers,* Cambridge University Press, 1990) では，西ヨーロッパの代表的な産業部門をとりあげ，それぞれの産業ごとに類似したガヴァナンスのあり方が成立していることを，イギリス，ドイツ，フランスなどのきわめて異なった国々を対比することで実証している。これは各国比較分析から始まった政治経済学のアプローチを新しい方向へ導く研究動向の一つだったといえる。

　本書第5章として訳出したコーソンの論文は以上の視点を受け継ぎながら，技術開発の最先端がどのように調整されていくのかを示している。おそらく政治学の読者には全く未知の用語にあふれているこの論文は，日本の耐久消費財市場にとって重要な部門である次世代テレビの問題を扱っている。政治学の論文としては異例な本論文の理解を助けるため，ここで少しその内容に解説を加えておく。

　現在日本では2010年からテレビ放送が完全に新しい方式に切り替わり，それ以後現存の受像機は全く機能しなくなることになっている。この新しい方式とは「デジタル放送」という，テレビ放送の送信方法をデジタルに変更するという革新的な技術転換である。デジタル放送は電波の広い帯域を使い，情報の劣化がない鮮明で高解像度の画像を提供できるとともに，多チャンネルと双方向の通信（受信者がインターネットのように自分から情報を発信できる）を可能にする。米国ではすでに地上波（通常のテレビ放送）による放送が始まっている。日本でも遅れてはいるが試験放送はすでにCS放送で実施されており，まもなくBS放送でも開始される。だがこの解説の執筆時点では適合するテレビが発売されていないどころか，その規格さえ定まっていない。一般消費者にとってはすでに「ハイビジョン」という高解像度の放送が存在する上に，それが普及する前にデジタル放送が開始され，そのうえデ

ジタル受信機はどこにも存在しないという，非常に混乱した状態が生まれているのである。

なにがこのような遅れを生み出したのだろうか。それを市場中心に展開した情報革命によって構造転換を達成した米国経済の強さと，官庁の規制に依存する日本経済の弱さという，流行の図式に当てはめて理解するエコノミストもいるかもしれない。しかし政治学者コーソンの分析は，その理由を明確に解明している。それは日本の家電産業の強さと，日本メーカーによって家電産業が崩壊した米国経済の弱さの皮肉な帰結なのである。本論文は次世代テレビ（HDTV）をめぐる日本，米国，EC（EU）の対立と，それぞれの技術開発方法の違いをメゾ・コーポラティズムの手法で分析し，結果的に現在のデジタル・テレビの国際基準が策定された経緯を解明している。

1980年代から始まった次世代テレビの国際規格の策定は，すでに飽和状態にある家電産業に巨大な新需要をもたらすものとして，主要メーカーや各国政府の注目を集めていた。だが結果的に日本側が推進していた，既存の方法と互換性が高い漸進的な技術（MUSE方式—ハイヴィジョン）ではなく，現存の機器や設備と全く互換性がないデジタル方式が国際規格となった。このアナログからデジタルへというテレビ技術の根本的な転換によって，コンピュータとテレビの統合をもたらす新しい家電のあり方を切り開く可能性が拓かれ，次世代テレビは大きな期待を集めるようになった。本論文はこの技術の標準を決める作業が高度に政治的であり，政治学的手法なしには理解できないことを示している。

この問題については，世界市場での独占的なプレーヤーである有力家電メーカーを抱える日本，家電メーカーが存在せず，したがって放送局の利害が優先する合衆国，日本メーカーからの激烈な競争にさらされながら，フィリップス，トムソンなどの家電メーカーが生き残っているECという，三大集団の利害が最初から対立していた。コーソンが主に研究しているEC委員会は，ヨーロッパ産業保護の立場から新技術を方向づけようとして失敗したのだが，不思議なことにフィリップスなどのメーカーは，ECと合衆国では違う立場を取っていたのだった。最終的に米国の方式にECが同意することを通じて，日本政府と日本メーカーは敗退した。この時点ですでに日本は次世代テレビ

の独自標準（MUSE方式－ハイヴィジョン）を商業化しつつあったため，現在の日本市場の遅れと混乱が生み出されたのである。

しかし家電部門のヘゲモニーをめぐる戦いはなお続いている。現在ではPCソフト部門で独占的で，PCから家電への進出をねらう米国企業と，PC市場に参入しながら，家電やゲームをてこに市場拡大を追及する日本メーカーとの潜在的な競争が行われている。これは日本経済の将来を占う重要問題でもある。このような現代経済のホットなトピックを政治経済学者が早期に研究を行っていたことは，この分野の学問的可能性を証明しているといえるだろう。

またこのプロセスは理論的にも興味深い。それは技術開発のガヴァナンスの二つの形態，すなわちコーポラティズム型と競争型の対立でもあったからである。しかもECの場合この類型は，国民国家を超えたレヴェルで機能するのである。本書では唯一のヨーロッパ人であるコーソンは，イギリス人らしい技術オタク的な凝り方を見せながら，伝統的な経済政策の外のこのような問題でも，政治学が経済学者以上にすぐれた分析ができることを示しているといえよう。

2．統合ヨーロッパの調整様式

第6章の執筆者シュミッターは，日本でもコーポラティズムの研究者として著名な政治学者である。米国西海岸にベースを置く彼は，大西洋を往復しながら精力的な活動を続けている。彼の主な関心の一つは，コーポラティズム論以来追求してきた非市場的な「調整様式」である。それはとくに米国と比較した場合の西欧に顕著に見られる。しかしEU，EFTAという地域経済圏の形成に典型的な市場統合が急速に進む中で，このような調整様式は危機に直面している。これは市場メカニズム以外の制度的調整に注目して，またすでに述べたように一国を単位とした各国比較分析を手法としてきた政治経済学の視点が今後も有効かどうかという，理論的にも重要な問題である。

地域経済圏は国家を超えているので，それが *political* economy としてどう機能するのかが問題になってくる。その際に自由市場型のEFTAと，公的機関によるコントロール・メカニズムを持つEUの相違が重要だろう。この

論文でシュミッターは，地域経済圏と地域レヴェルのガヴァナンス体制という，国家を超えた理論的分析枠組みを提唱しながら考察を進めている。

本論文の課題を解くためには，以下の二つの問いに回答を与えなければならない。

1 統合市場のガヴァナンスは北米型か「ヨーロッパ」型か
2 国家の役割は消滅するのか

これらの難問の上に，EUについて現状では，従来政治経済学で取りあげられてきた政府，企業や労働組合のほかに，EU機関，中央政府から相対的に自由に行動する地方自治体，市民社会などが活動し，プレーヤーの乱立が見られる。これらが相互にどのように調整に参加するのか，あるいは参加しないかが，ヨーロッパ経済の調整様式を考える上で重要だろう。

シュミッターはコーポラティズム論を提起した後で定式化した「プライヴェート・インタレスト・ガヴァメント」の概念を援用して，この問題に見通しを与えようとする (Wolfgang Streeck and Philippe C. Schmitter (eds.), *Private Interest Government: Beyond Market and State,* Sage, London, Beverly Hills, New Delhi, 1985)。それは公的権限の一部を委譲された私的利益団体による調整のことを指しており，ネオ・コーポラティズムの調整過程をヒントにして，理論的に整理した概念である。「プライヴェート・インタレスト・ガヴァメント」は，現代社会の三つの主要な調整原理であるコミュニティ（自立的連帯原理），市場（分散的競争原理），国家（ヒエラルキー的管理の原理）に並ぶ，「アソシエーション」の「組織的調整原理」に基づくガヴァナンスのあり方であり，とくに西欧に特徴的に見られるという。訳出を検討したこの著書の巻頭論文 (Wolfgang Streeck and Philippe C. Schmitter, "Community, market, state-and associations? The prospective contribution of interest governance to social order") は，この概念をネオ・コーポラティズム理論以後の展開の中で手際好く整理しているので，関心ある読者は参照されたい。

マーストリヒト条約の詳細にわたる検討と，西ヨーロッパ的な産業のガヴァナンスの豊富な実例を踏まえて書かれた本論文は，凝りに凝った文体とともに，必ずしも読みやすいとは言えないが，コーポラティズム以後の政治経

済学が新しい世界経済の動向にどのように取り組んでいるのかを示している点で興味深く，分析の内容も，練達の筆によるバランスの取れた示唆的なものとなっている。シュミッター論文の結論は書かれた時点での将来の不確実性もあって決定的なものではないが統合ヨーロッパの経済調整様式には「北米型」だけではなく，国家の役割が縮減するとはいえ，産業別などのレヴェルで非市場的な調整が存在する「ヨーロッパ型」に類似した様式も可能であり，将来的にもこれら二つの方向がありうることを示しているといえる。これはヨーロッパ政治・経済の動向によって変化しうるのであり，政治経済学の今後の重要な研究テーマでありつづけるだろう。

（4）政治学と経済学の収斂？

以上見てきたような政治経済学の発展と同時に，英米の政治学界では前に述べた合理的選択論の政治学への導入が進んでいる（『レヴァイアサン』19，1996秋，木鐸社）。合理的選択論はK.J.アローの『社会的選択と個人的評価』(1951)に始まるといわれる。それは合理的に選択する個人を前提とした上で，民主的な選択が社会的に行われるルールが存在しないという「一般可能性定理」を提唱した研究だが，それに続いてダウンズの先駆的な研究（Anthony Dawns, *An Economic Theory of Democracy,* Harper & Row, New York, 1957）や，ベッカーの諸研究（Gary S. Becker, *Human Capital,* Columbia University Press, New York, 1964; *The Economic Approach to Human Behavior,* The University of Chicago Press, Chicago, 1978; *A Treatise on the Family,* Harvard University Press, Cambridge Mass, 1981），公共経済の分析に合理的選択論を持ちこんだブキャナンたちによる政治原理の研究（James M. Buchanan and Gordon Tullock, *The Calculus of Consent: Logical Foundations of Constitutional Democracy,* University of Michigan Press, Ann Arbor, 1962）などが，従来政治学，社会学が扱った問題領域にミクロ経済学の手法を拡大していったといわれる。この潮流の興隆の原因は，「経済学帝国主義」の宣言として有名なハーシュライファーの論文（Jack Hirschleifer, "The Expanding Domain of Economics," *American Economic Review* 75, 6, Special Issue pp.53-68）でいわれたような意味

で,「効用極大化」が「社会科学の普遍的文法」であるからではなく, むしろ現代国家の政策的諸問題に経済学者が答えるためには(そして研究費を獲得するためには), 旧来の対象としての「経済」にとどまることができず, 研究領域を広げていかなければならないという, 「世俗的」な理由のためなのかもしれない (Mary K. Farmer, "There is Only One Social Science: Economic Imperialism in the Social Sciences," *manuscript,* January 1990)。ともかくこの影響は, 現在では公共政策論や国際関係論, 政党や議会の分析などさまざまな分野に及んでいる。

また政治学の「新制度主義」は80年代後半から登場してきたが, この言葉も「政治経済学」と並んで, 二つの意味で使われている。第一にそれは, 「取引費用」の概念によって企業における制度の役割を考察するコースの手法 (R. H. Coarse, "The Problem of Social Cost," *Journal of Law and Economics* 3, 1960, pp.1-44)に始まり, これを経済史の分野に大規模に導入したノースの業績 (Douglas C. North, *Structure and Change in Economic History,* W. W. Norton, New York, 1981), ウィリアムソンの研究 (Oliver E. Williamson, *Markets and Hierarchies,* Free Press, New York, 1975) など, 経済学で「新制度主義」と呼ばれた動向の影響を受けた諸研究のことである。それは極大化原理に基づく個人行動を前提とした上で, それに影響を与える制度の機能や生成を解明しようとするものである。その点でこのアプローチは, 基本的には「方法論的個人主義」に立っている。もう一つの「新制度主義」は, 本書で紹介している人々の研究であり, 「社会学的, 歴史・構造主義的アプローチ」と見ることもできるだろう (Paul Cammack, "The new institutionalism: predatory rule, institutional persistence, and macro-social change," *Economy and Society* 7, Volume 21 Number 4, November 1992)。こうして90年代中葉には, 制度, 歴史, 文化が個人, 団体の行動を規定すると考えてきた政治経済学の制度主義と, 個人主義的なアプローチをとる制度主義との関係が問題になってきた。

第7章のホール第二論文は, 90年代前半の時点での政治経済学の学説史を手際よくまとめている。ここでホールは, 80年代前半までの動向をまとめた第一論文の前半に続いて, 90年代前半までの研究動向を自身の観点から明確

に分類し，それぞれの貢献を明らかにしている。更に訳出しなかったホールの第二論文の第2部では，このような問題に政治経済学がどう取り組むかが試論的に示されている。そこではホールは「社会学的，歴史・構造主義的アプローチ」の「新制度主義」の立場に立ち，企業行動を分析の中心に置きながら，企業行動が制度に影響されると主張し，選択の文脈の設定というところに公権力の社会的影響力を見ている。比較政治経済学の学説史をコンパクトに知りたい読者は，ホールのこれら二つの論文を参照するだけで十分だろう。

最後になったが，本書の冒頭第1章に置かれたボワイエ・ホリングスワースの共同論文は，90年代後半の時点での政治経済学の分析手段を総合して，この分野の概観を与えてくれる。まるで政治経済学のツール・ボックスを開いたかのような同論文には，ホール第二論文以後の展開を含めて，多くの研究が包括されているため，文献目録は大変有益である。すでにここでは各国比較や労働と資本の組織化だけではなく，国家を超えたより広い視野と多様な概念装置が政治経済学の手にあることが示されている。もちろんこの総合の仕方は著者たち独自のものであり，一般的に承認されているわけではない。しかしこの論文執筆時点での「制度の政治経済学」の輪郭が，ここには示されているということができるだろう。

このように合理的選択論という経済学の理論が政治的な諸現象に適用されるとともに，政治学は経済現象を自らの理論で説明し始めている。それは19世紀から20世紀前半にかけて進んだこの二つの分野の絶縁が，あたかも逆転しているかのように見える。もちろん両者の壁は厚い。政治学が経済学の選択理論を全面的に受容するかどうかは不確定である。あるいは理論経済学は，政治経済学の研究をたんなる現象記述としてしか捉えないだろう。だがこの相互乗り入れは一時的なものだとは見えない。

現代政治経済学が経済研究の歴史の中にどのように位置しているか考えてみよう。ボワイエは現代主流派経済学を批判して，「合衆国にしか妥当しないモデルを経済の一般理論と考えてはならない。一般理論は国ごと，時代ごとなどに様々な異なったシステムの研究を総合することで形成される」と力説している。これは驚くほどこの分野の創設者の言葉に似ている。言葉として

の「政治経済学」の創始者ジェームズ・スチュアートは18世紀中頃に，妥当な政策は国によって，時代によって異なり，政策提言は対象となる国の具体的な条件を詳細に検討してから行うべきであると主張していた。スチュアートは一般原理によって性急に経済現象を説明することに慎重であり，「普遍的な原理で説明しようとするシステムの精神（フランスのデカルト的な演繹主義）は誤っている」といい，「自分の原理が事実に反すれば直ちに立場を変えるべきである」と，経験的，実証的な姿勢で経済研究に臨むべきであることを強調していた。

現代政治経済学は制度や歴史を，経済現象を規定する重要な独立したファクターだと考える点で，第一の意味での政治経済学に類似していると同時に，現実の政策と密接な関連を持った政策科学である点でもそうである。それは科学化を目指して分離してきた政治学と経済学の独立化に対する，政治学からの修正であるともいえよう。

他方で，フランス左翼の代表的エコノミストであるボワイエと同様に，自由主義を擁護する米国の保守主義者である経済学者ブキャナンも，数学的精緻化を指向する現代経済学の方向性に反対し，意味は違うが，政治学と経済学を結びつける「政治経済学」の再興を目指してきたといわれる（Farmer, op. cit.）。このように経済と政治を研究する学問分野の最近の連関は，両者からの競争的接近という形をとりつつあるのである。

今後の実りある発展のためには，政治学と経済学のいっそうの相互乗り入れが望ましいだろう。科学の歴史を振り返っても，コペルニクスにおける数学的天文学と質的自然学の結びつきのような古典的事例をはじめとして，異なる科学の間の新しい結合が革新的な結果を生んできた。とはいえ政治学と経済学の相互乗り入れには多様な可能性が考えられる。「政治経済学のミクロ的基礎」，つまり企業や個人の行動原理を捉える場合も，現在のところ制度的文脈を重視する社会学的な理論と，合理的選択を前提する経済学的理論とがある。今後社会学的行動論と合理的選択論の対立が続くのか，あるいは両者が，「制約された合理性」のような枠組みの中に吸収されていくのか，定かでない。

たしかに「合理的選択」による研究は政党，議会システム，多数決原理な

どに対する政治学の通念に疑問を提起し，検討を迫り，プリンシパル–エージェント理論などの新理論を生み出すことにも関わってきた。とくにゲーム理論と実験経済学の手法を結びつけた実証的な研究も行われ，経験科学的な手法の展開という意味でも政治学に新しい領域を開いただろう (Gary J. Miller, "The Impact of Economics on Contemporary Political Science," *Journal of Economic Literature,* Vol. XXXV, September 1997)。しかし基本的には，それは「システムの精神」による演繹的説明である。他方で，社会学的説明が事実発見的ではあっても，理論的に明晰でないのは否定できない。この両者の「統合」を考えるときには，合理的選択論の開拓者の次のような言葉を思い出す必要があるだろう。

> 「市場と政治はそれぞれ別のシステムである。市場とそのレトリックを使うことは我々の気分を害する。同じことは政治の言語についてもいえる。政策的な問題をどちらか一つのシステムだけから見ることは，何らかの意味で満足できない結論を導くだろう。だから現実世界にコントロールシステムが複数あるのはおそらく偶然ではない」(Kenneth J. Arrow, "Invariable Goods," *Journal of Economic Literature,* Vol. XXXV, June 1997)。

あるいはデカルト的な意味での「分析」が，必ずしも有効な方法でないとすれば，特定の行動仮説を置かず，ミクロ的基礎抜きで「マクロ理論」に純化し，制度間の相互関係からモデルを形成する可能性もあるかもしれない。かつてスラッファー派がそうであったように，現在でも経済学でのレギュラシオン派のような，主観を説明原理として前提しない経済モデルが存在している。この方向への展開はボワイエ・ホリングスワース論文が示すように，経済学の政治経済学と政治学の政治経済学が結びつくことで可能かもしれない。

また政治経済学で広く見られる類型分析は，歴史過程を所与のものとして分析を始める。このような与件としての歴史に対して，説明原理を設けた発展としての歴史を導入して，類型を動態化することができるかもしれない。とはいえそれはノースの研究が示すように，説明範囲を広げれば広げるほど説明原理としての基本概念，ノースの場合は取引費用がオーヴァーロード状

態に陥り，すべてを説明しているようで新しい知見はなにもないということになりかねない。もともと歴史過程の理論の範型である進化の理論は，進化という事実の記述ではなく説明の枠組みとしては，生物学自体の中でもまだ完結しておらず，問題をはらんでいる。

　おそらく政治経済学の展開が実りあるものになるとすれば，以上のどの方向でも性急な一般化を避け，「システムの精神」を警戒しながら現代経済学の理論的成果を吸収し，理論に縛られない実証分析の強みを発揮しつつ，中範囲の記述モデルを作るところにその可能性があるだろう。たとえば現在さまざまな理論的立場から試みられている「制度の経済学」が，「制度の政治経済学」と，具体的な国，産業，地域の調整様式について意見を戦わせたり協同することが，変化する現実や複雑な歴史過程の柔軟な記述と理論的解明の試みを結びつける手がかりになるかもしれない。

　それは理論物理学の一部の理論のような美しい完成した学問にはならないが，少なくとも政策論的には意味を持つだろう。経済学については，一般的な原理と学問的厳密性に意識を集中することが，開発学のロバート・ウェードが「ヘライナー効果」と名づけた現象を引き起こしている（長尾伸一，畑島宏之，藤繩純子，藤繩徹訳，ロバート・ウェード『東アジア資本主義の政治経済学―輸出立国と市場誘動政策』同文館，2000，280ページ，注(1)）。

　「学問の最先端では，前提条件の操作や，仮説の実証と検証，論理的・数理的経済モデルの適用と改善などといった，厳密な実験が行われている。しかし政策立案といった難しい問題に直面したとき，これらの制限や前提条件はすっかり忘れられてしまいがちであり，そのかわりしばしば『基礎法則』と呼ばれるものだけをもとにした，もっとも単純で荒っぽいモデルが適用されがちである」(G. Helleiner, *Intra-firm Trade and the Developing Countries,* St. Martins, New York, 1981)。

　その理由は明らかである。学問の有用性が重視される現代社会において，抽象的な研究に従事する経済学者はしばしば無能扱いされる。彼らの学問の方法が厳密性を要求しているにもかかわらず，専門家として社会的に認知されるためには，政治家や選挙民が努力なしにわかるような単純明快なスローガンを語ることが求められるのだ。しかしこの要求に屈して『基礎法則』に

回帰してしまうのは，個人の研究機会（地位，研究費）を最大化するという点で合理的な選択であるかもしれないが，学問的な態度とはいえないだろう。200年前の学者の声を聞くまでもなく，慎重な政策提言を可能にするような学問的枠組みの創造が必要なのは明らかである。たしかに政治学，経済学双方の研究者にとって，このような「学際」的な分野に着手することはリスクが大きく，キャリアの面で資するものが少ないかもしれない。「インターナショナル・ジャーナル」への投稿の本数がプロモーションを左右するような分野や機関では，とくにそうだろう。しかし経済政策は多くの人々の生活を左右するのであり，その研究は研究者の業績リスト以上の価値を持っているはずである。

　本書の企画はカッツエンスタインの研究などを通じて政治経済学の展開に関心を持った経済学専攻の長尾と長岡が二人の共同研究を踏まえて立案し，本書に収録された著者たちと連絡を取って発展させた。その点で本書は大学院時代から始まる長尾，長岡の現代経済，経済政策研究の一部である。本書の企画の段階では，同文館出版の勝康裕さんに相談に乗っていただいた。またアラン・コーソンには準アドヴァイザー的な役割を引き受けてもらった。翻訳グループには政治学の阪野，開発エコノミストの畑島，政治学の田中，経済学の山本が加わった。

　翻訳にあたっては，河合文化教育研究所の後援を受けた現代ヨーロッパ研究会でそれぞれの初稿の検討会を行った。そのため研究会の世話役である河合文化教育研究所の柴山隆司氏にお世話になった。また同研究会の清水耕一（岡山大学経済学部，レギュラシオン理論），野田昌吾（大阪市立大学法学部，ドイツ現代政治史）には早期の草稿の検討につきあっていただき，それぞれの専門の立場から高度で貴重な助言をいただいたうえに，語学的問題まで訂正していただいた。訳はそれぞれの担当者が行い，長尾，長岡がこの検討会を踏まえて文体統一を行った。本書の訳者たちはこの研究会のメンバーか，あるいは例会参加者である。また同研究会の住沢博紀（日本女子大学，政治学）にも助言をいただいた。その点で本書は『EC経済統合とヨーロッパ政治の変容』（河合出版，1992），『成功した環境政策』（有斐閣，1998）に続く現

代ヨーロッパ研究会3冊目の成果である。監修，編集作業は長尾，長岡が行ったが，本書の2論文（コーソン，シュミッター）を分担した畑島にはアフリカ開発銀行に在職中（西アフリカ象牙海岸，アビジャン在住）であるにもかかわらず，この作業全般にわたっても活躍していただいた。本書の出版は阪野の尽力により，木鐸社に引き受けていただくことになった。そのため木鐸社の編集者坂口節子さんにお世話になり，短期間で本書を出版可能にしていただいた。

　以上訳者全員と本書を出版するにあたってお世話になった人々すべてに感謝するとともに，政治経済学の発展のために本書が広く読まれ，ささやかながら貢献することを願いたい。

　　　2000年1月1日

　　　　　　　　　　　　　　　　　　　　　　　　　　　　長尾伸一

訳者紹介

長尾伸一（ながお　しんいち）分担編集，監修，解説
出身地：1955年　愛知県
学歴：京都大学大学院経済学研究科博士課程修了
現職：名古屋大学大学院経済学研究科助教授
専攻：社会思想，経済思想
主な業績：
共編著『ＥＣ経済統合とヨーロッパ政治の変容』河合出版，1992年。
共著　田中真晴編『自由主義経済思想の比較研究』名古屋大学出版会，1997年10月。
平井俊彦監修・京大社会思想史研究会編『再構築する近代―その矛盾と運動』社団法人全国日本学士会，1998年。
共編訳『東アジア資本主義の政治経済学』，同文舘，2000年。
『成功した環境政策』，有斐閣，1998年。

長岡延孝（ながおか　のぶたか）分担編集，監修，第7章
出身地：1959年京都府
学歴：京都大学大学院経済学研究科博士課程修了
現職：同志社女子大学現代社会学部教授
専攻：ヨーロッパ経済政策・環境政策
主要業績：
「スウェーデンにおけるローカルな環境政策の可能性―イェテボリ市による環境改善努力とLA 21の試み―」『環境と公害』（岩波書店）第28巻第1号（1998年7月15日）。
「不況下の社会民主主義―スウェーデンとフランスにおける国家と社会―」『経済評論』（日本評論社），第37巻第1号（1988年1月）。
「社会民主主義と市場―社会民主主義の最近の経済政策ヴィジョン―」『社会思想史研究』（社会思想史学会），第16号，1992年8月30日。
共編訳『成功した環境政策』，有斐閣，1998年。

山本　耕（やまもと　こう）分担第1章
出身地：1972年　京都市
学歴，現職：京都大学経済学部博士課程在学
専攻：経済学方法論，経済思想

阪野智一（さかの　ともかず）分担第2章
出身地：1956年　大阪府
学歴：神戸大学大学院法学研究科博士課程中退
現職：神戸大学国際文化学部助教授
専攻：比較政治論
主な業績：
「ブレア英政権の内政と外交」『国際問題』第473号，1999年。
「1997年イギリス総選挙と業績投票」『選挙研究』第14号，1999年。
「日本における政界再編の方向―一党優位政党システムの変容それとも再生？」『レヴァイアサン』22号，1998年。

田中祥子（たなか　しょうこ）分担第3章，第4章
出身地：1954年　東京都
学歴：コーネル大学政治学博士課程修了
現職：エディンバラ大学日欧科学技術研究所　アソシエート・リサーチ・フェロー
専攻：政治学，技術政策
主な業績：
Martin Fransman and Shoko Tanaka. 1999. "Visions of Future Technologies: Government, Globalization, and Universities in Japanese Biotechnology," in Martin Fransman, ed. *Visions of Innovation: The Firm and Japan* (Oxford: Oxford University Press).
Martin Fransman and Shoko Tanaka. 1995. "Government, Globalization and Universities in Japanese Biotechnology," *Research Policy,* 24, 13-49.
Shoko Tanaka. 1986. *Postwar Japanese Resource Policy: The Case of Southeast Asia.* The Cornell East Asia Monograph Series, China-Japan Program, Cornell University.

畑島宏之（はたしま　ひろゆき）分担第5章，6章
出身地：1964年大阪市
学歴：サセックス大学大学院開発学修士課程修了，ロンドン大学大学院金融経済学修士課程修了
現職：アフリカ開発銀行，金融リスク管理担当シニアオフィサー
専攻：開発経済学，開発政策，開発援助政策，金融リスク管理，開発金融
主な業績：
著書『ラオスの開発と援助』(「アジア内陸最貧国への援助のあり方」（財）国際開発高等教育機構). "Inter-Country Allocation of UK Overseas Development Assistnace" IDS Discussion Paper 330 Institute of Development Studies; "Capability Transfer in the Pacific Rim Nations: the case of Japanese electrical and electronics firms" *International Journal of Technology Management,* Vol. 10, Nos. 7/8（共著）.
共訳『東アジア資本主義の政治経済学』，同文舘，2000年．
『成功した環境政策』，有斐閣，1998年．

制度の政治経済学

2000年5月30日第一版第一刷印刷発行　Ⓒ

編監訳者	長　尾　伸　一
	長　岡　延　孝
発行者	能　島　　　豊
発行所	㈲　木　鐸　社

編監訳者と
の了解によ
り検印省略

印　刷　㈱アテネ社　製本　大石製本所

〒112-0002　東京都文京区小石川 5-11-15-302
電話／FAX (03) 3814-4195　振替 00100-5-126746

乱丁・落丁本はお取替致します

ISBN 4-8332-2288-4　C 3031